THE CITIES THAT BULIT THE BIBLE

创造圣经的城市

寻访旧城、古卷与文明遗产的宗教考古之旅

ROBERT R. CARGILL

罗伯特·R.嘉吉——著　吴炜声——译

海南出版社
HAINAN PUBLISHING HOUSE

版权合同登记号：图字：30-2016-102 号
图书在版编目（CIP）数据
创造圣经的城市 /（美）罗伯特 · R · 嘉吉 (Robert R. Cargill) 著；吴炜声译 . -- 海口：海南出版社，2017.6
书名原文：The Cities that Built the Bible
ISBN 978-7-5443-7172-8
Ⅰ . ①创… Ⅱ . ①罗… ②吴… Ⅲ . ①《圣经》- 研究②城市史 - 研究 - 世界 Ⅳ . ① B971 ② K915
中国版本图书馆 CIP 数据核字 (2017) 第 083977 号

创造圣经的城市

作　　者：（美） 罗伯特 · R. 嘉吉（Robert R. Cargill）
译　　者：吴炜声
监　　制：冉子健
策划编辑：冉子健　王叵咄
责任编辑：孙　芳
责任印制：杨　程
印刷装订：三河市祥达印刷包装有限公司
读者服务：蔡爱霞　郄亚楠
出版发行：海南出版社
总社地址：海口市金盘开发区建设三横路 2 号　　邮编：570216
北京地址：北京市朝阳区红军营南路 15 号瑞普大厦 C 座 1802 室
电　　话：0898-66830929　　010-64828814-602
投稿邮箱：hnbook@263.net
经　　销：全国新华书店经销
出版日期：2017 年 6 月第 1 版　2017 年 6 月第 1 次印刷
开　　本：787mm × 1092mm　1/16
印　　张：19.25
字　　数：308 千
书　　号：ISBN 978-7-5443-7172-8
定　　价：58.00 元

本柱像包含一组站立石碑，位于以色列北部夏琐土墩遗址的北端，属于某个大型礼拜仪式区的一部分，可追溯至公元前 18 世纪到公元前 16 世纪。每一块石碑可能分别代表当时敬拜的一位神祇，后来《圣经》禁止设立柱像（《申命记》第 16 章第 22 节）。

作者从以色列亚西加土墩遗址的水槽搬移石头。水槽内有一段巴比伦人入侵犹大时形成的破坏层。

这是最后一批出土的陶桶，地点是以色列亚西加土墩遗址地下 16.5 英尺（约 5.03 米）处的 S2 区水槽。该水槽的底部与四周皆涂覆灰泥，以免蓄积的雨水外漏。

古巴比伦汉谟拉比国王制订了《汉谟拉比法典》。本图是以阿卡德语的楔形文字篆刻的法典内容近距离特写。

通往米吉多土墩遗址地下水道系统的楼梯。这条地道深入地底 115 英尺（约 35 米），长度为 230 英尺（约 70.1 米）。

研究生卡尔·斯特利下到米吉多土墩遗址的地下水道系统。

赫菲斯托斯（Hephaestus）是希腊神话的火神、地火之神与手艺高超的铁匠之神。本图显示从雅典卫城拍摄的赫菲斯托斯神庙（Temple of Hephaestus），神庙前方为古雅典集市（Agora of Athens），后方则是现代的雅典城。

《使徒行传》第 17 章提到保罗曾在亚略巴古讲道。本图显示从雅典卫城拍摄的亚略巴古，后方是现代的雅典城。

作者站在亚略巴古模仿使徒保罗伸手的姿势。后方可见数座位于卫城上敬拜希腊诸神的建筑（修复中）。

本图为耶路撒冷的圆顶清真寺，该处可能是昔日圣殿矗立之地。这座清真寺兴建于公元 691 年，目的是纪念先知穆罕默德传说的“夜行登霄”。

耶路撒冷的西墙，乃是犹太教的至圣之地。

公元 70 年，罗马军队围攻并摧毁耶路撒冷。本图所示的提多凯旋门牌匾篆刻一排列队，众人搬着从圣殿带回的战利品，包括金灯台（《出埃及记》第 25 章第 31-40 节）、小号（《民数记》第 10 章第 2 节）与陈设饼桌（可能是《出埃及记》第 25 章第 30 节记载的摆着“陈设饼”（Bread of the Presence）的桌子）。

从圣殿山围墙顶部眺望耶路撒冷东方汲沦谷对面的橄榄山。

这是访客从昆兰遗址南部眺望的景观，图中是著名的四号洞穴。

这是访客从昆兰遗址南部眺望的景观，图中是著名的四号洞穴。

作者位于昆兰遗址的四号洞穴。

圣诞教堂位于约旦河西岸的伯利恒，图中显示“谦卑之门”。这座教堂纪念拿撒勒人耶稣的诞生地。

以色列博物馆展示的彼拉多之石。这块石碑出土于该撒利亚，其上篆刻拉丁文：[PO]NTIVS PILATVS... [PRAEF]ECTVS IVDA[EA]E（本丢·彼拉多……犹太提督）。彼拉多在公元 26～36 年担任这个职务。

图中所示为古罗马圆形大剧场（Flavian Amphitheatre），又称罗马竞技场（Colosseum of Rome），建于公元 70～80 年。

本图显示罗马竞技场的地下结构，可见错综复杂的信道与储藏室。

For Roslyn

More everyday

现代近东地图
与圣经地名示意

各方评论 | THE CITIES THAT BUILT THE BIBLE

本书精彩迷人，从全新的角度探讨《圣经》与考古学：作者没有劈头便讨论国王、先知或《圣经》，而是探索衍生诸多经文的古城，而且不时穿插生动活泼的个人见闻，让阐述的故事有血有肉。

——神学博士理查德·埃利奥特·弗里德曼（Richard Elliott Friedman），《揭密圣经起源》（The Bible with Sources Revealed）的作者。

作者罗伯特·嘉吉运用缤纷华丽的手法探讨诸多古城，更以精辟见解揭露《圣经》作者从古代重要城市挖掘（偶尔甚至自行强加）的字面与比喻素材。读者可随同知识渊博的作者去神游古城，从中了解近东地区如何影响《圣经》，并且以崭新的观点看待经文。

——大卫·范德霍夫特（David Vanderhooft）博士，波士顿学院神学系（Department of Theology at Boston College）希伯来圣经副教授。

罗伯特·嘉吉头脑清晰、富有学养，引领我们探索各个古城，解释那些城市的素材与环境为何与如何塑造了《圣经》这部圣典。本书精彩万分，令人爱不释手，栩栩如生地呈现了古代西亚的人物、地点与特色。

——哲学博士弗朗西斯·史塔佛卡布鲁（Francesca Stavrakopoulou），埃克塞特大学（University of Exeter）希伯来圣经与古代宗教教授。

罗伯特·嘉吉以生动的手法讲述扣人心弦的故事，引领读者参访创造《圣经》的著名古城。他学有专精，娓娓道来故事始末，让读者更想再深入探索。只要阅读本书，必能拓展圣经知识，掌握历史脉络并了解古代世界。

——哲学博士马克·古达克（Mark Goodacre），杜克大学（Duke University）宗教研究系新约教授。

罗伯特·嘉吉诚恳真挚、幽默风趣，具备渊博的历史知识，精通圣经的书写语言并拥有深厚的考古功力，足以阐述《圣经》如何起源。他洋溢热情，深爱关于《圣经》的一切事物。

——欧德·利浦夕兹（Oded Lipschits）博士，特拉维夫大学（Tel Aviv University）索尼亚与马可·纳德勒考古研究所（Soniaand Marco Nadler Institute of Archaeology）所长兼犹太历史教授。

罗伯特·嘉吉探索影响与塑造《圣经》关键人物与事件的古城，运用考古学、出土文献与个人经验，让读者身临其境，神游牵涉《圣经》的古代地中海区域，进而牢牢掌握《旧约》与《新约》故事所处的地理环境，同时了解基督教是如何传扬四方的。嘉吉融合经文与地理，创造出迷人的动态地图，让读者悠游其中、尽情探索。

——莎拉·庞德（Sarah E.Bond）博士，爱荷华大学（University of Iowa）古典文化学系（Department of Classics）助理教授。

罗伯特·嘉吉从头到尾不断提出富有洞察力的见解，展现出严谨的治学态度，他不但语带幽默，也讲述温暖人心的个人经验。嘉吉会引领各位探索出人意表之境，带你深入地底或水槽、跨越以巴边界，以及进入戒备森严的死海古卷珍藏室，让你目睹从未耳闻的神奇事物，从而彻底改变你的观点，以崭新的角度解读《圣经》。

——詹姆士·麦格拉思（James F.McGrath）博士，美国巴特勒大学（Butler University）新约语言与文学克拉伦斯·古德温冠名讲座教授（Clarence L.Goodwin, Chair in New Testament Language and Literature）

过去三十年来，有众多书籍探讨《圣经》如何成书，如今又有一本相关的杰作问世！罗伯特·嘉吉并未侧重于经文或撰写层面的历史，反而解释、诠释与强调那些让《希伯来圣经》与《新约》得以成书的社会环境。本书易读易懂、精彩万分，可当作大学的补充教材，也能让研读《圣经》的学生获得必要的背景知识。我个人极力推荐本书。

——安德鲁·沃恩（Andrew G. Vaughn）博士，美国东方研究院（American Schools of Oriental Research）执行董事。

本书以最具创意与风趣的笔法讲述《圣经》故事，写作严谨可靠，令人爱不释手。若想知道近期考古发现如何颠覆我们对于《圣经》的认知，务必阅读本书。

——威廉·施奈德温（William Schniedewin）博士，加州大学洛杉矶分校（UCLA）古代东地中海研究克肖（基金）冠名讲座教授（Kershaw Chair of Ancient Eastern Mediterranean Studies）以及《圣经如何成书》（How the Bible Became a Book）作者。

目 录 | THE CITIES THAT BUILT THE BIBLE

推荐序 | THE CITIES THAT BUILT THE BIBLE

圣殿是怎样建成的

这是一本讲述《圣经》是怎样诞生的书。用一种你完全读得懂的语言，也就是非学术化的通俗语言，讲述《圣经》的 10 个源头。经常有人告诉我“你写《圣经》的书，一定要去以色列看看啊”。现在我可以说，这本书就像《马可波罗游记》曾经激励了很多西方人对中国的向往一样，激励了我最向往的未来之旅。

我正在写一本解读《圣经》的书。对于大多数像我一样的中国人，《圣经》中的那些地名、人物和伟大事件，都只存在于文本之中。本书的作者对《圣经》从小就受到母语般的熏陶，又花了数年的时间遍访中东和地中海沿岸，有了这样一位向导，未来的旅行计划一下子就清晰明确起来。

本书讲述的第一座城市是比布鲁斯。对于任何一个使用拼音文字的读者，都知道“比布鲁斯”就是“圣经”的意思，英文写作 Bible，拉丁文写作 Biblia，其原义为“书卷”，或“经卷”。这就是为什么作者说“从腓尼基的比布鲁斯开始研究《圣经》文本的起源，没有比这更恰当的开头了”。

比布鲁斯意味着写作《圣经》最重要的两个媒介：文字和纸。

东西罗马分裂后，东罗马君士坦丁大帝下令抄写 30 套《圣经》。这一细节也是我从本书中第一次读到的。这一细节告诉我们，阅读《圣经》曾经是怎样一种特权。众所周知，古登堡印刷术的发明直接推动了马丁 · 路德的宗教改革。尼采曾经一针见血地指出：自古登堡印刷术之后，当《圣经》被广泛、深入、个人化地阅读，基督教就离它最终灭亡的日子不远了。

历代上那些伟大的先知和革命家一再强调：读经才是正经事！

耶稣和保罗张口就是“正如经上所说的……”“摩西不是曾经说过……”，而正是这两位熟读《旧约》的人颠覆了《旧约》，开启了《新约》全新的篇章。马丁·路德也是如此，口口声声“回到保罗的原义”。受此影响，历代基督教画家，比如米开朗基罗、卡拉瓦乔、伦勃朗和梵高，无不是极为认真深刻地阅读了《圣经》，然后创造性地发动了他们的革命。于是我们看到，米开朗基罗塑造的摩西头上居然长着角，卡拉瓦乔的大卫则彻底挑战米开朗基罗的大卫雕像，伦勃朗把耶稣画成一个我们曾经在乡村集市上见过的朴素的农民，而梵高的《朗卢桥》就是这位极为熟悉《圣经》的画家对天堂景象的描写。

当我读到第三章（亚述）和第四章（巴比伦）的时候，完全被全新的细节知识震撼了。

事情是这样的。亚述曾经是（有文字记载以来）统治中东的最古老的帝国，本书讲述了亚述出土了一件精美的六棱柱。这个六棱柱其实就是一个六棱形的泥板书，上面记载了一段亚述国王征服以色列的战功记：

当时的以色列国王希西家，面对亚述大军兵临城下，交出了大量的金银、宝石、象牙宝座和卧床、黑檀木和黄杨木，这还没完，还有国王的亲生女儿、嫔妃和男女乐师！这才免除了首都的沦陷。

公元前587年巴比伦国王尼布甲尼撒二世攻陷耶路撒冷时更可怕。尼布甲尼撒二世为了报复以色列参加了反巴比伦的同盟，下令彻底拆毁了耶路撒冷的城墙，又当着国王西底家的面杀死了他所有的子嗣，让他在亲眼看到大卫王的血脉彻底断绝之后，弄瞎了他的眼睛。然后将以色列所有贵族、工匠和国王掳去巴比伦做苦工，史称“巴比伦之囚”。

作者有一个观点和我完全一致：在犹太民族的历史上，《出埃及记》其实是神话，并非史实，真正奠定犹太民族以及《圣经》的真实事件是“巴比伦之囚”。

《诗篇》第137首是描写这件事的最著名的悲歌：

> 我们曾坐在巴比伦的河边，一追想锡安（耶路撒冷的别称）就哭了。
>
> 我们把琴挂在那里的柳树上，
>
> 因为在那里，掳掠我们的人要我们唱歌，抢劫我们的人要我们作乐，说：“给我们唱一首锡安的歌吧！”

我们怎样在外邦唱耶和华的歌?

《耶利米哀歌》也是讲述这一悲惨事件的精美诗歌，类似于中国南唐后主李煜的“春花秋月何时了”，都是亡国悲歌。不仅如此，整部《旧约》其实都建立在大卫的血脉中断、上帝的圣城被毁之后所有幻觉的破灭之中!

当十字架上的耶稣绝望地叫喊到:“神啊! 我的父! 为什么连你也遗弃我”的时候，这个垂死的人的头脑中决不会有任何幻觉，尘世中一切的骗局，一切虚伪的价值都原形毕露!

这就是《圣经》诞生的时刻。绝不是道德与学识最为高尚的智者写出的箴言,《圣经》诞生于毁灭、杀戮、痉挛、牺牲、绝望之后的重获新生。正如尼采所言:“哪里有坟墓，哪里就有重生”。

如此一来我们就不难理解，当萨达姆·侯赛因自称尼布甲尼撒转世，并按照尼布甲尼撒二世的姿势拍照的时候，为什么会完全激怒基督徒，以及为什么小布什把打倒萨达姆的战争叫做十字军了。

中国历史上并不缺少巴比伦之囚这样的大悲剧，五胡乱华的时候，胡人强盗让被俘的汉族皇帝给他们端尿盆，在宴会上斟酒。西周的镐京沦陷和北宋的汴梁沦陷都是极为野蛮血腥的人间惨剧。中国需要很多能写出《诗篇》第 137 首和写出《耶利米哀歌》的诗人，以及写出《理查二世》这部伟大悲剧的莎士比亚。

所以，我鼓励中国的知识青年好好阅读《圣经》，以及莎士比亚戏剧这样的经典。读经是大事，它可以让你不再人云亦云。对于任何一个欲意开创自己事业的人，读经也是正经事，直到如数家珍。

王大毛

2017 年 5 月于西安

前　言 | THE CITIES THAT BUILT THE BIBLE

本书得以问世，必须感谢妮可·基德曼（Nicole Kidman）。2004年秋天，我有幸接受基德曼女士邀请（没错，就是那位获奥斯卡奖的女演员），私下教导她我在佩珀代因大学（Pepperdine University）讲授的“《旧约》入门”一课。此事千真万确，我没开玩笑。有人听到我搬出这号响当当的人物，颇不以为然。然而，我告诉各位，本书主题铁定能吸引广大群众，连仕绅名流也不例外。妮可·基德曼还记得自己学过的拉丁文，可见她天资聪颖。她不仅温柔体贴、聪慧风趣，更是我见过心地最好的人。

妮可·基德曼当时在拍摄《家有仙妻》（Bewitched，2005），我们某天就约在好莱坞的老牌卡尔弗工作室（Culver Studios）片场见面。在拍摄休息期间，我便在她的保姆车上替她讲课。她读到《创世纪》时，问了一个简单的问题：“《圣经》是怎么来的？”

我当时不知如何回答，至少说不出简单的答案。会有这种疑问的人，绝不止妮可·基德曼，或许大家都思索过这个问题。《圣经》是全球最畅销的书籍，多数读者至少会在家里摆上一本，要不然也会在个人电脑、平板电脑或手机上储存电子版本。无论信不信教，大家难免会在流行文化或政治场合中听到有人引用《圣经》。这部圣典深入社会的各个层面。不过，难以解释的是：《圣经》到底源自何处？

我花了十多年时间寻找答案，而这本书从头到尾就在回答这个问题。你现在已经知道如何回答读书俱乐部的第一个益智问题：本书的作者和妮可·基德曼在保姆车内做什么事？答案能够满足世人的梦想：阅读《圣经》。我要感谢基德曼女士，很荣幸能与你一起研读经书，希望本书能翔实地回答你的问题。

《圣经》源自何处?

要回答这个问题，首先得理清一点:《圣经》不是一天写完的，它并非从天而降的完整圣典。根据伊斯兰教的传统说法,《古兰经》(Qur'an)是真主(通过天使加百列)逐字逐句口头传授给先知穆罕默德而撰写成书；相较之下,《圣经》是不断经过辩论与表决而决定内容，而且甚少取得共识。其实，早期的教会会议很少讨论何谓《圣经》正典，而是让负责改革礼拜仪式以及替政教领袖复制或翻译官方《圣经》版本的知名人士决定。然而，等到教会会议各自决定《圣经》正典之后，彼此的版本不仅有落差，内容也常与我们阅读的经书有所出入。

此外，在《圣经》定典“之前”，早期教会便已通过会议来宣告教义(信经)，譬如第一尼西亚公会议(First Council of Nicaea)[1]之类的著名会议。换句话说,《圣经》正典“尚未”确立，教会便先行制定教义。许多人(尤其保守派)认为,《圣经》是教会的“蓝图”，必须根据“这部圣典”来做所有的决定。然而，这种看法是落伍的，因为这并非早期教会的做法。当时的神父们认为，教会要相信《圣经》的“部分”内容，同时遵循教会认为“应该”或“必须”属于正确的教义，然后纳入支持这些教义的典籍，以此补全《圣经》的内容。

我们如今熟知的《圣经》包含《希伯来圣经》与基督教的《新约》(另外还有《次经》)。本书会探讨《圣经》如何形成，但不会检视哪些教会会议与个体决定《圣经》内容，而是从全新的角度切入主题。我会探讨哪些重要的“城市”创造了《圣经》，包含这本圣典如何组成、编纂、修订与定典。此外，我会详述这些城市的背景、历史及其考古实证，说明它们创造《圣经》时扮演的重要角色。

我身兼考古学家与爱荷华大学(University of Iowa)研究《圣经》的教授，专门研究与教授古代近东考古学与《圣经》的关系。本书揭露的某些主题会让许多人大为震惊。举例来说，纳入《圣经》的典籍并非古代仅有的犹太教与基督教书籍，许多人若知道这点，会感到十分震惊。古代有许多关于摩西(Moses)、雅

1　编注：公元325年在尼西亚召开的基督教大公会议，是基督教历史中第一次世界性的主教会议，它确立了一些影响深远的宗教法规和现今基督教会普遍接纳的传统教义。这场会议可以说是基督教被国教化的关键仁义之一。

各（Jacob）与耶稣的书籍，没列为正典的书目远多于纳入正典的书籍。此外，定典过程杂乱无章，经常陷于争权夺利的人事纠葛。许多人都恍然不知，“纳入”《圣经》的典籍在古时仍流传着不同版本，甚至包含各种译本。现代的英文版《圣经》乃是根据“所有”流传的版本编纂而成。

本书也将讨论某些晦涩难解的经文，探究它们如何被纳入正典以及早期基督徒与犹太人如何对其加以诠释。我会提及《圣经》如何描述耶稣的诞生、出生地与童女怀孕如何让早期教会陷入困境。我们也会讨论勇士歌利亚（Goliath）实际有多高大。各位读完本书之后，应该会更熟悉《圣经》的考古实证，知道哪些事件改变了圣经故事以及《圣经》正典由哪些人拍板定案。最重要的是，你或许会了解隐藏于圣经“背后”的故事。一旦你从幕后看到《圣经》如何成形，将会对这本圣典永远改观。

亲身经历《圣经》

人不能只读《圣经》，必须亲身经历书中的场景。简单来说，你若想读懂《圣经》，就必须得了解相关的地理环境，亦即圣经故事发生于哪些地方、城市、河流、湖泊与山脉，以及当时的气候如何。你若不清楚相关的地理环境，便无法准确理解《圣经》。

本书将带你遨游圣地（Holy Land），引领各位穿越许多重要的地点，分享不为人知的信息和重要的背景知识，甚至某些趣味小百科。我鼓励大家参访本书提到的城市（为了安全起见，暂时别前往某些城市）。希望大家游览众城时能携带本书，以便更了解每座城市的地理环境与其牵涉《圣经》的考古发现，甚至于也能知道特定经文与特定城市的关联。各位近期若无法出游也无妨，大家可以舒服地躺在椅子上或待在书房浏览本书收录的照片，好好体会当地的氛围。

发掘各个古城与圣经的关联

本书主要检视创造《圣经》的城市最终如何影响我们今日读到的经文。许多近期出版的书籍都在讨论《圣经》如何成书。我的加州大学洛杉矶分校博士论文指导教授威廉·施奈德温（William Schniedewind）出版过《圣经如何成书》（How the Bible Became a Book）。该书详述了《希伯来圣经》如何从口头训诲变成权威圣典。尼尔·莱特福特（Neil Lightfoot）的《圣经的由来》（How We Got the Bible）之类的书籍则检视正典的手稿。已故的布鲁斯·梅茨格（Bruce Metzger）出版过经典之作《新约经文：传授、损坏与恢复》（The Text of the New Testament: Its Transmission, Corruption, and Restoration），而著名的新约圣经学者巴特·叶尔曼（Bart D. Ehrman）最近将其改版并增补内容。该书审视过去数百年来，人们如何有意无意地更改了新约经文。其他的书籍，譬如李·马丁·麦当劳（Lee M. McDonald）与詹姆士·桑德斯（James A. Sanders）合编的《正典辩论》（The Canon Debate）则探讨定典过程。所谓定典，就是决定要将那些书籍纳入权威性的《圣经》，将其视为"神的话语"，以及决定摒弃哪些书籍，将其视为"训诲"书籍或直接斥责为"异端"。

当人们越发严肃看待著书立说的演化过程，以及越发重视它如何在社会中取得权威地位时，这类书籍就越重要。在最早期的社会中，最高权威并非以书面方式颁布，而是由君王口头颁布命令与法律，但自己却不受律法规范。君王经常凌驾于自己颁布的法律之上，难怪美国喜剧演员梅尔·布鲁克斯（Mel Brooks）会说出一句脍炙人口的台词："当国王真爽（It's good to be the king）。"然而，在许多古代的近东社会中，法律原本是君王、先知与神父口述的话语，或者是文化习俗的规范，逐渐转变成书面文字，而且经常归为某位神祇或众神祇晓谕的命令。法律化为书面文字之后，口述律法者的权威便逐渐转移到记载法律的文献。原本晓喻法律的君王或神祇逐渐凋零，而书面文字却流传下来，随着后代人逐渐学会尊重文献权威，这些书面文字就变得越来越权威，直到某个基于法典的"律法国家"（nation of laws）成立之后，书面律法就比任何统治者具备更高的权威。这种过程足以描述《圣经》如何起源，如今这部圣典已被视为"上帝的话语"，许多人也认为《圣经》比君王或政府来得更具权威性。

人们复制经文时，难免会有抄写错误、增补解释或者窜改内容的现象。我们可以对比各种文本来找出差异，同时检视其变迁的历史脉络。这就是学者所谓的经文校勘学（textual criticism），而本书会列举许多范例。如今，许多人将《圣经》

视为日常生活的最高权威，我们只要通过经文校勘学，便能不单从历史眼光来看待这些城市，更能探索它们如何影响《圣经》。

关于神学宣告与上帝启示

我要提醒读者，本书并非要传播神学理念或宣扬教义。我不偏袒任何教派，也不偏好任何宗教或非宗教传统。希望本书能获得各方人士青睐，无论有神论者或非有神论者、虔诚的基督徒或无神论者、保守的犹太人或世俗人文主义者。

我会提出事实与数据，解释其中涵义，说明考古实证与地理数据如何影响《圣经》，让读者自行决定如何看待它们。有人读了这些信息，会更了解《圣经》的历史与背景；有人会依照本书，规划前往圣地的旅游，参观当地的考古遗址与博物馆；有人在基督教教堂或犹太会堂读经时还会参照本书；有人甚至会根据本书，指出犹太教与基督教的圣典有哪些谬误。要如何运用本书，全凭你自己决定。我不会告诉各位该信什么，而是提供必要的信息，让大家充分了解事实，然后去选择与坚守信仰。我想简略讨论上帝启示：持守信仰的人（无论犹太人或基督徒）都相信，《圣经》的形成包含“某些”神的启示或晓谕。极少数人相信《圣经》是逐字记录神的话语，而且每个字都完美无误；相较之下，多数持守信仰的人认为，《圣经》记载“神的话语”，当年成书时包含某种程度的天启。等我们读了建构《圣经》的故事“之后”，在最后的章节便会讨论这点。然而，定典过程其实是杂乱无章且充满政治角力的，本书后半部也会探究这点。持守信仰的人认为，《圣经》既是神的话语，也是借由人记载下来的，但我暂时不想探讨神国的启示如何（直接或间接）影响《圣经》，而要探讨定典的“人为”因素。

如何阅读本书

我想说明这本书使用的格式，然后解释我如何组织本书。首先，我采用科学与专业的纪年标准“公元前”（Before Common Era，缩写成 BCE）与“公元”

（Common Era，缩写成 CE），以此取代众人孰知的“主前”（Before Christ，缩写成 BC）与“主后”（Anno Domini，缩写成 AD）。使用这套纪年标准有两个原因：第一，现代注记历史日期的标准是公元前与公元，不是基督教日历的纪年。我们改用公元前与公元来纪年，而不采用基督教的纪年法则；幸好，这两套系统的日期一致，我们不必替所有事件重新注记日期。第二点与第一点相关：许多人不知道“主前”与“主后”的日期错得离谱。耶稣并非诞生于“主后一年”（1AD），要证明这点易如反掌。查看各种文献与考古实证便可知道，根据现存的日历，想杀害幼儿耶稣的大希律王（Herod the Great）死于公元前四年。各位一看便知，若使用“主前”来纪年，马上就衍生问题：大希律王想杀害耶稣，却死于“主前四年”。耶稣若果真出生于大希律王当政时期，这就会产生矛盾。然而，我们只要改用“公元前”纪年，不仅无须更改日期，还能避免因为误算耶稣出生年而带来的尴尬。[2]

明眼人会发现，本书主要讨论《希伯来圣经》如何成书。这是因为在基督教的《圣经》中，《旧约》占了大约四分之三的篇幅。[3]耶稣引用经文时，乃是引述《希伯来圣经》（最早期基督教会的圣典），而不是引述福音书的经文，因为福音书是耶稣死后半个世纪以后才成书。耶稣是上帝应许来拯救以色列的弥赛亚，这并非罗马人的预言，完全是“犹太人”的观念。

如各位所见，我把《旧约》称为《希伯来圣经》。耶稣去世之后，基督徒过了几个世纪才将早期教会的经书纳入正典，然后将其称为《旧约》，以便与被认可的犹太教经书区隔开来，他们也将自己的基督教圣典称为《新约》。除非另有说明，本书引用的经文皆出自于“新标准修订译本”（New Revised Standard Version，缩写成 NRSV），而对《圣经》引文的所有强调重点与其他引述数据皆出自于我。

“马索拉文本”（Masoretic Text，缩写成 MT，也译作马所拉文本）是广为流传的《希伯来圣经》标准文本，由一群称为“马索拉学士”（Masoretes）的犹太文士在公元第六至第十一世纪编纂而成。这些学者不仅抄写和保存《希伯

2　若想知道更多这方面的信息，请阅读作者的文章“Why Christians Should Adopt the bce/ce Dating System”。

3　这个估算是根据书籍的“篇幅”，而不是根据书籍的数目。

来圣经》，也设计著名的元音音标系统，成为如今阅读希伯来经文的标准发音方式。“马索拉文本”有别于其他的希伯来文本，譬如《撒玛利亚五经》（Samaritan Pentateuch，缩写成 SP）《死海古卷》（Dead Sea Scrolls，缩写成 DSS）包含的《希伯来圣经》文本、《七十士译本》（Septuagint，缩写成表示“七十”的罗马数字 LXX，传说由七十二位译者将《希伯来圣经》合译成希腊文而得名），以及各种塔库姆（Targums，缩写成 Tg），这些塔古姆是《圣经》的亚兰文译本，保存了公元最初几个世纪会说亚兰文的犹太人[4]对经文的额外解释。

我会对许多希伯来文人名提供近似的英语拼音，譬如在“希西家”（Ḥizqiyahu）后头会附上常见的英语化形式 Ḥezekiah。你会经常发现字母的上方会出现小半圆圈，譬如“巴力”（Ba‘al）、“迦南”（Cana‘an）与“以色列”（Yisra’el；英语化之后成为 Israel）之类的名称，这些分别代表希伯来文字母 ’aleph 与 ’ayin，表示发音时要稍微停顿。因此，Ba‘al 与 Cana‘an 要分别读成 bah-al 与 cana-an。某些字母下方会出现一些小点，印刷机可以印出来，不会有任何问题，这表示那些字母的音要发得重一点。我如此大费周章地解释如何念希伯来文的名字，其实是想引诱各位学习希伯来文。

本书大致按时间顺序编排。第一章讲述腓尼基（Phoenicia，现今的黎巴嫩与叙利亚沿海一带），同时检视比布鲁斯（Byblos）、推罗（Tyre）与西顿（Ṣidon）诸城。这些城市不仅被纳入《圣经》，更提供书写经文必要的笔纸墨等物资，以及创造撰写《圣经》的字母。此外，它们各自敬拜早期的腓尼基诸神，《圣经》在多处经文都曾提到这些神祇。

第二章探讨乌加里特（Ugarit）。这座城市位于地中海海滨，不仅扮演关键角色，而且让以图画式音节楔形文字（syllabic cuneiform）字母书写的闪语（Semitic language）演变成以辅音字母书写的语言（亚兰文与希伯来文）。乌加里特也如腓尼基，供奉迦南全地敬拜的众神明，譬如家喻户晓的巴力（Ba‘al）、亚舍拉（’Asherah）与大神埃尔（’El）。这些神祇不断出现于《圣经》的经文之中。

第三章讨论尼尼微（Nineveh），它是古代新亚述帝国（Neo-Assyrian Empire）

4　编注：亚兰文曾是中东地区的通用语言，希伯来圣经有部分是用亚兰文 (Aramaic) 书写的，一般人们相信这是耶稣使用的语言。

的都城，亚述统治迦南，最终毁掉撒玛利亚（Samaria）与以色列国。

第四章检视巴比伦（Babylon），它是古代新巴比伦王国（Neo-Assyrian Empire）的都城。巴比伦毁掉耶路撒冷（Jerusalem）与耶和华（YHWH）圣殿，推翻了统治耶路撒冷的大卫王朝。

第五章探索米吉多（Megiddo），这个古城对古代以色列国的政治至关重要，并且提供最著名的圣经概念，亦即《启示录》预示的哈米吉多顿（Armageddon，译注：世界末日的善恶大决战）。

第六章检视雅典（Athens），这座城市主要通过柏拉图学院（Platonic philosophical academy）来创建西方文明。本章除了探讨《圣经》提到的哲学体系或深刻影响《圣经》的思想体系，也会检视亚历山大大帝及其继任者对圣地的希腊化（Hellenization）。希腊化深切影响与彻底改变了犹太人的神学信仰，同时塑造了许多早期的基督教传统。

第七章讨论亚历山大（Alexandria），这座海港城位于埃及的地中海岸，城内有著名的古亚历山大图书馆（Library of Alexandria）。传说以前的学者前往亚历山大，将《希伯来圣经》翻译成希腊文的《七十士译本》。本章也会探讨《七十士译本》内含的次经，这些经书都没有纳入《希伯来圣经》。

第八章检视耶路撒冷（Jerusalem），它是古代以色列联合王国与（分裂后南方）犹大国的首都，城内有犹太圣殿与西墙（Western Wall）。本章会探讨耶路撒冷如何深切影响《希伯来圣经》的思想与神学，也会讲述它对耶稣诞生与死亡的重要性。

第九章探讨昆兰（Qumran）这处小型遗址及其对于《死海古卷》的重要性。《死海古卷》包含《希伯来圣经》最古老的抄本，那些文本被发现时，比当时所知最古老的抄本还早一千年。《死海古卷》出土后，1950 年之后出版的《圣经》都得修正内容。

第十章检视伯利恒（Bethlehem）与拿撒勒（Nazareth），这两个城市与耶稣的诞生、生平与传道密不可分。

第十一章检视罗马（Rome）、罗马帝国及其在第二圣殿犹太教（Second Temple Judaism）晚期、耶稣的生平与受难，以及初期教会所扮演的角色。我会探讨保罗写给罗马人的书信（译注：《罗马书》），这本书是保罗宣扬基督福音的最佳著作，比其他文献更深刻地影响了西方文明。我也会检视罗马在《圣经》定典时扮演的角色。结论会总结各位所学，告诉大家如何加以运用。

我要重申自己的承诺：我不会告诉各位如何思考或该信什么，一切要由你做主。我将会向各位展示现有的考古、历史与文献证据，并且告诉你们全球最好的圣经学者、考古学家、历史学家与语言学家对这些证据的共识。

希望各位不要只去吸收本书的内容，反而要“质疑”它们。请大家使用本书（《创造圣经的城市》“The Cities That Built the Bible”）网站的“Google 地球”（Google Earth）虚拟旅游[5]，通过网络去参观本书提到的古城遗址，亲眼看看各项证据。如果你有钱有闲，不妨订张机票，亲自前往这些地点一探究竟。强烈建议各位要质疑“全部的信息”，无论是本书的内容，还是牧师、传教士、学者、（犹太教）拉比、书籍作者、有线电视纪录片主持人以及探索古代外星人的爱好者所做的一切宣称。你得检视自己是否“想要”相信或拒绝这类宣称，尽管有历史、考古与文献证据来佐证它们，以及它们合乎逻辑。你若能做到这一点，便能像勇于批判的学者一样去思考论断。

我最后想告诉各位：我爱说笑话与善用幽默，让生活充满欢乐。我撰写本书觉得趣味十足，希望各位阅读时也能感到兴味盎然。

大家不妨舒服地躺在家中的沙发或海边沙滩上，拿杯可口的饮料，跟我一起畅读《创造圣经的城市》。

5 编注：请参阅 https://citiesthatbuiltthebible.com/digital/

第一章

腓尼基诸城

腓尼基是西方书写的诞生地，它创造出字母，让古人得以撰写《圣经》之类的文献。腓尼基提供纸张、创造字母以及衍生出英语单字 Bible（圣经）。推罗、西顿与比布鲁斯等古代城市协助创造了《旧约》与《新约》。这些古城也协助建造耶路撒冷圣殿，同时帮助所罗门王积累财富，它们因兴盛繁荣而堕落背弃神，成为希伯来先知纷纷谴责的对象。腓尼基确实是探索这些古城如何创造《圣经》的完美起点。

若要写一本书来探讨《圣经》如何成书，就必须从头开始，思索各种社会是如何发展出书写技巧的。如果想研究书写，就必须从腓尼基着手，因为这个国度是西方书写的诞生地，它创造出字母，让古人得以撰写《圣经》之类的文献。其实，腓尼基早期的首都比布鲁斯（Byblos）号称是率先创造《圣经》（Bible）的城市，因为 Bible 这个词汇可溯源到 Byblos。只要稍加检视比布鲁斯与稍后的推罗（Tyre）与西顿（Ṣidon）诸城，便能从最根本的层面得知，腓尼基确实是探索这些古城如何创造《圣经》的完美起点。

非法驱车闯入黎巴嫩

腓尼基文化巅峰时期的地理位置在于现今的黎巴嫩。黎巴嫩与以色列两国之间仍处于战争状态，彼此虎视眈眈、相互仇视，因此前往黎巴嫩得冒点风险，对于曾造访以色列的人更是如此。护照若盖有以色列入境章，通常会被拒绝入境黎巴嫩。以巴战争残余的烟硝，至今仍随处可见。铁丝网隔开布满地雷的土地，鲜黄的警告标示以英文、希伯来文与阿拉伯文写道："地雷区，危险勿入！"如今，舍巴农场（Shib'ā Farms）的主权仍备受争议，以色列掌控这片土地，但黎巴嫩宣称拥有这些农场。

我在 2000 年时协同美国佩柏戴恩大学（Pepperdine University）的考古人员于巴尼亚斯（Banias）（古代该撒利亚腓立比"Caesarea Philippi"）进行挖掘。考古计划主持人是维西里欧斯·札菲司（Vassilios Tzaferis），他曾在 1991～2001 年担任以色列文物局（Israel Antiquities Authority）的挖掘与调查主任（Director of

戈兰高地（Golan Heights）上邻近班尼亚斯的警告标示。戈兰高地位于以色列与黎巴嫩的交界处。

Excavations and Surveys）。维西里欧斯很快便与我熟稔，乃是我早年考古学生涯中受益良多的导师。他本是希腊正教（Greek Orthodox）教士，后来放弃教士职位，娶了美娇娘艾弗塔（Efti）。维西里欧斯获颁博士学位之后成了考古学家，在耶路撒冷（Jerusalem）首度找到古人被钉十字架的证据。他发现一位犹太人的脚踝骨被一枚钉子刺穿，这个人名叫伊霍汉南·本·阿格基尔（Yehoḥanan ben ḥagqol），名字就刻在遗骨瓮上。[1]

某天下午，大伙已经辛苦地在巴尼亚斯挖掘了一天，维西里欧斯叫住了我，说道：“鲍勃！我们去兜风！”

我什么也没问便上了车，维西里欧斯就驱车奔驰。他没有往南开，而是返回考古队驻扎的“示尼珥”基布兹（Kibbutz Snir，译注：基布兹是以色列的合作农场；关于示尼珥，请参阅《申命记》第 3 章第 9 节），反而一直往西前进。当我

1 请参阅：Tzaferis, “Jewish Tombs at and near Giv’at ha-Mivtar, Jerusalem” 与 “Crucifixion”。

们穿越一道不断被车压扁的铁丝网时，我发现铁丝网有倒钩，却没有任何标志，当下就觉得事有蹊跷。

“我们要去哪里？”

维西里欧斯语调深沉，用带有希腊口音的英语回答：“就在那里。”

我顺着蜿蜒曲折的乡间泥巴路望去，看到远处有一堆轮胎在马路中央燃烧。当地的村民似乎正在进行抗议。

我紧张兮兮地问维西里欧斯：“这是什么地方？”

维西里欧斯头也不抬地将车子继续缓缓地往前开，神情冷静地回答道：“要看你问谁。有人把这里称为黎巴嫩”。

我突然倍感焦虑，但强忍着情绪，以最平静的口吻问维西里欧斯：“嗯？路上在着火，这些人似乎在抗议。你说这里是‘黎巴嫩’?!”

维西里欧斯神情冷静，再度回答道：“他们只是小孩子。”

我们的车子在燃烧的轮胎前停了下来。一群手握石头的青少年趋前而来，维西里欧斯便摇下车窗，用标准的阿拉伯语和其中一位攀谈。他们聊天时，我完全没有插嘴，只是紧张兮兮地坐着，深怕这群青少年会将手中的石头砸向车子。幸好，什么都没发生。我这位希腊同伴天不怕地不怕，竟敢来此寻求和平。他跟少年说完了话，便摇上车窗，将卡车回转，返回以色列。维西里欧斯扫视周围的土地说：“他们是乡下孩子，只想讨回农场。这些年轻人失去农场便一无所有，所以很愤怒。他们没有伤害人，只是在自家土地上烧轮胎泄愤而已。”

他继续说道：“罗伯托，这里的情况错综复杂。你不用害怕，他们跟你一样，追求同样的东西：生活快乐、有份工作、结婚成家、生儿育女，以及在自己的小天地里独处。”

我很喜欢维西里欧斯叫我“罗伯托”（Roberto；译注：作者本名为罗伯特“Robert”），他这样叫我，乃是真心诚意的。有了这次非法闯入黎巴嫩的经验，我开始从“各种”角度探究以色列与邻国的冲突，思索那些青少年的想法。他们跟其他孩子没两样，都在追求相同的东西：尽情游乐玩耍、无需时常恐惧。这次的体验让我以不同方式研读《圣经》，我尤其会试着换个角度，看待腓尼基之类深切影响《圣经》的城市，而这本圣典如今依旧能激起我心中的阵阵涟漪。

腓尼基的历史

早在罗马人、希腊人与波斯人统治地中海之前，腓尼基人便于公元前 1200 年～公元前 800 年控制这片海域，四处从事航海贸易而累积了大量财富。腓尼基（Phoenicia）其实是希腊名称，源自于 Phoiníke *Phoiníke*（Φοινίκη）。腓尼基人善于从骨螺贝壳提取紫色染料，因而衍生出 Phoinix（Φοῖνιξ），表示“深紫色或深红色”。因此，腓尼基就号称为“紫色之地”，它当时享有独占事业，生产与出口最著名的商品“紫染布料”。腓尼基人在整个地中海东岸贩卖织染布料与各种商品和工艺品，累积了巨额的财富，便在迦南（Cana‘an）北部创建了一群独立的闪族城邦。这些城邦总称为腓尼基，乃是公元前第二个千禧年末期到第一个千禧年初期，经济最为繁荣的文明之一。

这些迦南的腓尼基城邦在数个地中海岛屿建立殖民地，包括居比路（Cyprus；译注：现今的塞浦路斯）、克里特（Crete）、西西里岛（Sicily）、马耳他（Malta；译注：和合本译为米利大）、撒丁岛（Sardinia）与伊维萨岛（Ibiza）。此外，从土耳其南部到西班牙的欧洲沿岸以及整个北非海岸，也都有他们的殖民地。其中最著名的殖民地是迦太基（Carthage；现今北非突尼西亚的首都突尼斯市“Tunis”，介于利比亚与阿尔及利亚之间），后来成为腓尼基的首都。迦太基的腓尼基人古时被称为“布匿”（Punic）。公元前 264～公元前 146 年，罗马与迦太基发生过布匿战争（Punic Wars），迦太基战败之后便倾颓没落。

早在以色列联合王国兴起（约公元前 1000 年）之前，古代的腓尼基便统治地中海东部与迦南北部。考古实证与《圣经》之外的文献都证明腓尼基当时坐拥财富，[2]《圣经》经文也指出腓尼基是富饶之地。《乔舒亚记》第 19 章第 29 节将推罗形容为“坚固城”（fortified city），而此乃港口城市必备的特质。《使徒行传》第 21 章第 3 节指出，使徒保罗的船在推罗上岸，因为在罗马帝国时期，推罗是叙利亚主要的沿海港口之一。

腓尼基繁荣昌盛（尤其比布鲁斯、推罗与西顿等三个主要港口城市蓬勃发

2　有许多迹象指出，腓尼基及其殖民地非常富裕，连古希腊地理学家与历史学家斯特拉波（Strabo）都曾说过（*Geography* 3.5.11; 16.2.22–24），腓尼基人与许多国家进行贸易，赚取了丰厚利润。若想知道更多腓尼基的信息，请参阅：Moscati, ed., The *Phoenicians*。

展），这使得邻近诸国纷纷将矛头指向它，觊觎其万贯财富与政治权力，譬如新亚述（Neo-Assyrian）帝国在公元前 883 年征服了腓尼基。腓尼基兴旺发达、蒸蒸日上，于是遭受以色列先知的审判。这些先知谴责外邦贪婪无度，以色列的穷人则受尽苦楚。

《以赛亚书》第 23 章是一首诗，预示推罗与西顿会在公元前第七世纪毁于巴比伦之手。先知以赛亚（Yesha‘yahu/Isaiah）哀悼这两个曾经骄傲与富裕的城邦："它的商人是王子，它的商贾是世上的尊贵人"（第 23 章第 8 节）。然后，先知接着指出，颓倾的腓尼基城邦推罗"必被忘记七十年，正如一个王朝的年日"（第 23 章第 15 节）。

这三个腓尼基城邦遭巴比伦人摧毁，后来兴起的以色列先知（包括耶稣，后面会讨论这点）便以此为镜，告诫以色列人与后来的犹太人要谨言慎行。然而，在创造《圣经》的过程中，这些城市不仅提供历史坐标，更是提供了创造《圣经》的三个关键元素：字母、（纸莎草）纸与耶路撒冷圣殿！我们先来讨论腓尼基最早的都城比布鲁斯。

比布鲁斯

从公元前 1200 年到大约公元前 1000 年，腓尼基定都比布鲁斯。后来，腓尼基又迁都推罗。《圣经》以不同方式称呼比布鲁斯，让人辨识不出是指同一个城市。在青铜器时代（Bronze Age），这个迦南城市被称为古巴勒（Gubal）。阿马尔奈文书（Amarna Letters）是埃及法老与迦南城邦的外交书信，这种泥板书信将比布鲁斯称为古柏拉（Gubla）。腓尼基人将它称为迦巴勒（Gebal），而《圣经》保留铁器时代（Iron Age；公元前 1200 年～586 年）对比布鲁斯的称号，将它记载为戈维尔（Geval；希伯来文：גבל）。[3]

然而，你可以从这个城市后来的希腊名称比布鲁斯（Byblos；希腊文：Βύβλος）辩认出它，因为这个名字衍生出《圣经》的名称。其实，最早的"纸"

3 如同西班牙语，字母 b 通常念成英语 v 的声音。举例来说，Be’er Sheba 的发音是 Be’er Sheva。

是利用埃及常见的纸莎草（papyrus）的茎压制而成的；古代的纸莎草纸是经由比布鲁斯出口到爱琴海（Aegean），因而此城被希腊人冠以纸（byblos 或 byblinos）之名。“纸”的这个名称最终演变成 biblion（βιβλίον），表示“书籍或卷轴”；这个词的复数 biblia（βιβλία）便指“许多书”，进而衍生出《圣经》的英语 Bible。因此，若从最根本的层面来看，率先创造《圣经》的城市，就是赋予《圣经》名称的比布鲁斯。

腓尼基字母

腓尼基留给世人的不仅是 Bible 这个词。腓尼基人创造了用来撰写《圣经》的工具，亦即腓尼基字母。

腓尼基人从事航海贸易数百年，其对整个地中海的影响力与日俱增。[4] 然而，这些行船商人在亚洲、欧洲与北非之间交易商品时，必须使用方便的（书写）系统来加速开立发票与收据，同时简化订单处理与后勤物流。腓尼基人集散无数的货品到遥远之处，但他们传世的永恒资产却更是无远弗届，那便是简单的辅音音素字母。[5]

腓尼基字母其实衍生了希腊文与希伯来文字母。人们认为，腓尼基人将早期的楔形文字（一种鸡爪印文字，笔触的尖端为楔子形状。古代书吏在软泥板上刻写这种文字，画出表示字词或音节的图案）转化为另一种更为简便的书写系统。写楔形文字时，必须牢记成千上百的象征性图案，这些图案代表名词、动词与其

4　请参阅：Bartoloni, “Commerce and Industry”。

5　腓尼基字母通常被称为原始迦南字母（Proto-Cana‘anite alphabet），用来撰写可追溯至公元前十世纪以前的碑文。它其实是从更早期的一种原始西奈字母（Proto-Sinaitic alphabet）演变而来的。这种象形字母为何称为西奈字母？因为西奈半岛（Sinai Peninsula）的西拉比卡迪（Serabitel-Hadim）山脉曾经出土数个可追溯至公元前十七到十六世纪的简陋碑文，碑文便是以这种象形字母撰写。这种古老字母也出现于埃及的恐怖峡谷（Wadi el-Hol）碑文，那些碑文可追溯至公元前十九到十八世纪。原始西奈字母是埃及象形文字（代表文字的图案文字）与代表声音的图案文字之间的过渡产物。因此，非写实（stylized）图案成为这种辅音字母的字母（亦即字位“grapheme”；译注：书写系统最小的有意义单位）之后，会长得像它们曾经代表的物体，但每个字位代表的声音（亦即音位“phoneme”；译注：区分单词的最小语音单位）经常是该物体名称的第一个发音，学者将其称为顶音字母（acrophonic script）。举例来说，’aleph 长得像有角的公牛（西闪米特语：’alph），mem 长得像水（希伯来文：mayim），‘ayin 长得像眼睛（希伯来文：‘ayin），以及 resh 长得像人头（希伯来文：ro’sh）。这些原始西奈字母逐渐演变成原始迦南字母，最终成为腓尼基字母。若想知道更多关于闪语字母的早期历史，请参阅：Rollston, *Writing and Literacy in the World of Ancient Israel,* 11–46, and Naveh, Early History of the Alphabet, 23–42。

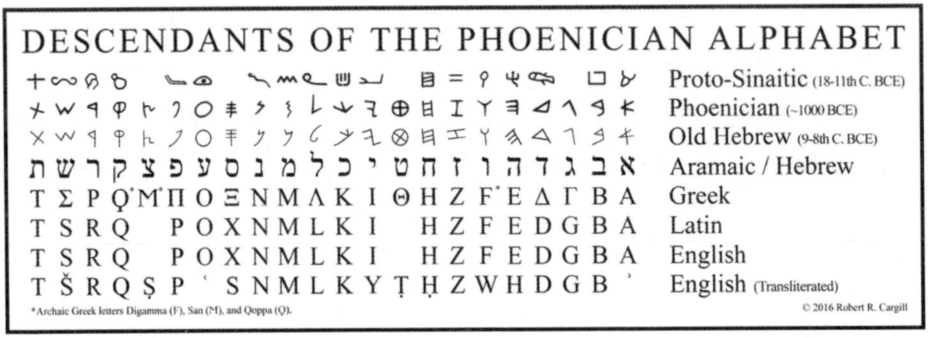

上方图表显示腓尼基字母提供基本的字母形态，后来转变成希腊文、希伯来文、亚兰文、拉丁文以及最终的英文字母。图中文字由上至下依次为：
原始西奈字母（公元前 18 世纪——公元前 11 世纪）
腓尼基字母（公元前 1,000 年）
古希伯来文（公元前 9 世纪——公元前 8 世纪）
亚兰文 / 希伯来文
希腊文
拉丁文
英文
英文（音译）
* 希腊古体字母 Digamma（F）、San（M））与 Qoppa（Q）
罗伯特 · 嘉吉 2016 年版权所有 ©

他词类。古代人要利用它们，才能写出简单的“句子”来完整传达思想。腓尼基人创造的音节系统则简便许多，只带有少数的字位（grapheme，亦即字母）。这些“字母”不表示任何“事物”，只代表组成字词的“声音”。

有了音节字母，古代书吏只要记住一些（切确来说是 22 个）符号，便可将其拼凑组合去表示字词的“声音”，不必辛勤篆刻完整图案来表达想法。由于只要牢记 22 个字母形状（而非数千个图案），便可以更快组合文字，书写就益发简便，更容易学习，文字也能流传更广。因此，腓尼基字母是“创造”《圣经》的首要元素，比布鲁斯、推罗与西顿代表灿烂的腓尼基文化，而西方字母源自于腓尼基字母。

腓尼基字母在地中海四处传播

人们认为，腓尼基人通过地中海，将新的书写系统传播到他们的港口与殖民地。古希腊历史学家希罗多德（Herodotus）宣称，腓尼基人将他们的字母传给古希腊人。[6] 上面的图表显示希腊字母与腓尼基字母的相似之处。当然，希腊人后来撰写了古典文学与哲学巨著，这些大部头书籍是西方思想与后续西方文学的基础，甚至建构了多数的西方文化。

其他族群也采用腓尼基字母，譬如居住于现今叙利亚的亚兰人（the Arameans，或译为阿拉姆人），他们属于闪族的一支。亚兰人使用腓尼基字母书写自己的亚兰文（Aramaic language，或译为阿拉姆语）。亚兰文曾是各个近东帝国的强势语言，直到希腊人踏上此地，对黎凡特（Levant；译注：模糊的地理名称，相当于现代的东地中海区，包括叙利亚与黎巴嫩）进行"希腊化"（Hellenization）以及后续的"罗马化"（Romanization），这种语言才逐渐式微。其实，腓尼基字母与亚兰文易学易用。波斯阿契美尼德帝国（Achaemenid Empire）在公元前第六世纪征服美索不达米亚地区之后，大流士一世（King Darius I，或译作大利乌）甚至抛弃自己民族传统以楔形文字书写的阿迦特德语（Akkadian），将（古）亚兰文奉为帝国的官方语言。[7] 阿契美尼德帝国领土庞大，境内有许多使用不同母语的民族，波斯人认为腓尼基字母易学易用，最好推行这种文字来治理国家。

腓尼基字母也曾是迦南民族的主要书写字母，也难怪希伯来人也采用这种书写系统，用它撰写最早期的著名希伯来文碑文，譬如基色历（Gezer Calendar）。基色历是一块刻有古希伯来文字母的石灰岩板，于耶路撒冷西方大约 20 英里

6　根据希罗多德的《历史》（*Histories*）第 5 章第 58 节："这些腓尼基人……除了传扬各种学识，还将字母传授给希腊（Hellas/Greece）。我认为，古希腊人不知道这种文字；随着时间的递嬗，这些字母的声音与形状逐渐改变。目前希腊人……从腓尼基人学习这些字母，几乎原封不动地保留字母形式，把这些字母称为腓尼基字母"本该如此，因为腓尼基人将它们传到希腊"（*Herodotus: The Persian Wars, Volume 3, Books 5–7*, 62–65）。

7　威廉·施奈德温德（William Schniedewind）在其著作 *A Social History of Hebrew* 指出，根据杜尔舍鲁金圆柱（Dûr-Sharrukîn Cylinder）篆刻的文字，亚述帝国国王萨尔贡二世（Sargon II）（统治期间：公元前 721 年——公元前 705 年）宣称：天下四方之黎民，"操着各种外邦语言的"百姓，居住于高山与低地之众人，天下苍生之主众神以光统治之庶民，吾奉吾主诫命，于亚述以令牌之权力，"命令百姓万口同声"、安居其地（英文译　文：Daniel David Luckenbill, Ancient Records 046 of Assynà and Babylonia "Chicago: Univ. of Chicago Press, 1927"）。施奈德温德认为，这段文字很可能记载萨尔贡二世强制被征服各种民族使用统一的语言；也请参阅：Schniedewind, *How the Bible Became a Book*, 65。这个语言到底是阿迦特德语或亚兰文，还有亚兰文是否是新亚述帝国的"官方"语言，或者仅是波斯的通用语（lingua franca），至今仍争论不休。请参阅：Rosenthal, *A Grammar of Biblical Aramaic*, 5。若想参考反面观点，请参阅：Frye, "Review of G. R. Driver, *Aramaic Documents of the Fifth Century B.C.*," 457。然而，值得注意的是，在波斯帝国统治的公元前六世纪，亚兰文已经从通用语跃升为帝国的官方语言。

（约 32.187 千米）的基色市（Gezer）出土。[8] 这块公元前十世纪的岩板乃是古代的农民历，教导农夫何时耕种与收割。学者将以腓尼基字母撰写的希伯来文称为古希伯来文（Old Hebrew；请参阅前页图表）。[9] 后来，流亡巴比伦的犹太人把当地的亚兰文当作母语。这点有证据可兹佐证：《圣经》包含几部犹太人流亡回国后撰写的书籍（亦即《以斯拉记》"'Ezra'/Ezra" 与《但以理书》"Dani'el/Daniel"），其中的多数经文是以亚兰文撰写。[10]

流亡的犹太人返回耶路撒冷之后仍然使用亚兰文，一直到耶稣的时代。这就是为何福音书不断记载耶稣使用亚兰文传道，因为那是他的母语！犹太人也用方角的亚兰文字母来写亚兰文与希伯来文，因此，（现代）《圣经》的希伯来经文是用腓尼基字母与方角亚兰文字母撰写的。

腓尼基人发明的辅音音素字母被希伯来人、亚兰人与希腊人采用，而且希伯来文、亚兰文与希腊文又是撰写《旧约》与《新约》的语言，因此我们可以确切地说，腓尼基人提供两种让《圣经》成书的重要元素，即纸张与字母。然而，腓尼基人不仅提供书写《圣经》的工具，更提供了撰写《圣经》经文的材料。无论你信或不信，腓尼基人曾协助兴建圣城最神圣的建筑，亦即上帝居住的耶路撒冷圣殿（Jerusalem Temple）。后文会探讨另外两个从不同层面深切影响《圣经》的古城：推罗与西顿。

推罗与西顿

推罗与西顿皆位于现今的黎巴嫩境内，均是古代的腓尼基港口城市，其规模与重要性最终超越腓尼基的初期首府比布鲁斯。推罗在青铜器时代晚期（公元前

---

8 到底基色历的文字是希伯来文，或者某种学者称为迦南文（Cana'anite）的原始希伯来文（proto-Hebrew），这点还有争论。

9 公元前几个世纪复制古希伯来文（Old Hebrew）而撰写的希伯来文字被称为古体希伯来文（Palaeo-Hebrew）。有些学者将古希伯来文字母称为古体希伯来文字母（Palaeo-Hebrew script），造成了混淆的局面。

10 《但以理书》的第 2 章到第 7 章以亚兰文写成；《以斯拉记》第 4 章第 8 节到第 6 章第 18 节，以及第 7 章第 12～26 节也包含以亚兰文撰写的经文。《杰里迈亚书》第 10 章第 11 节也以亚兰文书写，《创世纪》第 31 章第 47 节更记载一处亚兰文地名（译注：迦累得，"以石堆为证"之意）。

1550年～公元前1200年）逐渐兴盛繁荣，约在公元前1000年取代比布鲁斯，成为腓尼基首都，直到公元前333年，腓尼基才又将首府从推罗迁移到迦太基（现今突尼西亚）。公元前149年，迦太基在第三次布匿战争中毁于罗马人之手。

《圣经》经常提到推罗，将其称为苏尔（Ṣor；希伯来文：צור），念成Tsor或Tsur。希腊人后来将推罗称为Turos（Τύρος），这个词衍生为现代英语化的名称Tyre。

✕ 推罗对兴建耶路撒冷圣殿的贡献

推罗不是以色列的城镇，但这个区域贸易中心协助过以色列兴建境内最著名的建筑。几乎没人知道，耶路撒冷的大卫王（David）宫殿与所罗门王（Shlomoh；英语化名称Solomon）圣殿建造时都得仰赖推罗提供建材与工匠。有了推罗提供的"实质"性协助，大卫的宫殿与耶和华圣殿方能落成完工。《塞缪尔记下》第5章第11节指出："推罗王希兰（Hiram）差派使者来见大卫，又送来香柏木、木匠和石匠，他们就给大卫王建造宫殿。"根据《列王记上》的经文，推罗王希兰提供兴建圣殿的建材，尤其是来自黎巴嫩的香柏木（各位不妨去看黎巴嫩的国旗，便知道该国以自己的柏木自豪！）："推罗王希兰听见以色列人膏立了所罗门接续他父亲作王，就派遣自己的臣仆来见所罗门；因为希兰一向爱大卫。"（第5章第1节）

请留意，这段经文也提到："希兰一向爱大卫。"这就暗示以色列与腓尼基一直维系策略联盟。所罗门王确认了这项盟友关系，于是差派人去觐见希兰，（以阿谀奉承的口吻）请求希兰命令仆人去黎巴嫩砍伐香柏木，供他建造圣殿。

> 现在请你命令人们从黎巴嫩为我砍伐香柏木；我的仆人要与你的仆人一起工作；至于你的仆人的工资，我必按照你说的付给你，因为你也知道，我们中间没有人像西顿人（Sidonian）那样善于砍伐树木。（《列王记上》第5章第6节）

希兰表示同意并做出响应，然后提出了巧妙之法，将木材运送到耶路撒冷：黎巴嫩沿岸与耶路撒冷之间隔着崇山峻岭，若以陆路运送木材，得耗费极大的人力与兽力，甚至于要拉长运送时程；因此，希兰决定沿着海岸将木材往南运送给所罗门。若只是让宝贵的商船将木材运送到耶路撒冷，着实浪费资源，所以《列王记上》记载，推罗王希兰将木材扎成木筏，使其沿着地中海海岸向南漂流，让他的商船可顺道从事国际贸易。

> 我的仆人要把这些木材从黎巴嫩运到海中；我会把木材扎成木筏，从海上运到你指定我的地方去。我在那里把木材拆开，你就可以运走。（第5章第9节）

希兰答应所罗门王的要求，运送木材给他兴建圣殿，于是便要求对方每年给予回报。

> “你要成全我的心愿，将食物给我的家。”因此，希兰满足所罗门王对香柏木与松木的需求，所罗门王就给希兰麦子二万歌珥（cor），清油二十歌珥，做他家的食物。所罗门年年都这样供给希兰。（《列王记上》第5章第9～11节）

《列王记上》第5章暗示，即便推罗没有与以色列签订条约，两国也有某种贸易协议。波兰近东历史学家爱德华·利平斯基（Edward Lipi ń ski）指出：“从经济的角度来看，以色列与推罗彼此互助。以色列是陆权国家，以务农维生。推罗则是海权国家，从事航海贸易。”[11] 以色列生产麦子、小米、蜜、油与乳香等商品（《以西结书》第27章第17节），经常与推罗进行贸易。推罗很可能出口多数从内陆国家获得的商品，而以色列则进口许多腓尼基当地制作的手工艺品。黎巴嫩素以生产木材闻名于世，所罗门王打算以最顶级的建材替耶和华打造圣殿，才会要求推罗王希兰提供木材。

《圣经》还指出推罗与以色列的劳工一起兴建圣殿。《列王记上》第5章第18节指出：“所罗门的工匠、希兰的工匠和迦巴勒人（Giblite）把石头凿好，又预备

---

11 请参阅：Lipiński, “Hiram of Tyre and Solomon”。

建造殿宇用的木料和石料。”这些经文更加证明了两位国王携手合作，一起确保建材无虞来完成圣殿的建造。

圣殿能落成完工，推罗居功甚伟。《圣经》也明确指出，所罗门王与腓尼基共同进行贸易，因而累积万贯财富。《列王记上》第 9 章第 26～29 节透露这两国的合资贸易，所罗门王提供推罗王希兰通往阿迦特巴湾（Gulf of ‘Aqaba）、红海（Red Sea）与印度洋（Indian Ocean）的贸易路线。有了这项贸易协议，便可大幅缩短从欧洲到南亚的航海距离，减少四千三百多英里（约 6920 千米），让腓尼基得以与印度从事贸易。《圣经》或许夸大了所罗门王的财富，但关于所罗门王的财富传奇肯定是根据与腓尼基的贸易往来。在当时，能与腓尼基进行贸易，便能确保丰硕的获利。[12]

学者与读者或许会问：“如何证明这是史实而非杜撰的？”最好的答案是：如果这些事件没有发生，后期编纂《圣经》的文士（收集这些故事后将其插入经文的书吏）是不太可能强调以色列会积极与外邦（崇拜其他神祇的民族）相互往来的，因为《出埃及记》第 23 章第 32 节与《申命记》第 7 章第 2 节明文禁止以色列人与外邦立约。大卫与所罗门都曾与腓尼基频繁互动，这会在编纂《圣经》时造成困扰。因此，编纂《圣经》的书吏不可能虚构这类违反耶和华诫命的事件。所罗门王的财富及其“王国”幅员虽有夸大之嫌，但以色列使用腓尼基提供的香柏木来造圣殿，以及它与腓尼基有合资贸易与协议，这些或多或少都有历史根据。

推罗与西顿的没落

如同历史上曾兴起的任何国度，腓尼基也难逃宿命，历经繁华盛世之后，毁于外邦侵略。推罗与西顿曾数度被外敌攻击与征服，包括埃及、亚述王沙尔马纳塞五世（Shalmaneser V）、强迫他们每年纳贡的巴比伦王尼布甲尼撒二世（Nebuchadnezzar II）、从公元前 539～公元前 332 年统治推罗的波斯阿契美尼德帝

12 《列王记上》第 10 章也记载所罗门王与腓尼基合资贸易：“此外，从俄斐（Ophir）运金子来的希兰（Hiram）船队，又从俄斐运了大批檀香木和宝石来。王用檀香木为耶和华的殿和王宫做栏杆，又为歌唱的做琴瑟。以后再也没有这样的檀香木运来，也没有人看见过，直到今日。”（第 11—12 节）；“因为王有他施（Tarshish）船队与希兰船队一同在海上航行。他施船队三年一次运来金银、象牙、猿猴和孔雀。”（第 22 节）

国[13]、亚历山大大帝（Alexander the Great；他攻克西顿，然后包围推罗，最后从波斯人手里夺取推罗之后将其夷为平地），以及公元前 315 年包围推罗的安提柯一世（Antigonus I Monophthalmus）。[14]

不少希伯来先知曾预言推罗与西顿将遭到毁灭，这些话语深深烙印在以色列人（Israelite）、犹大人（Judahite）与后期犹太人（Jew）的文化记忆中。这两个城市曾经势力庞大、富裕繁荣，但最终没落沉沦，希伯来先知便将它们当作例证，警告世人若不关心穷人与遵守上帝的话语，将会沦落到何种下场。

先知以西结（Yeḥezqi'el/Ezekiel）谴责推罗君王坐拥金银财宝，指责他"居心自比神"。

> 因此，主耶和华这样说：因为你心里自以为是神，所以我要使外族人，就是列国中最强横的人，来攻击你；他们要拔出刀来，攻击你用智慧得来的美物，玷污你的光彩。他们必使你下到坑中，你必被杀害，死在海的中心。（《以西结书》第 28 章第 6～8 节）

《以西结书》第 27～28 章是谴责腓尼基的长篇预言，其中某些篇幅专门谴责西顿。

> 主耶和华这样说：西顿啊，我要与你为敌！我要在你中间得荣耀。我在它身上施行审判，彰显我的圣洁的时候人就知道我是耶和华。我必使瘟疫进入西顿，使血流在它的街上；必有刀剑四围攻击它，使被杀的人倒在城中，人就知道我是耶和华。（第 28 章第 22～23 节）

先知以赛亚（Isaiah）也发出预言谴责推罗。《以赛亚书》第 23 章预示推罗的荒废，第 13～14 节特别提到巴比伦人（该处经文将其称为迦勒底地人

13　请参阅：Katzenstein, "Tyre in the Early Persian Period"

14　公元前 126 年，推罗从塞琉古帝国人（Seleucids）获得独立，但是在公元前 64 年又被罗马吞并。罗马将推罗指定为"结盟城邦"（civitas foederata / federated citizenry），这种半独立王国与罗马签订条约，无须对罗马纳贡，而且对诸多罗马法律享有豁免。请参阅：Hardy, ed. and trans., *Roman Laws and Charters*, 95。

“Chaldean”）的作为。

> 看哪！使推罗成为旷野，走兽居住之处的，是来自迦勒底地的人，而不是亚述人；他们要筑起攻城的高塔，拆毁推罗的城堡，使它成为废墟。他施的船只啊，要哀号！因为你们的保障已被毁灭了。

因此，先知屡次发出预言，诅咒推罗（或其包括西顿），谴责其增添财富却不遵循上帝的话语。

新约中的推罗与西顿

耶稣讲道时若想谴责靠近加利利海（Sea of Galilee）北岸的城市，便会向敌人提醒腓尼基主要城邦的毁坏。跟据《路加福音》第 10 章第 13～15 节（请参阅《马太福音》第 11 章第 20～24 节），耶稣以推罗与西顿为例，责备哥拉汛（Chorazin）、伯赛大（Bethṣaida）与迦百农（Kfar Naḥum/Capernaum）等犹太城市。

> 哥拉汛啊，你有祸了！伯赛大啊，你有祸了！因为在你们那里行过的神迹，如果行在推罗和西顿，他们早已披麻蒙灰，坐在地上悔改了。在审判的时候，推罗和西顿所受的，比你们所受的还轻呢。还有你，迦百农啊！你会被高举到天上吗？你必降到阴间。

耶稣告诉哥拉汛、伯赛大与迦百农等加利利海城市，推罗与西顿等著名的非犹太城市在审判之时，所受的惩罚会比它们所受的还要轻，因为耶稣在它们那里“行过神迹”（请参阅《马太福音》第 11 章第 20 节）。

有趣的是，耶稣曾退到推罗与西顿：“耶稣离开那里，来到推罗、西顿境内。”（《马太福音》第 15 章第 21 节）《马可福音》又补充说道，耶稣动身前去那里，“进了一所房子，本来不想让人知道，却隐藏不住。”（第 7 章第 24 节）耶稣在推罗时，行过一个较受争议的神迹。

《马可福音》第 7 章第 24～30 节（请参阅《马太福音》第 15 章第 21～28

节）讲述了一位叙利腓尼基族妇人的故事。耶稣行的神迹颇受争议，因为他起初不仅拒绝行神迹，还称这位妇人是一条狗（希腊文：κυνάριον）。无论在当时或现代，用狗来称呼别人都属于对其进行人格污辱。

> 这女人是外族人，属于叙利亚的腓尼基族。她求耶稣把鬼从她女儿身上赶出去。耶稣对她说："应该先让儿女吃饱。拿儿女的饼去丢给小狗吃是不好的。"那女人回答他："主啊，是的，不过小狗在桌子底下，也可以吃孩子们掉下来的碎渣。"耶稣对她说："就凭这句话，你回去吧，鬼已经从你女儿身上出去了。"她回到家里，看见小孩子躺在床上，鬼已经出去了。

我在课堂上讲过这个故事的类似版本。"我今天赶来上课的时候，一位无家可归的人问我："老师，你能替我解答《圣经》的问题吗？"我回答说："我正要赶去上课。我必须先教学生，因为把儿女的饼丢给小狗吃是不好的。"

我的学生感到很震惊，有位学生甚至轻声嘀咕："王八蛋！"他们瞪着我，认为那个人只想问问题，我怎么会如此对待他。

我对学生说："我没有那样对待他。不过，各位想想看，如果有人把我的举动录像下来，然后上传到 YouTube；那会怎样呢？我至少会被叫到系主任办公室臭骂一顿，某些网站肯定也会痛批我，认为我是个无恶不作的大坏蛋。"

然而，那就是耶稣对叙利腓尼基族妇人所说的话！当然，他最后还是医治了妇人的女儿，但是经文明确指出，耶稣会行神迹，乃是听到妇人巧妙的回答——"不过小狗在桌子底下，也可以吃孩子们掉下来的碎渣。"请读者留意，妇人没有对耶稣摇动食指，告诉他："你怎么能这样！"她顺着耶稣说的"狗比喻"，反将他一军，也说了一个贴切的比喻。最好笑的是：耶稣对妇人的"巧思妙答"印象深刻，便说："就凭这句话，你回去吧。"然后就医好了妇人的女儿。

有些人认为，耶稣终究医治了妇人的女儿，他的粗话也就无伤大雅。根据《马太福音》第 15 章第 24 节，耶稣说过："我被差遣，只是到以色列家的迷羊那里去。"因此，他医治外邦人，实属额外恩典，这也就是他为何会先回绝妇人，并且粗鲁地对待她。不管众人如何解释，但我们要特别留意，耶稣最初只服侍他的犹太同胞，但最终却服侍"所有"人，不分种族、性别与国籍。

此外，耶稣并非先在耶路撒冷或加利利如此行事，而是在他前往推罗的路途才这样做。

小结

推罗、西顿与比布鲁斯等古代城市协助创造了《旧约》与《新约》。腓尼基提供纸张、创造字母以及衍生出英语单字 Bible（圣经）。这些古城也协助建造耶路撒冷圣殿，同时帮助所罗门王积累财富，更别提它们因兴盛繁荣（而堕落背弃神），成为希伯来先知纷纷谴责的对象。耶稣在世的时代，这些古城的毁灭长存于犹太人的记忆中，而耶稣当年也在那些城市行过神迹，对外邦人传道，也谴责加利利海的外围城市，预言它们会比推罗与西顿承受更多的惩罚。总之，推罗、西顿与比布鲁斯等古城协助创造了《圣经》。

第二章

乌加里特

乌加里特的考古宝藏里的一些故事与《圣经》的记载“极为类似”。这些文献不但提供许多后来归给希伯来上帝的别名，还记载了某些背景故事，讲述其他以色列不该敬拜的迦南神祇。因此，乌加里特在创造《圣经》上发挥了关键的影响力。沃尔特·莫伯利的书名很适合用来诠释乌加里特：乌加里特乃是《旧约的旧约》。

1928年某日，一位名叫马哈茂德·梅利亚·阿兹-吉尔（Maḥmoud Mella az-Zir）的阿拉维派（Alawite）农民，在地中海港口城镇米乃特比达（Minet el-Beida）耕地，该镇距离叙利亚的拉塔基亚（Latakia）约七英里（约11.625千米）。当他在犁田时，无意中挖到一座古墓。叙利亚与黎巴嫩文物部（Service des Antiquités en Syrie et au Liban）的考古学家随即前去考察古墓并研究埋藏其中的陶器。法国考古学家若内·达索德（René Dussaud）与克劳德·弗雷德里克-阿尔芒·雪菲（Claude Frédéric-Armand Schaeffer）及其团队发现，古墓器皿乃是公元前第十三世纪迈锡尼（Mycenaean）与塞浦勒斯（Cypriot）陶器，类似于克里特（Crete）坟墓埋藏的器皿，而且古代能进口器皿当作陪葬物的民族，铁定生活富裕。这些专家于是更往内陆探索，于半英里（约800米）外的“拉斯·向拉”（Ras Shamra）土墩遗址进行挖掘。

法国考古团队本着好奇心，竟然挖掘出一座完整的古城，城内布满私宅与数栋宏伟建筑，包括一座皇宫与两座神庙，他们竟然发现了乌加里特古城！考古学家在这些建筑中发现许多篆刻楔形文字的泥板。这些泥板记载了乌加里特在青铜器时代晚期（Late Bronze Age）的繁荣富裕与政治地位，而且远胜其他的考古发现，让人得以进一步窥探以色列宗教的起源。

这些乌加里特文献详述众神生活。不仅乌加里特人敬拜这些神祇，连在迦南全地，甚至更往南涵盖以色列的地区，都有人敬奉他们。此外，乌加里特文是借用美索不达米亚的楔形文字外观，组合出迦南的闪族辅音音素字母。这些乌加里特出土的文献极为重要，它们揭露了许多《圣经》故事的起源，而且提供了背景信息，让人更了解《圣经》提到的诸多神祇。我们接下来要讨论乌加里特，探索这个古城如何改变《圣经》。

乌加里特的考古发现

考古学家在1935年根据“拉斯·向拉”遗址出土的文献，确认该处是乌加里特古城。公元前2300年左右篆刻的埃勃拉石板（Ebla Tablets）首度提到这个国度，公元前第十八世纪的美索不达米亚马里档案（Mari Archives）也记载了它，连公元前第十四世纪的埃及阿马尔奈文书（Amarna letters）也提过这个古城。该遗址出土了各种宏伟建筑，相关考古文献便是在附近找到的。考古学家判定，其中一栋建筑可能是大祭司居所或书库。此外，被城墙包围的乌加里特城东北隅挖掘出两座神庙，分别是巴力哈达神庙（Temple of Ba‘al Hadad）与大衮神庙（Temple of Dagon）。这两座建筑位于卫城（acropolis），曾是乌加里特的信仰中心。

巴力哈达神庙

乌加里特的神庙皆位于皇宫东边的卫城。皇宫有九十间房间，由醒目的边门（postern gate）护卫，穿过边门便可由西往乌加里特市区。当你沿路穿越市区，逐步向上走到土墩遗址时，会看到卫城的巴力哈达神庙。这栋52英尺（约15.85米）宽，72英尺（约21.946米）长的建筑宏伟壮阔，围墙包围的面积达到9150平方英尺（约850平方米）。神庙当年出土时，内有巨型的巴力神像石碑，亦即“巴力与雷电”（Ba‘al with Thunderbolt；石碑上雕刻手拿狼牙棒的巴力）。庙内另有一座石碑，刻着当地一位名叫玛米（Mami）的“皇家御用书吏兼侍从”以及一段献给“巴力洗分”（Ba‘al of Ṣafon）的埃及象形文字。[1]

巴力神庙的主体结构是一个长方形建筑，分为一大一小两个房间，南边设置祭坛。考古学家玛格丽特·杨（Marguerite Yon）宣称，神庙大约高65英尺（约19.8米）。由于卫城比平原高65英尺左右，神庙就比外围地区高出130英尺（约39.624米），行船的水手一眼便可看见这栋宏伟建筑。[2]其实，神庙的围墙内安置17个石锚，证明当年的水手甚为感激巴力护佑，让他们得以在波涛汹涌的海洋拼搏求生。

1　请参阅：Yon, *City of Ugarit at Tell Ras Shamra*, 106～10。

2　请参阅：Yon, *City of Ugarit at Tell Ras Shamra*, 110。

大衮神庙

巴力神庙东边紧邻另一座神庙。考古学家认为，它应该是大衮神庙，因为该庙内有两座石碑（KTU 6.13 与 6.14），其中一座篆刻献给大衮的乌加里特文。[3]这个神祇本是美索不达米亚的丰收之神（特指谷物），也同样受到乌加里特人的膜拜。马里档案（公元前 2500 年）最早提到大衮，将大衮称为“大地之王”（King of the Land）与“众神之王”（Lord of all the Great Gods），[4]埃勃拉石板（公元前 2300 年）也是提到大衮的早期文献。[5]阿迦特德帝国国王萨尔贡（King Sargon of Akkad）将他在美索不达米亚西部的胜战归功于大衮，而非利士人（Philistine），据说将大衮奉为国家之神（《士师记》第 16 章第 23 节）。《塞缪尔记上》第 5 章第 1～5 节不断提到大衮。根据经文记载，非利士人抢走了约柜（ark of the covenant），[6]然后把它抬进大衮庙，放在大衮神像旁边。夜晚时，神像便仆倒在地，俯伏于约柜面前，头与双手都在门坎上折断。这几节经文显示，（约柜代表的）耶和华比（被奉为偶像的）大衮更有权威。

大祭司居所或书库

大祭司居所（有人称为大祭司书库）位于前述两座神庙之间。这栋建筑类似于乌加里特的其他宅邸，但“内部”埋藏的对象却改变了人们对于乌加里特与《圣经》的认知。考古学家从这栋建筑挖掘出 74 件武器与铜制工具，包括“一个锄头与四个锛子，其上刻写献词。这些文字在 1930 年被用来破解乌加里特文”。[7]最重要的是，考古学家还找到许多泥板，上头篆刻神话诗篇，内容出自于几部乌加里特文学巨著，包括《巴力神话》（Ba‘al Cycle）、《基尔塔王传奇》

3　某些学者将这座圣殿称为埃尔神庙（Temple of ’El），认为乌加里特人当时将大衮与埃尔视为同一位神祇。请参阅：Fontenrose, “Dagon and El”。若想知道更多大衮的信息，请参阅：Healey, “Dagon.”。KTU（德文 Keilalphabetische Texte aus Ugarit 的缩写，表示“乌加里特楔形文字文本”）是乌加里特文本的目录。

4　请参阅：Crowell, “The Development of Dagan”。

5　埃勃拉有一座神庙供奉大衮。埃勃拉石板提到过这位神祇，许多人的名字也包含 Dagon。请参阅：Pettinato and Waetzoldt, “Dagan in Ebla und Mesopotamien”。

6　编注：古代以色列民族的圣物，安置上帝与以色列人所订立的契约。

7　请参阅：Yon, *City of Ugarit at Tell Ras Shamra*, 110。

的契约（Legend of Kirta “Keret”）与《阿迦特传说》（Epic of ’Aqhat；亦即《但尼理国王传说》，Epic of Dan’el），而这些文献极为关键，让我们得以窥探乌加里特文学。[8]

乌加里特的各种考古遗址令人印象深刻，特别是前述三栋建筑更加证实了这座古城在青铜器时代晚期具有举足轻重的地位。然而，协助创造《圣经》的，并非雄壮宏伟的建筑，而是建筑内保存的珍贵文献。数十年来，专家学者对这些文献的“内容”着迷不已。他们破解乌加里特石碑之后，发现了惊人的事实：这些叙事文献（如神祇名称、古人故事、诗篇章句与智慧文献）与宗教文献（如古代乌加里特人如何敬拜神祇与“信奉”宗教）所记载的内容不仅深切影响《希伯来圣经》的许多故事，它们彼此也极为相似。有些人读《圣经》时会很惊讶，发现许多圣经故事起源于“其他”文化“早期”的人物佚事与诸神传闻。我们后续会谈论这点，但让我们首先来探讨乌加里特与《圣经》的著名神祇。

乌加里特诸神

乌加里特邻近腓尼基，因此乌加里特人敬拜早期的腓尼基诸神，这点不足为奇。然而，乌加里特出土的文献提供大量的背景信息，让人更了解《圣经》记载的众多神祇，譬如为何古人常在圣山之巅遇见各种神明。答案或许就隐藏在乌加里特的圣山，而《圣经》会提到这座山，或许并非偶然。

艾可山（Jebel ’Aqra‘/ Mt. Aqra）位于乌加里特北部，《圣经》将其称为撒分山（Mt. Ṣafon /Zaphon）。[9] 艾可山之于乌加里特与北迦南，犹如奥林帕斯山（Mt.

8　若想知道更多乌加里特考古发现的信息，请参阅：Yon, City of Ugarit at Tell Ras Shamra; and Curtis, *Ugarit (Ras Shamra)*。

9　《以赛亚书》第 14 章第 13 节记载：“你心里曾说：‘我要升到天上，我要高举我的宝座到神的众星之上，我要坐在聚会的山上，在北方的极处。我要升到云的高处，我要使自己像那伊罗安（至高者）一般’。”也请参阅《诗篇》第 48 篇第 2 节（《希伯来圣经》第 48 篇第 3 节），该处也提到“在北面居高”（the heights of Mt. Ṣafon；译注：Ṣafon 可指圣山或北边）。

Olympus）之于希腊：两者皆为当地最高峰，乃是诸神齐聚之地。[10]

乌加里特文献提到的诸神居住于撒分山，其中某些神明在古代以色列宗教发展史上具有关键地位。在以色列联合王国成立之前数百年，乌加里特已经敬拜这些神祇。因此，学者认为，以色列宗教纳入了（或者因应了）迦南全地崇拜的乌加里特著名神祇。接下来会讨论最重要的乌加里特神祇，说明他们如何影响以色列的宗教。

埃尔（’El）

埃尔是乌加里特诸神之父，被视为开天辟地的创造者，但如今早已不过问寻常百姓的生活。然而，众神要做出重大决定时，依旧要获得他的首肯。埃尔并非公司的首席执行官，反而像董事会主席，亦即诸神的“荣誉主神”（Deity Emeritus），因早年的贡献而备受景仰。

《圣经》多次提到埃尔，但很难分辨经文是确实指埃尔，或者埃尔只是耶和华的别称，亦或是希伯来单字 ’Elohim（神）的缩写。举例来说，在《创世纪》第 28 章第 19 节中（请比较《创世纪》第 31 章第 13 节），雅各布（Jacob）将自己梦见神的地方祝圣，将其称为柏特利（Beth-’El），此处的 ’El 明确指耶和华。然而，《士师记》第 9 章第 46 节提到示剑（Shechem）的“伊勒·比利土庙”（temple of ’El Berit；希伯来文：“立约的埃尔”“’El of the covenant”），这个神明绝对“不是”耶和华。[11] 同理，《诗篇》第 82 篇第 1 节指出，“神站在埃尔的会中”（God has taken his place in the council of ’El），许多《圣经》版本将“埃尔的会中”（council of ’El）翻译成“大能者 / 有权力者的会中”（divine council），以免提到埃尔。因此，在《圣经》中，埃尔偶尔等同于希伯来上帝（耶和华），偶尔又指起

10　该地区另有一座高山，名叫黑门山（Mt. Hermon），位于戈兰高地北边。《圣经》多次提到这座山。《士师记》第 3 章第 3 节与《历代志上》第 5 章第 23 节都将其称为巴力黑门山（Ba‘al-Hermon），让人联想到居住于山顶的这位神祇。

11　伊勒·比利土可能是《士师记》第 8 章第 33 节以及第 9 章第 4 节提到的巴力·比利土（Ba‘al Berit），是迦南与后期以色列古城示剑信奉的神祇。有趣的是，乌加里特与腓尼基也提过伊勒·比利土。根据乌加里特文献，某位叫比利土（brt/Berit）的神祇与巴力有关（请参阅：Mulder, “BaalBerith”）。此外，比布鲁斯的腓罗（Philo）保存腓尼基历史学家司桑库拿单（Sanchuniathon）的文献（809:15），这些文献提到白鲁斯神（Beruth），伊勒·比利土或许就是这位神祇。请参阅：Baumgarten, *The Phoenician History of Byblos,* 186。

源于乌加里特的外邦神明。

亚舍拉（'Asherah）

亚舍拉是埃尔的妻子。根据苏美神话（Sumerian mythology），她也是天神安努（Anu；等同于埃尔）的配偶。乌加里特人把亚舍拉称为 'Athirat（希伯来文的 sh 音要发出声，乌加里特文则把 sh 拼成 th[12]），将她与海联系起来。单单《巴力神话》就有十二处提到亚舍拉，将她称为“亚舍拉女海神”（Lady 'Athirat of the Sea）。[13]《圣经》也数次提及亚舍拉，通常都连带提到巴力。[14] 根据《列王纪下》第 21 章第 7 节，犹大玛拿西王（King Manasseh）统治时期，耶路撒冷圣殿内立了亚舍拉雕像！

巴力哈达

巴力（Ba'al）是乌加里特诸神之王，他的名字要念成英语的 ball（不是 bale“大捆干草”）。在乌加里特文与希伯来文中，这个词表示“主人”（lord/master）。在现代的希伯来文中，ba'al 仍然指“丈夫”（每次提到这点，我老婆便会嗤之以鼻）。最重要的是，巴力是暴风雨之神，能够降雨滋润土地，在干燥的农业地区，这是极为重要的角色。巴力发出的声音是雷声，而《出埃及记》第 19 章第 19 节指出，耶和华的声音也是雷声（希伯来文 qol“קול”）。[15]

巴力犹如亚舍拉，是极受欢迎的神祇。以色列先知不断警告信奉巴力的民众，《列王纪上》第 16 章第 30～33 节记载如下。

> 暗利（Omri）的儿子亚哈（Ahab）行耶和华看为恶的事，比他以前所有的王更厉害。亚哈犯了尼八（Nebat）的儿子耶罗波安（Jeroboam）所犯的罪，还以为是小事。他又娶了西顿王谒巴力（King Ethbaal of the Sidonians）

12　希伯来文与其他闪语常见这种情形。譬如，数字三的希伯来文是 שלש（shalosh），亚兰文则是 תלת（thalath）。

13　按字面是 rbt 'aṯrt ym。

14　《士师记》第 3 章第 7 节；《列王纪上》第 15 章第 13 节与第 18 章第 19 节；《列王纪下》第 21 章第 7 节以及第 23 章 4～7 节；《历代志下》第 15 章第 16 节。

15　也请参阅《约伯记》第 37 章第 2 节、4～5 节以及第 40 章第 9 节；《诗篇》第 29 篇第 3 节。

作势要雷击的暴风雨神铜像。这尊雕像出土于夏琐（Hasor），可追溯至公元前第十五到公元前十三世纪。它非常类似乌加里特与别处对暴风雨神巴力的描述。本图片由以色列博物馆提供。

的女儿耶洗别（Jezebel）作妻子，“去服事巴力，敬拜巴力”。他在撒玛利亚“建筑巴力庙，又在庙里为巴力立了一座祭坛”。亚哈又做了亚舍拉，亚哈所行的，惹耶和华以色列的 神发怒，比他以前所有的以色列王更厉害。

显然，古代的以色列（尤其是与腓尼基关系更紧密的北国）公开敬拜巴力。

前面曾提到的巴力石碑，让专家得以确认乌加里特卫城的巴力哈达神庙。这块白色砂岩浮雕石碑高4英尺8英寸（约1.4米），描绘长角的巴力摆出雄壮威武之姿，左脚向前踏出，右臂高举狼牙棒或击棍（经常被人误解为雷电）。它在距离神庙60英尺（约18.288米）之处被人发现。这座石碑目前在巴黎卢浮宫展出，内容证明巴力与文学作品描述的一样，既是战神，也是丰收之神。[16]

巴力在迦南全地与古代以色列境内都极受欢迎，这点甚为明显，因为这些地区出土了许多巴力雕像。多处《圣经》经文也指出：别再崇拜巴力！。[17]《出埃及记》第14章第2节与第9节，以及《民数记》第33章第7节特别记载一个名为巴力洗

16 若想看看位于卢浮宫一楼B室苏利庭院（Sully Wing）近东古物部门的巴力石碑（编号AO15775），以及卢浮宫荣誉总策展人安妮·科贝（Annie Caubet）对石碑的解说，请前往卢浮宫网站：http://www.louvre.fr/en/node/38663。

17 请参阅《民数记》第25章3～5节、《士师记》第6章30～32节，以及《塞缪尔记上》第7章第4节，这些经文同时提到巴力与亚舍拉。《士师记》第8章第33节以及第10章6～10节、《列王纪上》第16章31～32节、第18章18～40节，以及第22章第53节亦是如此。

分（Ba‘al Ṣafon；撒分山的巴力 [Baàl of Mt. Ṣafon]）的地方。此外，《民数记》第 22 章第 41 节还记载另一个地方，名为巴马巴力（Bamot-Ba‘al，亦即巴力的高冈 “the high place of Ba‘al”）。《圣经》中还有许多地名与人名也都包含巴力。

作势要雷击的女神铜像，可能是安奈或亚斯塔禄（‘Astarte），在以色列北部丹恩土墩遗址（Tel Dan）出土。本图片由以色列博物馆提供。

安奈（‘Anat）

安奈是巴力的妹妹，她热爱且捍卫巴力。在一些乌加里特文献记载的故事中，这两位被凑成一对，因此学者不停争论，安奈是否为巴力的妻子。在古代的乌加里特，安奈跟巴力一样，同为爱神与战神，能让土地富饶、带来丰收。达索德、雪菲及其团队曾在乌加里特发现一座安奈雕像，雕像也摆出跟巴力相近的姿势。

《圣经》甚少提到安奈，这点跟亚舍拉不同。然而，安奈这个名称确实出现在某些地名与人名，如坚固之城伯亚纳（Beth-‘Anat；《乔舒亚记》第 19 章第 38 节与《士师记》第 1 章第 33 节）与亚拿突（‘Anatoth；根据《乔舒亚记》第 21 章第 18 节，这是先知乔舒亚的家乡与奉职的城市）；此外，安奈的儿子珊迦（Shamgar son of ‘Anat；《士师记》第 3 章第 31 节与第 5 章第 6 节）果然不负其名，曾用刺棒连续击杀 600 个非利士人。[18]

18 《圣经》很少提到安奈，可能是迦南以南地区崇拜乌加里特诸神，让她的起源与角色众说纷纭。在乌加里特，安奈是巴力的配偶，但是在迦南，是巴力的妻子却是亚舍拉（请参阅《士师记》第 3 章第 7 节；《列王纪上》第 18 章第 19 节；《列王纪下》第 23 章第 4 节）。或许，许多原本是埃尔的角色被并入耶和华，埃尔就因此凭空消失了，他的妻子亚舍拉只好配给其他受欢迎的“外邦”神祇，譬如巴力。如此一来，安奈只能委身于地名之中。另一种解释是，巴力与这两名女性神祇“都有”关联（在古文献中，这种情况屡屡出现于男性神祇），或者不同地区的神话传说都有所出入，某些关于安奈与亚舍拉的传说被搞混了，或者不小心被归给同一位神祇。

值得注意的是，在埃及象岛（Elephantine；现今阿斯旺“Aswan”附近的小岛）出土的一篇公元前五世纪的亚兰文纸莎草纸文献中，安奈也出现在神祇“耶和华的安奈”（‘Anat-Yahu 或 ‘Anat-YHWH）[19]的名称中。公元前六与五世纪，象岛有一个巨型的犹太小区，小区里有一位牧师，在神庙带领众人敬拜耶和华。在此之前，许多犹太人为躲避外邦对北国以色列与南国犹大的侵略而避居此地，从而建立了这个小区。此外，一篇象岛的纸莎草纸文献（B52）记载一则宣誓，那是在法庭撰写并签名的，内容涉及一头驴的一半所有权（信不信由你）。这点证明，古人也会为了鸡毛蒜皮之事兴讼。根据这篇文献，被告“在此崇高权威之地，以‘耶和华的安奈’之名”宣誓说实话。[20]这份文献证实，南至埃及北部都有民众敬拜安奈，而犹太人的神祇耶和华也与其相提并论。[21]

雅姆（Yam）

在乌加里特，雅姆是地中海海神，亦是河流、小溪与湖泊之神。他也被称为“河流判官”（Judge Nahar 或 Judge River），因为若没有他的配合，便无法确保有足够的河水来灌溉作物，甚至无法避免干旱或水灾。雅姆犹如海洋，脾气暴躁、难以掌控。根据《创世纪》第 1 章，只有权力更大的神祇，才能聚拢海水，露出旱地，使人得以生存。从这点便可知道，雅姆的仇敌就是永生的巴力，因为雅姆控制海洋及其深渊，而巴力则是旱地主宰，赋予万物（包括人类）生命。雅姆掌控的海洋，随时都想摧毁陆地的生命。

雅姆以极为巧妙的方式出现于《圣经》：希伯来文的“海”就是 yam！因此，在以色列的宗教里，雅姆便化身为“海洋”，以这种自然实体保留相同的个性（力量强大，但难以驾驭、令人恐惧），却不用被奉为神祇。许多学者认为，“深渊”（希伯来文 תהום “tehom”）与耶和华之间的征战，犹如雅姆与巴力的斗争。各位想想，神在《创世纪》第 1 章与海征战，在《创世纪》第 6 章到第 9

19 古埃及将象岛称为阿布（Yeb）。

20 请参阅柏林埃及博物馆（Ägyptisches Museum）莎草纸 13485，文件编号 B52，由波登（Porten）教授撰写的 *The Elephantine Papyri in English*, 266～67。

21 若想知道更多 ‘Anat-Yahu 的信息，请参阅：Mondriaan, “Anat-Yahu and the Jews at Elephantine”。各位也不妨参阅：Day, *Yahweh and the Gods and Goddesses*, 143；Smith, *The Early History of God*, 61，以及 Van der Toorn “Anat-Yahu, Some Other Deities”。

章退去洪水，在《出埃及记》第 15 章（译注：和合本《圣经》第 14 章）将芦苇海（Reed Sea）分开[22]，在《乔舒亚记》第 3 章第 16 节分开约旦河，让以色列人越过去，进入应许之地。耶和华不断战胜河水，如同巴力在乌加里特不停征服雅姆。

莫特（Mot）

莫特是乌加里特的死神。他跟雅姆一样，曾与巴力争斗，但最终落败认输。莫特也被去人格化，他的名字 Mot（希伯来文：תום）变成意思为“死亡”的单字。莫特没有以神祇的姿态出现于《圣经》，但《哈巴谷书》第 2 章第 5 节记载：“扩张欲望，如同阴间（Sheol）；又像死亡（Death /mot），永不满足”，这跟《巴力神话》中莫特与巴力的故事极为雷同（后文会讨论）。同理，《约伯记》第 18 章第 13 节如此记载：“死亡的长子（Death/mot）吃掉了他的肢体”，把死亡拟人化，这点足以证明莫特犹如前述的乌加里特众神，在古代的以色列也名闻遐迩。

前面介绍了乌加里特最重要的神祇，接下来要讨论乌加里特提及这些众神的文献，看看这些神祇与故事是否确实创造了《希伯来圣经》。

乌加里特文献

我们可以在乌加里特出土的 6 个石碑档案之中，找到许多美索不达米亚的经典作品，包括类似于《圣经》的故事，例如吉尔伽美什史诗（Gilgamesh Epic）[23]

---

22 你没看错，摩西与希伯来人穿越的水域其实是“芦苇”（Reed）海，不是“红”（Red）海（红海位于更南方）。《出埃及记》13～15 章指出，希伯来人穿越的水域是 yam suf（ףוס־םי），而希伯来文的 suf 是指“芦苇”（请参阅《出埃及记》第 2 章第 3 节），不是“红色”。因为《七十士译本》误译，人们才将 yam suf（“芦苇海”Sea of Reeds）与“红海”（Red Sea）搞混，第七章会讨论这点。

23 学者认为，美索不达米亚的吉尔伽美什史诗是最早的经典文学作品。这个故事可追溯至大约公元前 2100 年，有好几种版本，分别记载于数个楔形文字石板。故事讲述主角吉尔伽美什国王外出寻找被蛇偷去的长生不老植物（类似于《圣经》的伊甸园“Garden of Eden”故事），同时建造方舟，让家人与所有动物登上方舟来逃避大洪水侵袭，然后派出鸟去查看洪水是否退却（类似于《圣经》的洪水故事），最后还在死亡与人世无常的概念上挣扎不休（类似于《传道书》的论述）。吉尔伽美什史诗比《圣经》至少早 1000 年，造就了伊甸园、洪水泛滥与《传道书》的故事。

与阿特拉哈西斯洪水故事（Atraḫasis Flood Epic）。[24] 其他专门记载乌加里特的石碑也已经出土。这些文献是以乌加里特文撰写的，这种文字看似美索不达米亚典型的音节楔形文字，其实是以楔形字母书写的一种腓尼基辅音音素字母。[25]

KTU 1.114 是一则幽默的乌加里特故事，常被称为“埃尔的天庭盛宴”（El's Divine Feast），叙述主神埃尔举办宴会款待诸神。亚舍拉、安奈与巴力都前往赴宴。月神耶拉（Yariḥ）甚至化为一条狗，偷偷潜入宴会，躲藏在桌子底下，伺机捡些残羹冷炙填饱肚子。埃尔最后喝得酩酊大醉，拉屎拉尿，在自己的大便中滚来滚去。最好笑的是，石碑背面刻有解宿醉秘方。埃尔提供“咬你的狗的毛”（hair o'the dog that bit you）解酒配方，可谓经典的产品代言：大家好，我是埃尔。当我喝得烂醉如泥时，我将狗毛、pqq 植物（译注：不知名植物）的顶部与茎部与天然橄榄油混合，拿来解宿醉！（没错，KTU 1.114 最后几行记载这个解酒秘方）。[26]

然而，有三篇重要的乌加里特文献让人更了解许多《圣经》故事的起源，同时提供背景信息，详述《圣经》中众神祇的来龙去脉。这三篇文献是《巴力神话》《基尔塔王传奇》与《阿迦特传说》。下面我会详述它们。

《巴力神话》

《巴力神话》可谓最重要的乌加里特文献，可追溯至公元前 1500 年～公元前 1200 年。根据学者的估计，这 6 块石板刻有 1500 个诗节，总共有 2350 行文字，描述一则长篇神话。这个神话包含两个主要冲突，一是巴力哈达与海神雅姆的争斗，二是巴力哈达与死神莫特的冲突，其间穿插两首描述巴力、安奈与巴力神殿的诗。《巴力神话》介绍众神之父埃尔、女神亚舍拉与安奈，以及其他配角神祇，

24 阿特拉哈西斯洪水故事是另一个比《圣经》更早问世的作品。这个阿迦特德神话出现于公元前十八世纪，讲述众神以泥土创造人，后来反悔，便兴起洪水消灭人类。水神恩基（Enki）警告阿特拉哈西斯洪水即将来临，于是阿特拉哈西斯便拆掉房舍，建造一条方舟，以树脂涂覆船体，令全家与动物进入方舟，最终免于灭顶之灾。洪水退去之后，阿特拉哈西斯便给众神献祭。因此，学者认为，阿特拉哈西斯洪水故事影响了《创世纪》6～9 章记载的挪亚方舟故事。

25 请参阅：Rollston, *Writing and Literacy in the World of Ancient Israel*, 16～17。

26 请参阅：Lewis, “El's Divine Feast”。若想知道 hair of the dog 的详细讨论，请参阅：Cook, “Hair of the Ugaritic Dog”。

讲述巴力如何与众神争斗，最终成为万王之王。

在第一场冲突中，海洋与河流之神雅姆受到乌加里特主神埃尔的支持，想要成为万王之王。这点无可厚非，因为乌加里特位于地中海东岸，需要仰赖航海贸易来刺激经济与建立文化。然而，巴力认为自己才是众神之首。为了备战，天庭艺匠古塔瓦哈希斯（Kothar wa-Ḥasis；译注：这个名字表示“灵巧与高明”）替巴力打造了两根狼牙棒，分别命名为 Yagrushu（drive out：驱逐）与 'Ayyamurru（expel：逐出）。巴力用这两件神兵利器击败了雅姆，将其驱散于四方（因此地球多数地区都布满海洋与河流）。这场战役像极了《诗篇》第 74 篇 12～17 节描述的神如何创造天地。《诗篇》的这几段经文或许是希伯来人最古老的开天辟地故事，甚至比《创世纪》第 1 章与第 2 章更为久远。[27]

巴力哈达击败雅姆，成了众神之主，便想打造自己的宫殿。因此，巴力便叫安奈去给埃尔施压，使其同意给巴力兴建宫殿。结果，安奈演得过火，竟然威胁要打破埃尔的头，让他的“灰发流（血），沾染灰白的胡须”。[28] 当这招行不通之后，巴力便贿赂埃尔的妻子亚舍拉，馈赠她礼物，让她支持自己兴建宫殿。后来，埃尔挡不住亚舍拉的要求，便让天庭艺匠古塔瓦哈希斯替巴力打造一座宫殿（这是某位承包商为一扇窗户而争吵之后）。[29] 后来，巴力举办一场皇室盛宴，邀请诸神参加宫殿的落成仪式，然后谦逊地宣称自己是众神之王。

死神莫特听到巴力自称众神之王，于是出口不逊，便爆发了第二场冲突。莫特邀请巴力参加另一场宴会，并在会中对巴力宣战。后来，巴力战败认输，先与化身为小母牛的安奈性交“七十七次，甚至八十八次”，然后带着云、风和雨下到阴间（因此，巴力一死，干旱便降临）。安奈最终替巴力生下一头小公牛，而巴力深爱这头公牛并给它穿衣服。这种行为不禁令人想起《创世纪》第 37 章第 3

---

27 《诗篇》第 74 篇 13～15 节的内容几乎是巴力与雅姆争斗的翻版：“你曾用你的大能分开大海，把海中怪兽的头都打碎了。你砸碎了利未亚坦（‘利未亚坦’为原文音译词，或译‘海怪’‘伯 3:8’或‘鳄鱼’‘伯 41:1’）的头，把它给住在旷野的人作食物。你曾开辟泉源和溪流，又使长流不息的江河干涸。”有趣的是，《以赛亚书》第 27 章第 1 节也描述相同的战斗：“到那日，耶和华要施用他锐利、巨大和有力的刀，惩罚鳄鱼（利未亚坦），就是那快行的蛇；惩罚鳄鱼（利未亚坦），就是那曲行的蛇；并且要杀海中的大龙。”早在以赛亚诞生前数百年，《巴力神话》就记载了相同的故事。*COS* 1.86.265 写道：“当你惩罚罗登（Lôtan，亦即利未亚坦），就是那快行的蛇，击杀曲行的蛇，就是那盘绕身躯、有七个头的蛇。”请参阅：Pardee, “The Baʻlu Myth,” 265。

28 请参阅：*CTA* 3, 5.19–25。

29 请参阅：*CTA* 4, 5.120– 6.15。

节记载以色列深爱约瑟，并给他做了一件彩衣。因此，牛便成了巴力的象征。

安奈找到并埋葬心爱的巴力之后，便处心积虑复仇。她用剑狂攻莫特，杀了莫特之后，烧毁他的尸身并将其磨成粉末，然后撒给鸟儿吃。莫特一死，巴力便复活，返回众神居住的撒分山（Mt. Ṣafon）。不料，莫特也从死里复活，再度与巴力决一死战。然而，莫特这次看到埃尔支持巴力，知道自己毫无胜算，便臣服于巴力，称他为万王之王。因此，《巴力神话》叙述巴力如何成为众神之首，这便足以解释为何《希伯来圣经》会不断提到巴力。[30]

《基尔塔王传奇》

《基尔塔王传奇》（The Legend of Kirta；Kirta 通常写成 Keret）是刻在三块方形泥板的乌加里特史诗。这些泥板可追溯至公元前 1500 年～公元前 1200 年，目前在叙利亚的阿勒颇国立博物馆（National Museum of Aleppo）展出。

这首史诗描述赫伯（Ḫubur）基尔塔王的故事。基尔塔王贵为国王与天神埃尔宠爱的儿子，却不断看到皇嗣出生后便夭折，王后也病死，连众兄弟都战死沙场。有鉴于此，基尔塔王便请求埃尔赐给他继承王位的人，埃尔便告诉他去攻打邻近的王国，要求该国君主把女儿下嫁给他，以便生出继承王位的子嗣。基尔塔王遵从埃尔的建议，邻国乌东（Udum）的普巴拉王（King Pubala）便将女儿哈丽尔（Hariya）许配给基尔塔王，而哈丽尔最后生了两个儿子和六个女儿。基尔塔王看到儿子出生之后，却背弃对女神亚舍拉的承诺，不愿在获得妻子之后献上

30 请参阅：*ANET* 129–42; *KTU* 1.1–6。若想知道更多信息，请参阅：Smith, *Ugaritic Baal Cycle*。有个值得深思的问题，就是为何两位统管水的神祇，亦即雅姆（海洋与河流之神）与巴力（暴风雨之神），会在神话中相互对抗。这不是咸水与淡水之争，因为雅姆也被称为“河流之王”（Ruler *Naharu*/Ruler of the River），统管淡水与咸水。（请注意，在希伯来文中，yam 不仅代表“海洋”，其同源字 nahar 也指“河流”。）几乎没有任何证据足以说明早期的旱作农业与灌溉之间有所冲突。然而，我们可以说，（巴力代表的）适度用水可对比河水泛滥，以及海洋的无情风暴会影响航海贸易与渔业经济。雅姆与巴力之间的争斗，最可能暗喻乌加里特外围国度施行的各种农业经济。海洋可能代表迈锡尼（Mycenaean）之类的航海国家，河流则代表仰赖河流灌溉的农业经济体，譬如埃及（因尼罗河泛滥而兴旺）与美索不达米亚（仰赖底格里斯河“Tigris”与幼发拉底河“Euphrates”）。雅姆是海洋与河流之神，因此代表这些外邦国家；相较之下，巴力用暴风雨和雨水浇灌肥沃之地（这些地区缺少河流，也不仰赖海洋贸易），因此代表乌加里特及其外围的黎凡特（Levantine）国家。在乌加里特神话中，巴力击败雅姆，不仅表示乌加里特胜过埃及、迈锡尼与美索不达米亚文化，也代表它是这三个地区的贸易中心。因此，《巴力神话》叙述巴力如何在乌加里特（还包括迦南地区；《圣经》不断指出，巴力在迦南是备受崇敬的丰饶之神）变得极受欢迎，同时说明《圣经》提到的外邦神祇如何传入迦南，从而透露乌加里特对自身的看法。

金银财宝。亚舍拉便加以报复，让基尔塔王身患重病，但幸好蒙获埃尔医治。然而，等到基尔塔想复位时，他的儿子亚辛（Yassub）却质疑他不诚实正直。基尔塔便叫阴间死神去击碎亚辛的天灵盖。可惜的是石板在此裂开，无法读到后续的发展（但对亚辛来说，他可算是幸运地逃过一劫）。

眼尖的读者可能会发现，《基尔塔王传奇》与《约伯记》（'Iyov/Job）有点雷同。会这样猜想没错，学界也为此争论不休。乔布与基尔塔都被称为“好人”或“义人”，两者都地位崇高（《约伯记》第 1 章第 3 节指出，乔布在“全东方的人中至为尊贵”，而基尔塔是一位国王）。两人都遭逢苦难，眼看家人死于疾病或战场，彼此也都罹患重病，也被亲人指责忽视穷人（在《约伯记》第 22 章 6～9 节，以利法“'Eliphaz”指责乔布；基尔塔被儿子亚辛指责）。[31] 两人也分别呼求自己的神祇，最后也都生下新子嗣。[32]

因此，《约伯记》就算并非以《基尔塔王传奇》为参考范本，也曾从中汲取灵感，因为《约伯记》描述两位天界生物（耶和华与撒旦[33]）的争斗，双方争论义人乔布该遭逢何种命运，结果乔布先失去家人，然后遭到友人批评行为不当，幸好最终又蒙赐福，重获财富。这是乌加里特协助创造《圣经》的另一种方式。[34]

《阿迦特传说》

《阿迦特传说》偶尔被称为《但尼理国王传说》（Epic of Dan'el or Dan'il），

---

31 请参阅：*Legend of Keret*, Tablet C, col. 6, 25～53。

32 奥康纳（O'Connor）眼光独到，在《基尔塔王传奇与乔布序幕尾声》（“The Keret Legend and the Prologue-Epilogue of Job”）一文额外指出这两者的相似之处：乔布与基尔塔……最终都有了新的家庭。乔布有七个儿子，三个漂亮的女儿（《约伯记》第 42 章第 13 节）；基尔塔有了新妻子，生下七个儿子与至少六个女儿（Keret III, iii, 5～12）。两者的关联在于，女儿（而非儿子）的名字都曾被提到。乔布的三个女儿都被提到名字（《约伯记》第 42 章第 14 节）。在（乌加里特的）《巴力与安奈》（*Baal and Anat*）史诗中，他们的三个女儿的名字都被提到，儿子却没有。《基尔塔王传奇》没有列出基尔塔儿子的名字但是提到生下女儿时，就有六行并行线，每条线都很短，只能容纳三个字，而最后一个字就是女儿的名字。可惜的是，我们只能重建第六行，确定基尔塔最宠爱女儿的芳名，其他五行字都已损毁，但都留有刻名字的空间。

33 请注意，根据 NRSV（圣经公会英文语系最新修定版本圣经）与其他《圣经》版本，《约伯记》第 1 章第 6 节记载“一些天界生物”侍立在耶和华面前（这又让人想起，乌加里特诸神也齐聚于撒分山），但是按照字面来看，此处的希伯来文指“神的众子”（bnei ha'Elohim）。此外，《约伯记》第 1 章第 6 节提到撒旦时使用定冠词 ha-śatan，要翻译成英文“the” satan，而在希伯来文中，这是指“原告者”（the accuser），并非专有名词“撒旦”（Satan）。

34 请参阅：*ANET* 142～49。若想知道更多信息，请参阅：Margalit, “The Legend of Keret”；也请参阅：Pardee, “The Kirta Epic (1.102)”。

因故事中的父亲而命名。但尼理（Dan'el）表示“埃尔是判官”（'El is Judge），这个名字类似于希伯来文名字Dani'el（דינאל；但以理）。据说他是“利坡人”（Rapa'u），而芝加哥大学教授丹尼斯·帕迪（Dennis Pardee）认为，利坡就是《圣经》常提到的利乏音（Repha'im）。[35]阿迦特是但尼理的儿子，但尼理曾向诸神献祭，祈求子嗣。巴力哈达便替但尼理向埃尔求情，说但尼理应有个儿子（请留意后续的话），这个儿子要“在但尼理喝醉时搀扶他的手，在他酒醉时引导他，在他醉醺醺时扶持他”，[36]这句话类似于《以赛亚书》第51章17～18节的经文，诉说古代儿子要在父亲喝醉时搀扶他回家：

> 耶路撒冷啊，醒来！醒来！站起来吧！你从耶和华的手中喝了他愤怒的杯，喝尽了那使人东倒西歪的爵。她所生的众子中，没有一个引导她的；她养大的众子中，没有一个扶持她的。

最终，埃尔答应但尼理的要求，使其生下阿迦特。为了表达谢意，但尼理叫妻子丹娜特（Danatay）准备酒席宴请天庭艺匠古塔瓦哈希斯。古塔瓦哈希斯于是把原本替女神安奈打造的精美良弓送给阿迦特。然而，安奈仍然想要她的弓，于是提供阿迦特银子，甚至永生，以便换回原本属于她的弓。不料，阿迦特却讽刺安奈：“我的弓属于战士（的武器）。难道现在女人要用它打猎吗？”[37]安奈大发雷霆，便与“醉酒士兵”耶潘（Yatpan the Drunken Soldier；没错，那就是他的名讳）密谋而杀死了阿迦特。[38]可惜，弓在双方打斗时给弄断了（此处的文献残缺不全）。

但尼理悲痛欲绝，而且由于阿迦特惨死，暴风雨之神巴力（便“腾云驾

35　利乏音可指古老的巨人种族（《创世纪》第14章第5节、第15章第20节；《申命记》第2章10～21节、第3章第11节；《乔舒亚记》第12章第4节、第13章第12节、第15章第8节、第18章第16节；《塞缪尔记下》第5章18～22节、第23章第13节；《历代志上》第11章第15节、第14章第9节、第20章第4节），或者指死去的祖先，英文版《圣经》通常称为shades（阴魂）（《以赛亚书》第14章第9节、第26章第14节与第19节；《诗篇》第88篇第11节；《箴言》第2章第18节、第9章第18节、第21章第16节；《约伯记》第26章第5节）。请参阅：Pardee, “The 'Aqhatu Legend (1.103),” 343, n. 1。

36　请参阅：*ANET* 150, 077 AQHT A, col. 1, lines 31ff。

37　请参阅：*ANET* 152; AQHT A, col. 6, line 40。

38　请参阅：*ANET* 153; AQHT B, col. 4, lines 28ff。

雾”）停止降雨，让旱灾降临大地，造成尸横遍野。后来，但尼理施法来解除旱灾，但成效不大，因此心生一计，决心去找阿迦特的尸体并将其厚葬（以解除旱灾）。[39] 但尼理找到阿迦特的遗体并安葬他，然后返回家中，诅咒各种环境因素，称它们是谋杀阿迦特的共犯，接着哀悼亡儿七年。此时，阿迦特的姐姐普卡突（Puǵatu）则打算替弟弟报仇，但文献在此又记载不全，无法得知她是否复仇成功。[40]

但尼理经常敬拜诸神，这点值得留意。他就算认为众神待他不公，也会请求他们协助，而乔布也有这种性格。此外，这篇故事从头到尾都在讲述但尼理想厚葬儿子（这是古人的重要义务）。我们发现，义人都想安葬死者（没这样做会遭到责备），譬如文学作品中记载的某些人物：但尼理（安葬阿迦特）、奥德修斯（Odysseus；安葬埃尔佩诺尔“Elpenor”）[41]、亚伯拉罕（Abraham；安葬撒拉“Sarah”），[42] 以及亚利马太人约瑟（Joseph of Arimathea；安葬耶稣）。[43]

《圣经》也提到（至少暗指）但尼理这个人物。先知以西结曾提到一位名叫但尼理（דנאל/Dan’el；请参阅《以西结书》第 14 章第 14 节与第 20 节；第 28 章第 3 节）的人物，他不是《但以理书》提到的先知但以理（Dani’el/Daniel）（虽然中世纪的马所拉学士曾尝试去“修正”《以西结书》三次提到的 Dan’el，让经文读起来像是 Dani’el）。然而，学者们认为，先知以西结很可能是指乌加里特文献提到的但尼理，因为他按照年代顺序，把这个人物放在族长（patriarch）挪亚（Noaḥ）与乔布（Job）之间，而挪亚和乔布出生的年代，又更早于巴比伦人掳去犹大人的公元前六世纪（译注：但以理在世时期），因此以西结绝非指先知但以

39　但尼理请求巴力去折断秃鹰的翅膀，让它们跌落地上，好让他能把这些猛禽开肠破肚，取出儿子的尸体。巴力接受请求，便折断秃鹰的翅膀，秃鹰便纷纷落地。但尼理就剖开它们，却没有找到阿迦特的尸体。但尼理不想因误杀秃鹰而受谴责，便请求巴力治好秃鹰的翅膀（我想，连内脏都得复原），让它们重新翱翔天际。但尼理对“秃鹰之父”哈贾（Hargab）如此行为之后，发现了“秃鹰之母”萨马尔（Ṣamal），又请求巴力折断它的翅膀，让他能够检查萨马尔。但尼理果然在萨马尔的肚子里找到儿子，便取出遗体，然后安葬他。

40　许多学者认为，但尼理会获得某种程度的补偿，阿迦特有可能会死里复活，或者但尼理又会喜获麟儿；如此一来，旱灾便可终结，大地又会欣欣向荣，物产富饶。然而，这一切纯属推测。

41　荷马《奥德赛》（Homer, *Odyssey*）11.60–78。

42　《创世纪》第 23 章。

43　《约翰福音》第 19 章第 38～42 节。

理。[44] 总之，《以西结书》第 14 章第 14 节与第 20 节指的是但尼理，因为他是以色列人进入迦南之前便居住在该地的外邦人，既正直又有智慧。[45]

这些无不指出，以西结的预言有可能指乌加里特的传说人物但尼理。倘若如此，便足以证明乌加里特确实影响了《圣经》。[46]

乌加里特对《圣经》的影响：一神教 VS 多神教

各位读本章之前，或许没听过乌加里特，现在应该了解它对《圣经》是何等重要。乌加里特出土的文献提供许多《圣经》故事的背景。随着历史的推移，这些故事被收录与改编，描述希伯来的唯一神祇。

我们已经知晓，乌加里特故事可能启发或彻底改变了《圣经》故事。本章最后必须讨论《圣经》如何处理乌加里特故事，因为以色列宗教与后期的犹太教（Judaism）“应该”信奉一神。因此，我们必须发问：信奉多神的乌加里特传说与乌加里特神祇如何并入一神论宗教？

简单来说，乌加里特（与其他地区）的神祇、神祇的名字及其各种属性，经

44 《以西结书》第 14 章第 14 节：“即使有挪亚、但尼理和乔布这三个人，他们也只能因自己的义救自己的性命。这是主耶和华的宣告。”（本书作者翻译）请读者注意，挪亚与乔布都是以色列人进入迦南前便居住在该地的非犹太人。乔布来自不知名的“乌斯地”（land of Uz），而挪亚的出生地则未曾被提及。此外，挪亚并非犹太人，否则他的后代（亦即全人类）全是犹太人！《以西结书》第 28 章第 3 节是向推罗王发预言，宣称推罗王“比但尼理更有智慧”。（腓尼基的）推罗与乌加里特都是以色列北方的国度，两地几乎信奉相同的诸神。根据《以西结书》第 8 章第 14 节，先知以西结精通非以色列神话，他曾提到有些妇女坐在耶和华殿门口，“为搭模斯（Tammuz）哭泣”。搭模斯原是苏美牧羊人，传闻死后被神化为死亡与重生的次神（半神半人），娶了多产女神伊南那（Inanna），而且至少在新亚述与新巴比伦帝国受到百姓崇拜。以西结在第 28 章第 3 节将推罗王与但尼理相提并论，这段预言绝对早于《圣经》中任何关于但以理的故事，而且足以解释为何在巴比伦（Babylon）与放逐后期的犹大（postexilic Judea），众人皆认为“但以理是智者”。其实，《禧年书》第 4 章第 20 节试图假借但尼理名讳，将其记载为以诺（Enoch）的岳父（请参阅《创世纪》第 5 章第 21 节），宣称在公元前第二世纪，犹太人便根据远古传说，得知但尼理（而非流亡巴比伦的著名先知但以理）是一位智者。

45 *ANET* 151, AQHT A, col. 5 的第 6～9 行如此记载：但尼理是“正直之人，坐在（城）门口……审断寡妇的案件，裁决孤儿的案件。”《圣经》经常描述睿智正直的长者坐在城门秉公判断。请参阅《约伯记》第 29 章第 7～12 节：“我出到城门那里去，在广场上预备我的座位……因为我救了呼救的穷人，和无人帮助的孤儿。”其他相关的例子，请参阅：《路得记》第 4 章；《箴言》第 31 章第 23 节；《杰里迈亚书》第 1 章第 15 节；《杰里迈亚哀歌》第 5 章第 14 节；《塞缪尔记下》第 15 章 2～6 节。

46 请参阅：*ANET* 149–55。若想知道更多《阿迦特传说》的信息，请参阅：Pardee, “The ‘Aqhatu Legend”。

过调整后被归入希伯来上帝耶和华。我向学生提到这点时，许多人都不愿意接受这个结论（尤其保守的基督教与犹太教学生）。然而，我们只要检视过去一百年出土的证据，便会知道《圣经》对上帝的描述以及涉及上帝的信仰，显然受到外邦对早期以色列的影响。

埃尔与亚舍拉在乌加里特是夫妻，我们可由此推测埃尔最终演变成耶和华。1970 年代，考古学家在以色列以南的昆地列安吉鲁（Kuntillet ‘Ajrud）挖掘出两个介于公元前九世纪末期与公元前八世纪初期的阔嘴陶瓮（jar；希腊文：Pithos），这项出土证据可佐证前述推断。这两个陶瓮与孔母废墟（Khirbet el-Qom）埋葬洞穴支柱的铭文分别记载：

> 阿希亚（’Ashyaw）王说道：“对耶哈利勒（Yehallel）、耶瓦撒（Yaw‘asah）与……说：‘我艾萨克玛利亚（Samaria）的雅威（Yahweh；译注：和合本译为耶和华）与他的亚舍拉之名赐福。’”[47]
>
> 安里亚（’Amaryaw）说道：“对我主说：‘你平安吗？我以提幔（Teman）的雅威与他的亚舍拉之名赐福予你。愿他保佑你、陪伴你。愿他与我主同在。”[48]
>
> 富人优利亚虎（’Uriyahu the rich）[49]：（这是）他的铭文。优利亚虎蒙受雅威赐福，亦蒙受他的亚舍拉降福，免受敌人迫害。雅威拯救了他。翁尼亚虎（‘Oniyahu）（撰写）。[50]

公元前十三世纪，亚舍拉是埃尔的妻子，到了公元前八世纪，亚舍拉变成了耶和华的妻子。这点显示，腓尼基与乌加里特的神祇埃尔演变成耶和华，耶和华起先是希伯来人的上帝，后来成为以色列人、朱迪亚人、犹太人、基督徒与回教徒的上帝。

---

47 请参阅：*COS* 2.47A; *AHI* 8.017; *HAE* 1:59～61。凯尔·麦卡特（P. Kyle McCarter）宣称《圣经》多处提到的亚舍拉可能指崇拜的偶像，并非指亚舍拉这位神祇；然而，他认为此处铭文“暗示以色列的上帝有一位配偶”（“Kuntillet ‘Ajrud [2.47]”）。

48 请参阅：*COS* 2.47B; *AHI* 8.018～22; *HAE* 1:59～61。

49 某些译本写成统治者优利亚虎（’Uriyahu the governor）。本处采用 McCarter, “Khirbet el-Qom (2.52)”。

50 请参阅：*COS* 2.52; *AHI* 25.003; *HAE* 1:199–211. 请参阅：Dever, *Did God Have a Wife*?。

孔母废墟埋葬洞穴的铭文。孔母废墟是一篇朱迪亚（犹大）山丘，位于现今约旦河西岸希伯伦（又称哈利勒，Hebron）西边 10.5 英里。这个铭文于 1967 年出土，可追溯至公元前八世纪中期，记载耶和华与亚舍拉的共同赐福。本图片由以色列博物馆提供。

为何犹太教是信奉一神的宗教？我们经常认为犹太教是“一神教”，但你若误以为犹太人一直相信只“存在”一位上帝，那你的认知就有所偏差。古代的以色列人并非如此认为，他们相信有“众神”，因为上帝也是如此认为的！《圣经》的多处经文警告以色列不可信奉“别的神”。《出埃及记》第 20 章第 3 节记载：“除我以外，你不可有‘别的神’。”第 34 章第 14 节又指出：“（你不可敬拜别的神，）因为耶和华是忌邪的神，他名为忌邪者。”耶和华不允许信徒敬拜“别的”神，只能信奉他。

古代的以色列人并非不相信别的神，否则他们就不会在西乃山（Mt. Sinai）下铸造一头小金牛，宣称那是一位神（《出埃及记》第 32 章第 4 节）。他们只是不被准许信奉其他神祇，只能敬拜耶和华。学者将敬拜一神却承认其他神祇的行为称为单神崇拜（monolatry），将其与一神论（monotheism）区隔（请注意，到了后期，犹太教的一神论逐渐宣称神只有一位。请参阅《哥林多前书》第 8 章第

柱像是一组站立石碑，在以色列的夏琐土墩遗址的一座神庙出土，可追溯至公元前十五世纪到公元前十三世纪。几块石碑分别代表当时以色列社会敬拜的一位神祇。请注意，站立石碑的前方有一块供献祭之用的平躺石头。本图片由以色列博物馆提供。

4 节。然而，早期的以色列人确实认为有众神。)。

从考古出土的柱像便可得知，以色列人相信有众神。《圣经》提到过许多柱像（希伯来文：מצבות），或者一系列代表某个地区所信奉诸神的站立石碑。基色（Gezer）、丹恩与夏琐等土墩遗址出土的站立石碑，乃是以色列最著名的柱像。耶路撒冷的以色列博物馆展出这些柱像，由于柱像包含“众多”石碑，这些城市当年应该信奉“多神”。

古代以色列如何从原本敬拜多神，变成只敬拜万神之神上帝，最后只相信唯有上帝存在？我们可从另一个问题的答案来回答这个问题：为何在《希伯来圣经》中，上帝有许多不同称号？我不只是指上帝的名讳耶和华。根据《出埃及记》第 3 章，上帝现身于火烧的荆棘，首度将“耶和华”启示给摩西（虽然早在《创世纪》第 2 章的经文便出现这个名称）。我也不是指耶和华的衍生词，如缩写式“亚”（Yah；希伯来文：יה）、“耶和华沙巴阿”（YHWH Ṣaba’oth；希伯来文：

צבאות יהוה；通常翻译成“万主之主”，意指“万军之耶和华”），或者《出埃及记》第3章第14节提到的伊耶·阿瑟·伊耶（ehyeh-asher-ehyeh；希伯来文：אהיה אשר אהיה；尔后转化成耶和华），这个名称常译成“我是自有永有的”，更精准的译法是“我将是我将是的/我将成为我将成为的。”[51]我是指全然不同的名称，如埃尔（’El）及其复数（’Elohim），以及伊罗安（‘Elyon；至高者）与伊利·沙代（’El Shaddai；全能神）等衍生词。

纽约大学教授马克·史密斯（Mark Smith）出版过《上帝的早期历史》（The Early History of God），书中提到许多迦南与腓尼基敬拜的神祇，不是被斥为“外邦神”，就是纳入希伯来神祇耶和华。耶和华不仅接纳这些神祇的特征（如能操控海洋与河川的“雅姆”，或者掌控暴风雨、谷物的丰收与人类繁衍的“巴力”），也接收了这些神祇的名称。简而言之，《圣经》中以许多名号称呼耶和华，乃是因为许多神祇的名称归给了耶和华。因此，当某段经文赞颂埃尔（如《创世纪》第35章第7节[52]或《诗篇》第82篇第1节），[53]读经者便知道埃尔是耶和华的另一个称号。根据《创世纪》第14章18～20节，当埃布尔兰把所得的十分之一交给大祭司麦基洗德（Melki-Ṣedeq/Melchizedek）时，麦基洗德便以埃尔·伊罗安（’El ‘Elyon；后期的圣经版本将其诠释为“至高的神”）赐福给埃布尔兰。《七十士译本》便经常如此诠释，将’El ‘Elyon翻译成希腊字ὕψιστος（hupsistos），表示“至高者”。[54]因此，为了消灭多神信仰，除了让先知责备以色列人信奉埃尔、巴

51 豪普特（Haupt；“Der Name Jahwe”）、奥尔布赖特（Albright；“The Name of Yahweh”）与德来巫（Driver；“The Original Form of the Name of ‘Yahweh’”）都认为，这个动词的使役（*hif’il*）（未来）进行式转化成耶和华的名称（我将成为我将成为的）。

52 《希伯来圣经》经常将埃尔翻译成“神/上帝”，因为早期编纂《圣经》之士认为’El是’Elohim（希伯来文：神及其复数“众神”）的缩写。《创世纪》第35章第7节指出：“（雅各布）在那里筑了一座坛，就称那地方为伊勒·伯特利（’El Beth-’El）。”按照字面，’El Beth’El表示’El of Beth-’El（译注：和合本译为伯特利之 神），而Beth’El表示the house of ’El（埃尔的居处），更精确的说法是the house of God（神的居处）。因此，那个地名的开头原本很可能指大神埃尔（’El“神祇”of Beth-’El），藉此与外地神祇区隔，因为把地名称为God of the house of God（神的居处的神），显然画蛇添足。唯有在信奉多神的地区，这种名称才有意义。

53 希伯来文的经文记载：“神站在大能者（’El）的会中。”

54 请参阅《七十士译本》的《创世纪》第14章18～20节以及第22节；《民数记》第24章第16节；《申命记》第32章第8节；《以斯拉记一书》第9章第46节；《以斯帖补篇》第16章第16节；《多比传》第1章第4节以及第13节，以及多处《诗篇》的经文。最有趣的是，《诗篇》第82篇的第1节记载，“神站在大能者（’El）的会中”，第6节更把其他神祇称为神（“你们是神”）！

力与亚舍拉，亦可暗地重新定义外邦神祇名号，将其化为耶和华别称。

小结

我们已经浏览过乌加里特的考古宝藏，了解某些故事与《圣经》的记载“极为类似”。学者认为，这些乌加里特故事就算不是诸多《圣经》故事的起源，至少也发挥了启发作用。这些文献不但提供许多后来归给希伯来上帝的别名，还记载了某些背景故事，讲述其他以色列不该敬拜的迦南神祇。因此，乌加里特在创造《圣经》上发挥了关键的影响力。沃尔特·莫伯利（R. W. L. Moberly）的书名很适合用来诠释乌加里特：乌加里特乃是《旧约的旧约》（The Old Testament of the Old Testament）！

接下来，我们要往东，前去美索不达米亚，探讨昔日的两个帝国如何影响与摧毁古代以色列，看看它们的剥削压榨以及以色列国与犹大国百姓的反应如何深切地影响了《圣经》。

第三章

尼尼微

尼尼微曾经深切影响《圣经》。这座亚述帝国的都城象征亚述对于以色列与犹大的霸权统治，不仅提供《圣经》的书写题材，更衍生出《圣经》的主要神学观点。因为有了尼尼微，《圣经》第二圣殿期的作者便得以宣称：即使面临万般险阻，只要顺服神（譬如希西家与耶路撒冷），便能化险为夷，远胜于背叛神（好比耶罗波安与北国以色列）而遭致灭亡。此外，尼尼微也让耶路撒冷成为坚不可破的上帝之城，因为耶路撒冷能抵御亚述围攻而存活，但撒玛利亚与以色列却惨遭灭国之祸。

尼尼微古城众所周知，个中原因甚多。先知那鸿（Naḥum）曾谴责这个亚述帝国首都，并撰写了许多人熟悉的异象录。先知西番雅（Ṣefaniah；英语化为Zephaniah）也曾口头诅咒尼尼微，而次经《多比传》更是以尼尼微为背景。人们从前阅读约拿的故事而得知尼尼微：约拿幼稚无知，竟因上帝不愿照他的意愿摧毁尼尼微而蔑视他。不幸的是，许多人如今是因为尼尼微的占领者“达伊沙”（Daesh；通常被称为恐怖主义组织ISIS）而熟悉这个古城。亚述帝国是古代最伟大的文明之一，但如今其珍贵的建筑与文化遗产正在惨遭破坏。[1]

当以色列联合王国分裂为北国以色列与南国犹大时，尼姆鲁德（Nimrud，古代的迦拉“Kalhu”；译注：又名Calah，位于今伊拉克北部）是亚述帝国的首都。然而，尼尼微却成为外邦统治，最终消灭北国以色列的代表。由于亚述毁灭北国，后来编纂《圣经》的文士便从中获取必要的神学论点，宣称上帝不满北国叛乱造反，脱离以色列联合王国（依序由扫罗“Sha’ul/Saul”、大卫“David”与所罗门“Solomon”称王），也因为北国不断行“尼八（Nebat）的儿子耶罗波安（Yarov‘am/Jeroboam）所犯的罪”而发怒，字里行间不断谴责北国君王耶罗波安。尼尼微被许多希伯来先知谴责，又曾影响古代以色列的政治，最终甚至成为毁灭北国以色列的外邦代表。因此，这个古城确实深刻影响了《圣经》。

1 若想概括了解尼尼微，请参阅：O’Brien, “Nineveh”。

新亚述帝国的历史

学者每当提到“亚述帝国”，都会将其分成古亚述时期、中亚述时期以及新亚述时期（亦即新亚述帝国）。古亚述帝国（Old Assyrian Kingdom）据说是普祖尔亚述一世国王（King Puzurashur I）创立，从公元前 2025 年～公元前 1809 年统治美索不达米亚北部。古亚述帝国的统治地位先被亚摩利人（Amorites）取代，后被短寿的古巴比伦王国（Old Babylonian dynasty）征服，而古巴比伦的汉谟拉比国王（King Hammurabi）制定了著名的《汉谟拉比法典》，下一章会加以讨论。阿塔希国王（King Adasi；统治期为公元前 1726～公元前 1701 年）后来重建古亚述帝国，该帝国一直延续到公元前 1451 年才灭亡。中亚述帝国在神秘的青铜器时代晚期覆灭，那时几乎所有的地中海与近东帝国都迅速灭亡。[2]

亚述王阿达德尼拉里二世（统治期间：公元前 911 年～公元前 892 年）在位时，代表新亚述帝国的兴起。《圣经》提到的亚述就是新亚述帝国，因为它和北国以色列与南国犹大同时存在，直接影响这两国的政治、经济与宗教。新亚述帝国是名副其实的帝国，因为它不仅统治诸多独立的王国与民族，更是经常侵略与并吞邻国，以扩展版图，同时要求附庸国纳贡。亚述大军侵略诸国时，会与其签订简单的协议：汝国（某蕞尔小国）果能年年进贡、岁岁来朝，便存尔国祀、保尔黎庶。

许多著名的新亚述帝国国王都曾影响古代的以色列政策，包括沙尔马纳塞三世（Shalmaneser III；统治期间：公元前 858 年～公元前 824 年）、提格拉特帕拉沙尔三世（Tiglath-pileser III；统治期间：公元前 745 年～公元前 727 年；《列王纪下》第 15 章第 19 节称他为“亚述王普勒”）以及沙尔马纳塞五世（Shalmaneser V；统治期间：公元前 727 年～公元前 722 年）。萨尔贡二世（King Sargon II；统治期间：公元前 722 年～公元前 705 年）在杜尔舍鲁金（Dar-Sharrukin，“萨尔贡要塞”之意）建立新首都，亦即现今的豪尔萨巴德

2　埃里克·克莱因（Eric Cline）是我在乔治华盛顿大学（George Washington University）工作时的同事，曾经出版过一本很棒的书籍《1177 B.C.: The Year Civilization Collapsed》，书中详细探讨了导致青铜器时代终结的各种事件。

（Khorsabad），位于尼尼微东北约九英里（约 14.484）处。萨尔贡二世战死沙场之后，新亚述帝国的首都便迁往尼尼微。

当时从印度洋（Indian Ocean）沿着肥沃月弯（Fertile Crescent）形成一条可赚取丰厚利润的贸易路线，向北可通往欧洲，向南可借道黎凡特进入北非，尼尼微位于这条贸易路线的必经之地，地处要冲，其重要性与日俱增。早在公元前 6000 年，便有人定居在尼尼微，它位于希底结河（Tigris River；请参阅《创世纪》第 2 章第 14 节）东岸，对岸是现今伊拉克北部城市摩苏尔（Mosul）。约在公元前 3000 年，尼尼微便是敬拜阿迦特德女神伊丝塔（Ishtar）的中心，她既是丰饶与爱情之神，也是战争女神。伊丝塔在亚兰被称为“亚斯他录”（‘Astarte），《圣经》经常提及所罗门王敬拜这位女神。[3]

我们只能凭空想象古代尼尼微的繁荣盛景。我认为要想拼凑这座古城的景象，莫过于逛遍伦敦、巴黎或罗马等著名的首都。如果各位有幸走访这些城市，同时参观相关的博物馆后，你肯定会有如此疑问：“这些外国物件为何沦落此地？”

把战利品带回首都，其道理犹如兴建首都，此乃展示国力之道！亚述是世界上第一个真正的帝国，萨尔贡二世的继任国王西拿基立（Sennacherib；统治期间：公元前 705 年～公元前 681 年）不仅是亚述君主，更是世界之王！而尼尼微便代表称霸全球的亚述帝国。

西拿基立国王不断美化与扩展这座河岸城市，将其打造成新亚述帝国的中心。他兴建宏伟的城墙、打造许多彩饰城门、建构精心规划的运河系统，以此构筑防御工事，其中包括全世界最早的渠道（aqueduct），扩大了尼尼微的供水范围，促进了该城的发展，同时提升了其抵御外侮的能力。西拿基立让尼尼微成为当时全世界最宏伟、壮阔的城市之一。[4]

考古人员挖掘出了揭露尼尼微如何成为亚述文化与政治中心的两栋建筑：西拿基立王宫殿（Palace of Sennacherib）与亚述巴尼拔图书馆（Library of Ashurbanipal）。西拿基立王宫殿于 1849 年被发现，而亚述巴尼拔图书馆则于

---

3 请参阅：《士师记》第 2 章第 13 节以及第 10 章第 6 节；《塞缪尔记上》第 7 章第 3 节以及第 31 章第 10 节；《列王纪上》第 11 章第 5 节以及第 33 节；《列王纪下》第 23 章第 13 节。

4 《列王纪下》第 19 章 36～37 节记载，西拿基立死于两位儿子之手。

1851 年出土，这两项发现得归功于英国考古学家奥斯汀·亨利·莱亚德爵士（Sir Austen Henry Layard）及其助手霍姆兹德·拉萨姆（Hormuzd）。这两栋建筑内藏数千个记载公元前七世纪文献的泥板与碎片，包括最伟大的早期文学作品：与《圣经》洪水神话雷同的名著《吉尔伽美什史诗》（Epic of Gilgamesh）、巴比伦创世神话《埃努玛·埃立什》（Enûma Elish）以及人类始祖阿达帕（Adapa）神话。亚述巴尼拔图书馆大约内藏三万个泥板碎片，大部分泥板存放于伦敦的大英博物馆。然而，这两栋建筑的泥板在运往伦敦的途中混在一起，如今已难分辨哪些泥板来自哪一栋建筑。[5]

西拿基立王腾出宫殿西南隅的某个房间，专门放置大型的雪花石膏艺术品，以此纪念亚述包围拉吉（Siege of Lachish），后来攻破该城，流放城中居民以及虐待与处决城中贵族（他们遭到斩首，被生吞活剥；被斩断的头颅悬挂树上，尸身堆积如山），这些物品或许与本章内容最为相关。基立王宫殿的泥板极为重要，详细记载了亚述的攻城战，包括他们使用哪些工具与技术来破城。描写亚述包围拉吉的拉吉浮雕石板（Lachish Relief Panels）目前收藏于大英博物馆，[6]而以色列博物馆正展出部分泥板的复制品。[7]

西拿基立王统治下的尼尼微迅速扩展（尤其公开展示四处征伐的战绩），显示亚述当时崛起为超级帝国，这足以说明为何《圣经》不断提及尼尼微。西拿基立王包围耶路撒冷时，尼尼微便是亚述首都，难怪它会成为亚述统治天下的象征。尼尼微代表外邦统治，这点可以解释为何次经《犹滴传》会误载："尼布甲尼撒（Nebuchadnezzar）……统治住在'伟大城市尼尼微的'亚述人。"其实，尼布甲尼撒二世的父亲那波帕拉萨尔先推翻亚述帝国，并在公元前 612 年将尼尼微夷为平地，之后尼布甲尼撒二世才返回巴比伦继承王位。然而，对于"第二圣殿期"（Second Temple period，公元前 530 年～公元 70 年）的许多犹太人而言，尼

5　若想更多地了解这两栋建筑，请参阅宾州大学（University of Pennsylvania）公开详尽注释楔形文字语料库（Open Richly Annotated Cuneiform Corpus，简称 ORACC）的亚述巴尼拔图书馆项目（Ashurbanipal Library Project）：http://oracc.museum.upenn.edu/asbp/index.html。

6　若想观看收藏于大英博物馆 10b 室的拉吉浮雕石板，请前往 http://www.britishmuseum.org/explore/galleries/middle_east/room_10a_assyria_lion_hunts.aspx。

7　若想观看拉吉浮雕石板的复制品，请前往 http://www.imj.org.il/imagine/collections/item.asp?item Num=376868。

尼微一直象征着外邦迫害。[8]

从公元前十世纪末期到公元前七世纪末期，亚述一直是古代近东地区的主要帝国。它主宰了迦南，于公元前722年毁灭以色列国首都撒玛利亚，进而终结该国，凭一己之力撼动了北国的历史。因此，《圣经》不断记载亚述帝国侵略所造成的混乱局面。此外，由于亚述的威胁，公元前八世纪末期更是引发了一个重大事件，让偏安的犹大国首都耶路撒冷化身为不可侵犯的神圣之地，成为全能上帝的居所与西方世界的中心。

讽刺的是，亚述摧毁以色列国之后，耶路撒冷便成为犹太人祖先唯一的生存据点。因此，从某种程度而言，尼尼微促成与保留了《圣经》反北国、反撒玛利亚的神学理论。从大卫自扫罗及其子孙手中篡夺以色列王位，一直到第二圣殿末期的经文，《旧约》都弥漫着这个神学观点，这个观点进而影响了数个犹太分支教派（包括昆兰教派“Qumran sectarian”与早期基督徒）的信念。

亚述与北国以色列

《列王纪上》第11章第43节记载，所罗门王死后，他的无能儿子罗波安（Reḥov‘am；英语化为Reḥoboam）继位为王。罗波安在位时期，北方的10个支派便脱离以色列联合王国，组成了北国以色列。罗波安想证明自己跟父亲一样冷酷无情（与天赋异禀），打算延续父亲的严格统治，结果导致这些支派起而背叛。

我把“天赋异禀”放入括号，因为这是一段有趣（却愚蠢）的经文。请读者注意，这段希伯来文竟然以男大学生吹嘘性事的口吻，委婉使用性暗示来说故事。《列王纪上》第12章第10节记载，罗波安从同侪得到馊主意：

> 那些与他一同长大的年轻人回答他：“这民对王说：‘你父亲加重我们的重担，现在求你减轻我们的重担。’你要这样回答他们：‘我的小指头比

8　请参阅大英博物馆的公元前615～公元前609年“巴比伦纪事”（Babylonian Chronicle，BM 21901）。请参阅：Jenkins, “Nabopolassar, Father of Nebuchadnezzar, Destroyed Nineveh”，该文详尽解说了这些项目并随附照片。

我父亲的腰（loins/matnei）还粗！’”

在这段经文中，希伯来文 matnei（מתני）是名词 matnayim（מתנים）的复数（严格来说是双数）所有格形式，通常译为“腰”或“大腿”，这种委婉说法暗指所罗门王的阴茎。本段经文的重点在于，罗波安想告诉子民，他比性能力强悍的父亲所罗门王更冷酷无情（所罗门王有妃七百，嫔三百）。[9]对于这种吹牛皮，以色列人民当然不买单，这点无需赘言。

罗波安不愿减轻以色列人民的赋税劳役，北方 10 个支派才会反叛，另组一个也称为“以色列”的王国，并且立犹大北边以法莲（’Ephraim）支派、尼八之子，原本为圣殿工程监工的耶罗波安（Yarov’am/Jeroboam）为北国以色列的王。《圣经》指出，罗波安后来只统治两个支派，亦即小支派便雅悯（Benjamin）与犹大（Judah），同时将国家取名为犹大。

谈到这里，我们必须说明《圣经》的神学倾向，因为这点牵涉古代以色列国与犹大国的社会经济与政治现实。简而言之，当时以色列国统治所有民众，以及拥有全部的金钱与土地，国力厚实坚强，反观犹大国只占领耶路撒冷与以色列国南方的山丘地。这些是考古资料与经外文献（extrabiblical literary record）告诉我们的实情，因此，套句孩童的话，以色列国“占尽一切便宜”（where it’s at）。当亚述在公元前九世纪主宰迦南时，以色列国便成为战略上的附庸国，可帮助亚述抵御南方的埃及，同时对抗西北的腓尼基。

《圣经》提到北国与其亚述统治者之间曾经结盟，但是考古证据明确指出，以色列国与犹大国都是亚述的附庸国。举例来说，沙尔马纳塞三世黑色方尖碑（Black Obelisk of Shalmaneser III）之类的文物描绘了以色列王耶户（Jehu’；《列王纪下》9～10 章提过这位君主）向亚述王沙尔马纳塞三世（统治期间：公元前 858～公元前 824 年）俯首称臣，[10]表示当时以色列成为亚述的

9 其实，根据字面意思，希伯来文 qaṭanni（קטני）指我的小（东西），多数的圣经版本将其译成“我的小指头”。这个词可能暗喻罗波安的生殖器。

10 沙尔马纳塞三世黑色方尖碑（ME118885）由奥斯汀·亨利·莱亚德爵士挖掘出土。它目前收藏于大英博物馆六号展览室（Assyrian sculpture“亚述雕塑”）。

附庸国。[11] 米沙石碑（Mesha Stele）也是考古证据之一，证明亚述曾经影响以色列国的政治。这块石碑高三英尺八英寸（约 50.82 厘米），可追溯至公元前 830 年，以 34 行文字描述摩押王米沙（Moabite king Mesha）反抗以色列国，不愿上缴赋税。这段文献很关键，因为它证明了以色列国当时在迦南的政治舞台扮演着重要的角色。

亚述国王萨尔贡二世最终于公元前 722 年征服撒玛利亚，消灭了北国，将其纳入麾下，把大批以色列居民掳去亚述。尼姆鲁德棱柱（Nimrud Prism；这些棱柱出土于尼姆鲁德，故名）记载了萨尔贡二世如何讨伐撒玛利亚。

> 撒玛利亚居民与（敌视吾的）君王合谋，不愿服劳役，对亚述进贡，甚至掀起战火。吾凭借（吾主）伟大神祇之力与其抗衡。吾击毙二万七千二百八十人，毁坏敌方战车无数，破坏对手信奉之神祇。吾收编敌军战车二百辆，筹组联队，纳入麾下，封为皇军。吾将余民发配亚述，重新命撒玛利亚繁衍人口，人数超过以往。吾将其他臣服国之百姓迁徙到撒玛利亚，任命太监负责监管，将该城居民视为亚述人。[12]

通过考古实证，便可正确掌握历史事件与人类经验，而我们可以明确得知，《圣经》作者无不反映当时的政治事件，其世界观深受 12 个支派与外邦（甚至以色列国与犹大国）之间的征伐战斗、争权夺利与政治斗争影响。《圣经》不断诅咒以色列国，偏好犹大国，从中便可看出端倪。这是因为尼尼微做的一项重大事件：亚述于公元前 722 年占领撒玛利亚并灭掉北国，但是刻意放过南国，编写《圣经》的犹大国文士便认为，他们诅咒北国确有其事，因为上帝偏爱南国，让

11　黑色方尖碑将耶户误载为“暗利的儿子”（Son of Omri）。这是错误的，因为耶户不是暗利王的子孙，而是刺杀暗利子孙以色列王约兰（King Jehoram of Israel）而篡夺皇位。亚述很可能认为“暗利之家”（house of ‘Omri）就象征以色列国，因为其第六任君王暗利建立了稳定的暗利王朝（’Omride 094 dynasty），统治北国超过四十年。此外，钻研圣经与古代近东历史的麦卡特（McCarter）与其他学者认为，尖碑记载的 Yaw 不是指耶户，其实是指以色列王约兰。即便如此，黑色方尖碑依旧是记载《圣经》人物最古老的文献。请参阅：McCarter, “‘Yaw, Son of ‘Omri’”。

12　Younger 对“Nimrud Prisms D & E” (2.118D) 的翻译，第 25～41 行。请参阅：Gadd, “Inscribed Prisms of Sargon II from Nimrud”。

他们得以幸存。然而，若还原历史真相，北国以色列才真正具备实力，南国犹大只能居次要地位。即便如此，《圣经》在字里行间依旧偏袒犹大。

亚述与南国犹大

撒玛利亚与北国倾覆之后，南国犹大便担心自己也会随之灭亡。根据《列王纪下》第 18 章 13～16 节的经文，犹大王希西家（King Ḥizqiyah/Ḥezekiah）也做出先前犹大王亚撒（King 'Asa'）所行之事：他掠夺了圣殿，给亚述王西拿基立银子三百他连得（“耶和华殿和王宫宝库内所有的银子”）以及金子三十他连得（“将耶和华殿门上的‘金子’……都刮下来”）。

不幸的是，贿赂亚述国王只能暂时奏效。无论犹大是否无法继续进贡巨额财宝，或者希西家王认为自己羽翼已丰，足以与亚述一较高低，希西家终究背叛亚述。《圣经》记载，希西家登基后，进行了一连串的宗教改革（《列王纪下》第 18 章 1～5 节），让人民只在耶路撒冷专门敬拜耶和华。

想当然尔，亚述得知犹大叛变，便再度挥军进攻迦南，想彻底教训犹大王希西家。犹大与亚述进行对战，便像滚雪球般创造出耶路撒冷传奇，印证该城是上帝不可侵犯的圣地。

《列王纪下》18～20 章与《以赛亚书》36～39 章记载几乎雷同的经文，描述耶路撒冷受到亚述围攻，却神奇地幸存下来，其中还包含一段著名的桥段，描述希西家的臣仆（约亚“Yo'aḥ”、舍伯那“Shebna'”与伊莱贾敬“'Elyaqim”）与亚述王西拿基立的大臣兼使者拉伯沙基（Rab Shaqeh）之间有一段对话。这个场景总令我想起喜剧电影《圣杯传奇》（Monty Python and the Holy Grail）“法国士兵奚落国王”的经典片段：阿瑟王（King Arthur）与圆桌武士来到一座城堡，试图说服某位法国士兵打开城门，让他们入内休息，结果适得其反，自取其辱。[13] 同样，拉伯沙基最后也反过头来污辱希西家的臣仆（公元第 11 世纪编纂《希伯来圣经》的马索拉学士记录了这个场景）。

13　若想观看影片，请前往：https://www.youtube.com/watch?v=ey0wvGiAH9g。

希西家臣仆听到拉伯沙基的要求，吓得四肢发抖，以几近荒谬的口吻回应："请用亚兰语和你的仆人们说话，因为我们听得懂；不要用犹大语（亦即希伯来文）和我们说话，免得传入在城墙上的人民的耳中。"(《列王纪下》第 18 章第 26 节）拉伯沙基听完后语带讽刺，说道："我主派我来，只是对你的主和你说这些话吗？不也是对坐在城墙上，和你们在一起吃自己的粪、喝自己的尿的人民说的吗？"(《列王纪下》第 18 章第 27 节)[14] 其实，希西家的臣仆是对着亚述的谈判者大声吆喝："别用希伯来文和我们说话，你会吓坏我的人民。用亚兰语和我们说话，这样就只有我们能听懂你说什么。"他们压根忘了，亚述围城后前去谈判，就是想把城里的人吓得屁滚尿流。

《列王纪下》18～20 章的其余部分记载耶路撒冷先被围困，后来又神奇地免于被亚述军队蹂躏。这段故事极为重要，所以编纂《圣经》的文士们才会在《列王纪下》与《以赛亚书》36～39 章各记载一次。这段史实不仅在《圣经》中出现两次，也收录于亚述的编年史中，足以佐证亚述确实包围过耶路撒冷，耶路撒冷最终却逃过一劫。

西拿基立棱柱

西拿基立棱柱有多个六角棱柱，上头以楔形文字篆刻西拿基立的皇家历史，内容记载这位亚述王的丰功伟业。在接近结尾之处记载西拿基立如何进攻迦南，甚至特别提到希西家王。

> 犹太人希西家未臣服于吾……吾将希西家困于耶路撒冷，令其自囚于皇宫，犹如笼中之鸟……我削减其疆土，以霸主之姿，增其贡金贡品，命其年年进贡。希西家……尔后上缴贡品至吾主之城尼尼微，连同金子三十

14　为了不让"尿尿"与"便便"（两岁小孩用语）的希伯来文出现于《圣经》，后期的马索拉学士便创造了 qere-ketiv，将其放在这两个字的旁边。希伯来文 qere-ketiv 意指："读"（qere）出的话对比"写"（ketiv）出的字。换句话说，就是读出"污物"（filth）来取代"粪便"（dung），以及读出"他们脚边的水"（waters (at) their feet，这颇有创意）来取代"尿液"（urine）。

> 他连得、银子八百他连得、宝石、锑美石、大块红宝石、(镶嵌)象牙之卧榻、(镶嵌)象牙之座椅、大象皮革、黑檀木、黄杨木与各种财宝，甚至献上(亲生)女儿、妃嫔与男女乐匠。希西家亦派遣差使护送贡品，以奴隶身分对吾卑躬屈膝。[15]

请读者注意，西拿基立的说法迥异于《列王纪下》第19章与《以赛亚书》第37章的记载。这两处经文指出，希西家向耶和华祷告，结果耶和华(的使者)便在亚述军营杀了十八万五千人(《列王纪下》第19章第35节;《以赛亚书》第37章第36节)。《圣经》经常记载，臣服国会向霸主进贡以换取和平，[16]因此西拿基立棱柱的描述比较贴近这类史实。西拿基立王指出，他围攻了耶路撒冷，直到希西家献上《列王纪下》第18章13～16节记载的贡金，他才撤军返国，没有毁灭圣城。

因此，西拿基立棱柱证实了《圣经》的两项说法：亚述的确围攻过耶路撒冷，而“耶路撒冷确实幸存下来”！西拿基立既没说自己“毁灭”了耶路撒冷，也没说他杀了希西家，反倒说他让希西家自囚于耶路撒冷，“犹如笼中之鸟”。这便证明他只围攻耶路撒冷，却没有毁灭它。

《以赛亚书》用四章(36～39章)描述亚述如何围攻耶路撒冷，《列王纪下》也以三章(18～20章)的内容——几乎雷同的经文记载此事，而且耶路撒冷饱受看似无坚不摧的亚述威胁之后竟然幸存下来，这些都让耶路撒冷跃升为坚不可摧的圣城，时时受到上帝护佑。然而，先知耶利米(Jeremiah)后来讥讽那是过度自信，并且警告耶路撒冷的居民：你们不要倚靠虚谎的话，说：“这是耶和华的殿，是耶和华的殿，是耶和华的殿(《耶利米书》第7章第4节)”。

亚述征服了撒玛利亚，同时摧毁了“背叛的”北国以色列，但是耶路撒冷却能逃过亚述虎口而幸存(姑且不论如何办到)，这不仅归功于耶和华护佑，更彰

15　请参阅：*ANET* 288。若想知道其他记载亚述入侵犹大的数据，请参阅：Younger, “Assyrian Involvement in the Southern Levant”。

16　请参阅：《列王纪下》第15章19～20节(以色列王米拿现“Menaḥem”)、《列王纪下》第16章7～18节与《列王纪下》第28章第21节(亚哈斯“’Aḥaz”)、《列王纪下》第17章第3节(何细亚“Hoshea‘”)、《列王纪下》第23章33～35节(约哈斯“Jeho’aḥaz”)。《列王纪下》第18章13～16节也提到希西家向西拿基立纳贡。

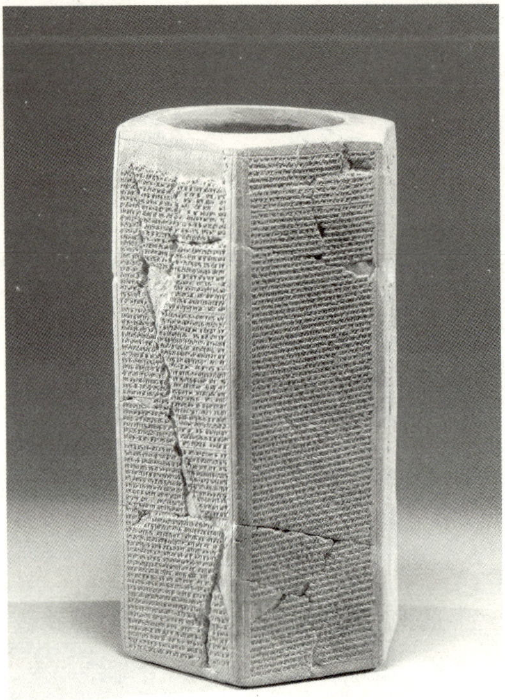

西拿基立六角棱柱，于亚述古城尼尼微出土，可追溯至公元前 691 年，柱上篆刻楔形文字，文中提到犹大王希西家以及亚述围攻耶路撒冷。本图片由以色列博物馆提供。

显犹大国的公义以及其子民是“被拣选的”，同时证明了耶路撒冷乃是坚不可摧的。耶路撒冷被亚述围攻却能存活，此后便衍生出其他传说，从而推波助澜，让《圣经》赞誉耶路撒冷为上帝唯一的居所。许多这类经文都是关于先知对尼尼微与耶路撒冷的预言。我们后续要探讨这些记载先知话语的经文。

尼尼微与先知：约拿、西番雅与那鸿

约拿（Jonah）

以色列人极为惧怕与痛恨亚述人，许多先知便不断谴责亚述，包括西番雅（Zephaniah）与那鸿（Nahum；《那鸿书》从头到尾都在诅咒亚述）。《约拿书》一共四章，前面两章记载约拿不顺服耶和华，拒命而逃，结果被一条大鱼吞食，尼尼微也因本书而闻名。[17]许多学者认为《约拿书》不同于其他先知书，因为这本书并非记载先知的预示，而是描写先知的“言行举止”。其实，《约拿书》只有记载一行预言，亦即第 3 章第 4 节的经文——他宣告说：“再过四十天，尼尼微就要毁灭了！”

没错，只有一行预言，就是上帝在第 3 章第 2 节告诉约拿的“我所吩咐你的话”。根据第 1 章第 2 节的经文，约拿被告知：“起来！到尼尼微大城去，警告其中的居民，因为他们的恶行已经达到我面前。”有趣的是，《圣经》并未记载约拿曾宣讲“悔改”的消息，只宣称上帝已经看到尼尼微的恶行，准备要摧毁它。

约拿违抗上帝命令，乘船逃走时遇到狂风大作而受苦，后来又被一条大鱼吞食，在鱼腹中待了三日三夜。此后，约拿才遵守上帝的命令，前往尼尼微宣讲预言。果然不出其所料，尼尼微人竟然幡然悔改，而这“便是”约拿害怕的事，也就是他先前为何不愿去尼尼微，向该城居民呼喊预言的原因。

多数学者认为，约拿的故事是批判（甚至有人说是讽刺）犹太人，矛头尤其指向犹太人“被神拣选”的观念。在这本书中，约拿代表过于自信的犹太人（他在此处被描绘为以色列人），认为上帝“只有”将以色列人视为他的“选民”，因此“必须”摧毁以色列的敌人，譬如尼尼微的亚述人。

然而，上帝却不这么想。他在书中不断强调，“上帝”主宰一切，想拯救谁，就拯救谁。上帝饶恕尼尼微之后（第 3 章第 10 节），约拿非常生气。第 4 章第 1 节记载约拿对这事非常不高兴，并且发起怒来。然后，上帝便戏弄约拿，安排了一棵蓖麻替约拿遮阳，后来又安排一条虫子，让虫子吃了这棵蓖麻，搞得约拿火冒三丈。后来，约拿被太阳晒得发昏时，便替自己求死。耶和华回答：

> “你因这棵蓖麻这样发怒，对不对呢？”约拿说：“我发怒以至于死都是对的。”耶和华说：“这棵蓖麻不是你栽种的，也不是你使它长大的，一夜长成，一夜死去，你尚且爱惜它，何况这尼尼微大城，其中不晓得分辨左右手的有十二万多人，并且有许多牲畜，我怎能不爱惜呢？”（第 4 章 9～11 节）

---

17 《列王纪下》第 14 章第 25 节提到迦特希弗（Gath-Hefer，拿撒勒“Nazareth”北方）先知亚米太（’Amittai）的儿子约拿。有人推测，先知约拿或许就是这位约拿。约拿是在以色列耶罗波安二世在位时（统治期间：公元前 786～公元前 746 年）担任先知。耶罗波安二世担任君主时，亚述在迦南的势力较为薄弱。

许多人认为，约拿的故事是关于顺从与一条大鱼，但这本书其实在强调上帝的主权以及他有拯救任何人的权利。在这个故事中，耶和华选择去拯救尼尼微，而数百年后，耶稣便赞美尼尼微人，因为他们听了约拿传扬的预言便忏悔了。其实，耶稣对于身旁“邪恶淫乱的世代”感到挫折，便说出：“尼尼微人要和这个世代一同起来，定这个世代的罪，因为他们听了约拿所传的就悔改了。”（《马太福音》第12章第41节；《路加福音》第11章第32节）言下之意是，耶稣认为尼尼微人够聪明，听得懂约拿的预言，但是他的世代却不相信他是上帝差遣的。

因此，在好撒玛利亚人的比喻中，耶稣再度举犹太人传统的敌人为例子，强调不接受他的人有多么邪恶。亚述消灭了以色列国，而撒玛利亚人就是以色列国的余孽，而耶稣在这个比喻中却以好撒玛利亚人当主角，说明谁才是好的邻舍。耶稣强调的是，连“消灭”以色列的亚述人以及残余的撒玛利亚人都认识上帝，而且懂得悔改。

然而，《圣经》并非每次提到尼尼微便称赞它勇于悔改。其实，《圣经》常将尼尼微视为野蛮与邪恶的化身，乃是上帝用来惩罚其子民的工具。最极力谴责尼尼微的，莫过于先知西番雅与那鸿。

西番雅（Ṣefaniah/Zephaniah）

先知西番雅在犹大王约西亚（Yo’shiyahu/Josiah；统治期间：公元前641～公元前610年）在位之时担任先知，他也曾经说过尼尼微象征权利。西番雅宣讲预言的目的，就是劝诫人民不要敬拜耶和华以外的偶像，亦即巴力、玛勒堪（Milcom/Molek）与“天上万象”（heavenly host）（《西番雅书》第1章4～5节），这若不是其他的迦南神祇，就是耶和华的天军。[18] 西番雅警告犹大人，如果他们

18 希伯来文 ṣaba’（צבא）是指“军队”“战争”或某种兵役。此处经文的希伯来文 ṣaba’ hashamayim（צבא השמים）表示“天军”（army of the heavens）。因此，通常被译为“万军之耶和华”（Lord of hosts；多达284处经文包含这个词，譬如：《塞缪尔记上》第15章第2节）的 YHWH Ṣaba’oth 常用于耶和华或其子民征战时，或者泛指“战士耶和华”（YHWH the Warrior）。这个词最初可能用来区分不同的耶和华信仰，就像巴力也有诸多称号，诸如巴力哈达（Ba‘al Hadad；腓尼基的称号）、巴力黑们（Ba‘al Ḥermon；《士师记》第3章第3节）与巴力迦得（Ba‘al Gad；《乔舒亚记》第13章第5节）。有鉴于此，我们可以将这个名称诠释为“天军之耶和华”（YHWH of Ṣaba’oth），而有些碑文带有“提幔之耶和华”（YHWH of Teman）与“撒玛利亚之耶和华”（YHWH of Samaria）之类的字眼，正足以支持这项早期信仰。请参阅：Mettinger, “Yahweh Zebaoth.”。

不知悔改，犹大也会落得跟北国以色列一样的下场。然而，西番雅也预告了尼尼微的覆灭：

> 耶和华必伸手攻击北方，毁灭亚述，使尼尼微变成荒场，干旱像旷野。群畜和各类的走兽必躺卧在其中；鹈鹕和箭猪栖宿在柱顶上；窗内有鸣叫的声音，门坎上必有荒凉；因为香柏木都要暴露出来。这就是那欢乐安居之城，她心里曾说："只有我，除我以外，再没有别的了。"现在怎么竟成了荒场、走兽躺卧之处呢！凡从那里经过的，都必舞手嗤笑。（第 2 章 13～15 节）

西番雅对尼尼微说了重话（没人想让家园破败，听到鹈鹕从窗内鸣叫），但是那鸿对尼尼微的预言却是《圣经》中最重的诅咒。

那鸿（Naḥum）

《那鸿书》是《圣经》中篇幅最少的一部书。在希伯来文中，那鸿的含义为"安慰"。《那鸿书》总共只有 47 节，却是对尼尼微最严厉的诅咒与审判。

《那鸿书》的引言率先点出预言意图："以下是对尼尼微的宣判，就是伊勒歌斯人（'Elqosh）那鸿的异象录。"[19] 那鸿宣扬耶和华的大能之后，语带激动地诉说：

> 王后赤身被掳去；她的宫女都哀哭，声如鸽子，各人搥胸痛哭。自古以来，尼尼微一直都像个聚水的池，但现在居民却不断溃逃（全句或参照《七十士译本》作"尼尼微像个水池，她的水不断流出"）；虽然有人呼叫："止住！止住！"却没有回转的。你们劫掠银子，抢夺金子吧！积蓄的财宝无穷无尽，珍贵的器皿不可胜数。现在却空虚、荒凉，一无所有；人心惊惶，两膝发抖，全身疼痛，面无血色。（第 2 章 7～10 节）

《那鸿书》第 3 章 1～7 节描写得更为骇人。

19　学者尚未确认伊勒歌斯城（'Elqosh/אלקש）所在之处。

> 这流人血的城，有祸了！全城欺诈，充满劫掠；抢夺的事总不止息。鞭声飕飕，轮声辚辚，骏马奔驰，战车颠簸跳动。骑兵腾跃冲锋；刀剑烁烁发亮，枪矛闪闪生光；被杀的人众多，死尸成堆；尸体无数，众人都被尸体绊倒。都因妓女多有淫行，施邪术的美丽女巫，借着她的淫行诱惑列国，借着她的邪术欺骗万族。万军之耶和华说：看哪！我必攻击你；我要把你的裙子掀到你的脸上，使万国看见你赤身露体，使列邦看见你的羞耻。我要把污秽可憎之物抛在你身上，侮辱你，使你成为众人观看的对象。看见你的都必逃避你，说："尼尼微荒凉了；有谁为她悲哀呢？"我在哪里可以找到安慰你的人呢？

那鸿想说的是，尼尼微因国力强大而吸引各国目光，犹如妓女色诱男人，所以上帝会"把'尼尼微'的裙子掀到它的脸上，使万国看见它赤身露体，使列邦看见它的羞耻。"这显然指古代的城邦被征服之后，城内女人会被强奸或遭受性宰制。

上帝使用强奸与性宰制的字眼，表示他对某人命定、认可或授权的惩罚，许多现代读者或许认为这种描述不堪入目，然而，不但先知那鸿乐于接收，就连《圣经》作者都没意见。这就是那鸿（代表上帝）表达对尼尼微的恨意。

那鸿对尼尼微败落的预言，犹如亚述征服各国的做法：残酷加野蛮。希伯来先知最终心怀仇恨，呼吁上帝严惩尼尼微与亚述全地，也使其体会自己当年是如何欺压以色列国与犹大国的。

尼尼微的败落与其对《圣经》的影响

亚述巴尼拔王于公元前627年驾崩，尼尼微大城随后便惨遭灭绝。亚述巴尼拔的去世，代表新亚述帝国的灭亡与新巴比伦王国的兴起。下一章我们会讨论新巴比伦王国对《圣经》的贡献。

尼尼微象征亚述对于以色列与犹大的霸权统治，无疑是新亚述帝国的代表，不仅提供《圣经》的书写题材，更衍生出《圣经》的主要神学观点。因为有了尼尼微,《圣经》第二圣殿期的作者便得以宣称：即使面临万般险阻，只要顺服神（譬如希西家与耶路撒冷），便能化险为夷，远胜于背叛神（好比耶罗波安与北国以色列）而遭致灭亡。此外，尼尼微也让耶路撒冷成为坚不可破的上帝之城，因为耶路撒冷能抵御亚述围攻而存活，但撒玛利亚与以色列却惨遭灭国之祸。其后，以色列人产生了“谁能犯我”的幻想，先知耶利米才会加以谴责（《耶利米书》第 7 章第 4 节），而《约拿书》的后半部则谴责以色列人自认为“上帝选民”的观念。同样，根据《约拿书》的记载，尼尼微明了上帝审判即将临头，于是迅速悔改。耶稣后来便强调尼尼微人曾悔过自新，与当时不认为他是弥赛亚的犹太人进行对比。综合上述说法，尼尼微确实曾经深切影响《圣经》。

第四章

巴比伦

在亚西加土墩遗址位于地底 16.5 英尺的阴暗水槽中，你就能够体会编纂《圣经》的犹太人是如何看待巴比伦的。在保存巴比伦人杀戮史的土壤之上，看着散落四处的死者骨骸，终于能体会巴比伦如何迫害犹太，他们带给当地居民的，是毁灭、死亡与悲伤。那个曾经孕育犹太人的土地，到了波斯帝国时期，却成为垃圾处理场，难怪《圣经》会以极为负面的态度描写巴比伦。巴比伦虽然是摧毁圣城圣殿的城市，但在公元最初的几个世纪中，它却是犹太人学习信仰的地方。

我的小儿子麦克拉伦（MacLaren）常问我小婴儿（Baby）从哪里来，这个问题令我感到尴尬。因此，当他某天又问我巴比伦人（Babylonian）从何而来时，我便如法炮制，回答道："嗯，当一个爹地（Daddylonian）与一个妈咪（Mommylonian）'真正'相爱时……"

巴比伦深切影响了《圣经》。举例而言，巴比伦的金字形神塔（ziggurat）启发了《圣经》记载的巴别塔（Tower of Babel）；汉谟拉比国王制定的《汉谟拉比法典》，后来成为《圣经》法典的范本；巴比伦征服犹大，令耶路撒冷沦陷，然后将以色列人掳到巴比伦。这个事件彻底改变了古代以色列的神学观念，促使众先知撰写《以赛亚书》《以西结书》《耶利米书》与《耶利米哀歌》。许多学者还认为，《希伯来圣经》的多数篇幅是在以色列人流亡巴比伦时期创作（书写）而成，或者至少编纂（收集、编排、校订、修改与大致编辑）而成。因此，犹太人如今称呼的《希伯来圣经》或者基督徒所讲的《旧约》，都是在巴比伦撰写。

令人悲伤的考古挖掘

古巴比伦城座落于现今伊拉克境内的希拉（Hillah），位于伊拉克首都巴格达（Baghdad）南方约六十英里（约 95.561）处，幼发拉底河（Euphrates River）的希拉分支上。古巴比伦城的某些特征已经复原，然而，总体而言，该城依旧是个废墟，个中原因甚多，如幼发拉底河及其支流不断更改河道；巴比伦曾不断被外邦征服，其后数百年遭到遗弃、无人闻问；19 世纪与 20 世纪初期，探险家与考古学家将该城众多的宝物珍品与建筑艺术品运送到西方的博物馆收藏；以及近期该地区战火连连。幸好，有人已经利用计算机重新建构古巴比伦城样貌，读者不妨前往“巴比伦城 3D”（Babylon 3D）[1]，免费欣赏虚拟图片。我们可以从这个网站体会建立数字模型对保护文化遗产是何等重要。

很少人到过伊拉克，但不知为何，每个人似乎对巴比伦印象不好。我可以解释为何如此。这并非人们曾跟伊拉克人起冲突，或者曾在某间巴格达餐厅尝过难吃的鹰嘴豆泥（hummus），而是读了《圣经》对巴比伦的诅咒。《圣经》屡屡从“极为”负面的角度描绘巴比伦。《启示录》第 17 章第 5 节称呼这个城市“奥秘，大巴比伦，地上的淫妇和可憎的物之母。”指出这个名号是刻在巴比伦的额头！世人比较熟悉《圣经》中的巴比伦，甚于了解实际的巴比伦，让这个古城长久以来声名狼藉。

我首度接触巴比伦人，是在地底下 16.5 英尺（约 5.03 米）处的某个蓄水槽，地点是以色列亚西加土墩遗址（Tel ‘Azeqah）。亚西加是巴比伦人征服耶路撒冷之前，犹大所剩的两座坚固城镇之一（《耶利米书》第 34 章第 7 节）。我研究亚西加土墩遗址时，其中一项任务是挖掘某个青铜器时代末期的水槽。该蓄水槽位于土墩南坡，在整个铁器时代（大约公元前 1500～公元前 586 年）一直被人使用。我在两个季节里，共花了 9 个礼拜挖掘这个灰泥集水设施。跟许多挖掘计划一样，前面几个礼拜都很新奇，让人感到兴奋，而挖掘完毕前的最后几个礼拜，大伙都在庆贺、拍照留念，以及不断举杯庆祝大功告成。然而，中间的数个礼拜，我在漫长、阴暗的地底辛苦挖掘，搞得浑身汗臭、全身脏兮兮，不仅心情沮丧，也罹患幽闭恐惧症，不断质疑自己为何选择这条人生道路。然而，就在那段时期，我得以面对面接触巴比伦人。我在蓄水槽待了数个星期，足以反思古人为何会打着上帝之名与国家旗纛彼此相残。

灰泥蓄水槽底部上方大约两英尺约处，有一层残骸白垩层，厚约二英尺。雨水每年冲刷石灰岩表面，将残骸带入水槽，便形成了这个白垩层。我不断在其下方发现许多器皿，考古学家将其称为“铁器时代 IIC”（Iron IIc）陶器，它们是公元前 700～公元前 586 年使用的陶器。每个陶器可装 1～2 加仑的水，但古怪的是，每件都缺少一个手柄。这是因为在公元前 650 年左右居住于亚西加的犹大

1 若想观看 Babylon 3D，请前往 http://www.kadingirra.com/。

这是最后一批出土的陶桶，地点是以色列亚西加土墩遗址地下16.5英尺处的S2区水槽。该水槽的底部与四周皆涂覆灰泥，以免蓄积的雨水外漏。

人需要打水时，他们会在陶器的手柄上绑一条绳子，然后把陶器降到水槽中。手柄偶尔会断裂，陶器便会沉入槽底，倒霉（又口渴）的取水人只能拿着断掉的手柄徒呼负负。对提水人来说，这是件坏事（因为他们是拿着完好无缺的陶器去取水），但是对考古学家而言，这却是件好事，因为从这些2600年前的陶器，可以拼凑出古代亚西加人的生活样貌。

蓄水槽底部的陶器可追溯至公元前七世纪到公元前六世纪。从这些陶器可得知，那是最后有人利用这个蓄水槽来蓄积雨水的时期。换句话说，曾经发生过某件事情，让蓄水槽弃置不用，雨水才会年复一年冲刷石灰岩表面，将残骸带入水槽，形成前述的白垩层。“那件事情”很可能与巴比伦人有关。我如此推断，并非只因为我在白垩层下方发现了陶器，也因为我在白垩层“上方”发现的物品。

在夏天最热的那几周，我在亚西加蓄水槽的底部卖力挖掘，结果发现了骨头。对考古学家来说，动物遗骸无处不在，发现骨头不必大惊小怪。然而，我持续挖掘之后，很快就察觉那些并非绵羊、山羊或牛的骨头，而是人类骨头。我并非在挖掘坟墓，因为该遗址早已被确认是涂覆灰泥的蓄水槽。奇怪的是，水槽里却埋着人骨。

我并不害怕骷髅，况且活人比死人危险多了。身为考古学家，挖掘人骨稀松平常，作业时不带任何情感，我只是挖掘，然后记录。可是，我看到的是“人类”的骨头。当时我身处地底，孤身一人，弓着身体，瞪着一副头盖骨空洞的双眼。那具颅骨回瞪着我，让我不禁想知道这个人在世时的生活。我清除颧骨上的泥土时，心里想着这个人生前以何维生。他快乐吗？谈过恋爱吗？心碎过吗？他的父亲是否曾为他感到骄傲？

我那时趴着，双手与双膝触地，两眼向下直视，但是眼泪盈眶，让自己难以进行挖掘。我挖到一个年约三、四岁小男孩的骨架时，感到特别难受，马上想到自己刚出生的双胞胎昆西（Quincy）与罗莉·凯特（Rory Kate），还有两岁的儿子马克（Mac）。我呆坐着，心想自己的宝贝若有三长两短，我铁定会惊慌失措。

然后，我想到这个孩子的双亲，他们看到儿子夭亡，必定痛彻心扉。我不知所措，只能关掉头灯，坐在水槽底部的黑暗与寂静之中，独自垂泪。到底发生哪些恐怖事件，这位宝贵的小孩才会葬身于这个古老蓄水槽的底部？我对他一无所知，不知道他的名和姓，只晓得他死于非命，遭人抛弃于此，未曾入土为安。我决定留在漆黑的水槽，体会那痛苦、悲伤与忧愁。我觉得自己亏欠他，于是坐着掉泪，哀悼他的悲惨身世。

我待在亚西加土墩遗址位于地底 16.5 英尺的阴暗水槽，终于能够体会编纂《圣经》的犹太人是如何看待巴比伦的。我坐在保存巴比伦人杀戮史的土壤之上，看着散落四处的死者骨骸，终于能体会巴比伦如何迫害犹大，他们带给当地居民的，是毁灭、死亡与悲伤。那个曾经孕育犹大人的土地，到了波斯帝国时期，却成为垃圾处理场，难怪《圣经》会以极为负面的态度描写巴比伦。

请让我缓和一下情绪，我想把滴到键盘的眼泪擦掉、喝杯酒，顺便抱抱小孩。

好了，我是专业人士。我已经抚平好情绪，让我们继续往下讨论。

巴比伦与巴别塔

英文词巴比伦（Babylon）源自于希腊字 Βαβυλών，这个字来自阿迦特德语 Babili 的翻译，有可能是某个地方或某座城市的名称。随着时间的推移，广为流传的民间词源说法（解释某个单字如何起源，表面看似合理，却与史实不符）将这个名称的起源解释为 bab-ili，代表“上帝之门”（gate of God）。[2]《希伯来圣经》将巴比伦约略音译为 bavel(בבל)[3]，不仅保留民间词源说法，也在《创世纪》中记载一篇完整故事“巴别塔”，提供另一种词源解释。

《创世纪》第 11 章 1～9 节记载了“巴别塔”的故事，那是一种起源神话（etiological myth），亦即解释某件事物（譬如宗教传统、自然现象或专有名词）如何起源的故事。[4]“巴别塔”的故事说明世界在发生洪水之后，如何于极短的时间内形成众多语言。

根据《圣经》经文，大洪水毁天灭地，除了挪亚（Noaḥ）一家八口与进入方舟的动物，天地活物无一不死。《创世纪》第 11 章第 1 节指出，当时在方舟上的人都使用同样的语言，因此，挪亚的三个儿子含（Ḥam）、闪（Shem）与雅佛（Yafet/Japheth）的后代都说先祖传下的语言。古代显然有人提出一个显而易见的疑问：“既然大家都是近亲，为何洪水退却不久，世界就出现众多语言，譬如摩押语（Moabite）、亚扪语（Ammonite）、埃多姆语（Edomite）、腓尼基语（Phoenician）、古埃及语（Egyptian）、亚兰语（Aramaic）、伊拉姆语（Elamite）以及阿迦特德语（Akkadian）？”语言要发展变化与形成独特体系，通常得耗费数百年。当每个国家都使用不同语言时，必须编出一套说词，来解释各种语言如何出现。

“巴别塔”就是要回答前述问题。这个故事的关键在于它被插入经文之处。请各位注意“巴别塔”的故事如何被巧妙地插入诺亚儿子的后代家谱：《创世纪》第 10 章 21～32 节记载闪的后裔，然后第 11 章 1～9 节突然述说“巴别塔”的故事，第 11 章第 10 节又接着再次记载闪的后裔。巴别塔的故事被置入挪亚后代的谱系，因为《创世纪》的编纂者想先发至人，回答为何洪水之后会出现那么多种语言。它的答案是：世界的语言“不是”随着时间发展（根据现存古代文献的语言与考古记录，语言会随着时间发展），而是在同一时间被上帝神奇创造出来的。

《创世纪》第 11 章 2～4 节宣称，挪亚后代想建造一座城与一座直通天际的

2　约翰·弗朗西斯·泽维尔·奥康纳（John Francis Xavier O'Conor）解释：在巴比伦人刻写的碑文中，Babylon 有许多种形式，最常见的是 KA-dingir-RA（等于“上帝之门”、Bab-ili 或 Bâbîlu）。在阿迦特德语中，ka 是指“门”，dingir 则是“上帝”的表意文字（*Cuneiform Text of a Recently Discovered Cylinder,* 13）。

3　在希伯来文中，第二个字母 ב（bet）可以念成硬音 b 或软音 v。

4　原因论（etiology）解释某件事物如何起源，但词源学（etymology）是研究某个单字的起源以及它如何从早期形式逐渐发展为后期形式。请各位别搞混这两个名词，当然更不可将它们与昆虫学（entomology）混为一谈。

塔：来，我们建一座城，造一座塔，塔顶要通天（第 11 章第 4 节）。现代学者认为，《创世纪》第 11 章第 4 节提到的通天塔，乃是受到古代美索不达米亚金字形神塔（ziggurat）或古代神庙的敬拜高台所影响。《圣经》作者可能亲眼看过这些金字形神塔、听过关于神塔的故事，或者看过它们的遗迹。在公元前六世纪，巴比伦王尼布甲尼撒二世在古巴比伦城中央重建一座著名神塔，名为“埃特曼南基”（Etemenanki；译注：意思为“天堂于地上之家的基础”），专门用来敬拜主神马杜克（Marduk）。阿迦特德创世史诗《埃努玛·埃立什》（Enuma Elish）也提到巴比伦建造过一处高耸入云的“埃萨吉拉”（Esagila）神庙。[5]

《创世纪》后续的经文饶有趣味，描述耶和华对建塔者做出极为奇特的指控。

> 耶和华下来，要看看世人建造的城和塔。耶和华说：“看哪，他们同是一个民族，有一样的语言，他们一开始就做这事，以后他们所要做的一切，就没有可以拦阻他们的了。来，我们下去，在那里混乱他们的语言，使他们听不懂对方的话。”（第 11 章 5～7 节）

根据《圣经》的记载，上帝要阻挠世人兴建巴别塔，竟然是惧怕人们“可以创建”一座直达天堂的塔。人们可以打造直通天堂的建筑，这种观念与《创世纪》第 1 章与第 2 章描述的世界观其实很雷同：地为平坦，上有穹苍，要分开天与地（《创世纪》第 1 章 6～8 节）。人们兴建巴别塔，想要让高塔突破这个界线，而《圣经》指出，耶和华惧怕人们能办到这点！

因此，耶和华决定混乱他们的语言，使建塔者无法彼此沟通（《创世纪》第 11 章第 7 节），让他们停止建造高塔。然后，《创世纪》第 11 章第 9 节记载了关于巴比伦的新词源解释，详细说明更早的阿迦特德民间词源说法：“因此，那城的名就叫巴别（לבב/bavel），因为耶和华在那里混乱了（ללב/balal）全地所有人的语言，又从那里把他们分散在全地上。”

这段经文宣称，巴比伦城（Babylon）巴别塔（Babel）的希伯来文是玩弄意思为“混乱”（to confuse）的希伯来文 balal。如此一来，不仅认可阿迦特德语

5 《埃努玛·埃立什》第 6 号泥板的 60～90 行（*ANET* 68–69）记载了人们在巴比伦兴建“埃萨吉拉”神庙。

“上帝之门”的民间词源说法，也提供另一种贬义的词源解释，即嘲笑“混乱”的巴比伦人无法完成直通天堂的高塔。巴别塔的故事解释了洪水退却之后，世间只过了几代便产生了各种语言：耶和华凭空创造出各种语言。巴比伦光凭本身的城名，便能在《圣经》最著名的故事“巴别塔”中扮演重要的角色。

巴比伦第一王朝与《汉谟拉比法典》

另一个可以说明巴比伦如何影响《圣经》的早期例证，就是《圣经》借用了《汉谟拉比法典》。巴比伦经历过两个统领天下的辉煌时期。《圣经》提到的巴比伦，其实是巴比伦历史上的“第二个”全盛时期，学者将其称为新巴比伦帝国（Neo-Babylonian Empire）。从公元前626～公元前539年，这个新帝国统治美索不达米亚与近东地区将近一个世纪。然而，更早的巴比伦第一王朝也深刻影响了《圣经》经文。

古巴比伦王朝从公元前1830年横跨到公元前1531年，因汉谟拉比国王（更常被称为汉谟拉比）及其著名的法典而闻名于世。《汉谟拉比法典》目前收藏于巴黎卢浮宫。这部古代法典针对人类互动记载了行为与正义标准，包括合约、工资、财产权、犯罪行为、离婚与继承等。该法典大约撰写于公元前1750年，早于摩西、《以色列人出埃及》与西乃山颁布十戒（不会早于公元前1450年）[6]；因此，许多人认为，《汉谟拉比法典》影响了许多《圣经》律法。[7] 举例来说，《汉谟拉比法

6 《列王纪上》第6章第1节记载：“以色列人出埃及地以后480年，所罗门作以色列王的第四年西弗（Ziv）月，就是二月，他动工建造耶和华的殿。”换句话说，以色列人出埃及可能比建造圣殿（公元前约970年）更早480年，约略落在公元前1450年，足足比《汉谟拉比法典》“晚了”近300年。然而，《出埃及记》第1章第11节指出，希伯来人奴隶“为法老建造两座贮货城，就是比东和兰塞”，这表示以色列人出埃及是“晚于”公元前1250年的，那时统治埃及的法老是代表性人物拉姆西斯二世（统治期间：公元前1279～公元前1213年）。出埃及的时间众说纷纭，某些研究《圣经》的学者将其称为“早出埃及”（大约公元前1450年）与“晚出埃及”（大约公元前1250年）的争论。目前出土的考古实证皆“无法”证明希伯来人“曾经”大量出走埃及。如今，许多学者与考古学家根据过去数十年来在以色列出土的考古证据，认为以色列人其实是原本长期居住于迦南的闪族迦南人，而且认为古人根据逃亡奴隶与战争的传闻，将其改编后撰写成出埃及记，成为古代以色列的神话基础，因此，出埃及记其实根本是子虚乌有。

7 若想知道更多信息，请参阅：Wright, Inventing *God's Law*。

《汉谟拉比法典》碑文的顶部。图中显示，美索不达米亚太阳神沙玛什（Shamash）端坐着，脚踏群山。汉谟拉比从他手中接过指环与令牌（象征王权）。

《汉谟拉比法典》以阿迦特德楔形文字篆刻，图为碑文特写。

典》的196～197行记载：

人若弄伤另一人的眼，人们就要弄伤他的眼。人若打断另一人的骨，人们就要打断他的骨。[8]

《出埃及记》第21章23～25节记载类似的律法：

如果有别的损害，你就要以命偿命，以眼还眼，以牙还牙，以手还手，以脚还脚，以烙还烙，以伤还伤，以打还打。

《汉谟拉比法典》通过场景罗列许多法条，而这些场景类似于《圣经》律法的场景。举例来说，《汉谟拉比法典》250～251行指出：

如果牛过街时触了男人，导致其死亡，此案不予惩罚。如果那牛以前常常触人，牛主也知道那牛习惯去触人，却没有把牛角包起来或把牛拴起来，让牛触了某个小孩而致其死亡，牛主要支付二分之一马那（mana）的银。[9]

如果牛不常触人，牛主就不必受罚。然而，牛若经常触人，牛主就要受罚，因为他知道那牛可能会伤人。不妨将这段法条与《出埃及记》第21章28～29节的律法相比。

如果牛触了男人或女人，以致死亡，那牛必须用石头打死，只是不可吃牛的肉；牛的主人却不必受刑罚。如果那牛以前常常触人，牛主也曾经受过警告，他仍然不把牛拴好，以致触死了男人或是女人，就要用石头把那牛打死，牛主也必要处死。

《圣经》调整了罚则（变得严苛许多），但无论《圣经》还是《汉谟拉比法

8 英文译文出自：Harper, *Code of Hammurabi King of Babylon*。

9 请参阅：Harper, *Code of Hammurabi King of Babylon*。

典》，两者针对会触死人的畜牲都采取“不同决疑法律（casuistic law；依照个案判处各种罚则的民法）附带不同罚则”的观点，其中包括牛主对于牛只重复触人应该承担的责任。如果你先阅读《汉谟拉比法典》[10]，然后再阅读《出埃及记》第20章第19节到第23章第33节的律法，很快便知为何许多学者会认为，上帝在西乃山颁给摩西的律法，似乎深受早期巴比伦律法的影响，尤其是《汉谟拉比法典》的影响。这是个明确的例子，说明巴比伦确实影响《圣经》的核心律法。

新巴比伦帝国崛起与耶路撒冷陷落

古巴比伦王朝兴衰后一千年，巴比伦城又再度受到外邦统治，此次是落在兴起于公元前934年的新亚述帝国手中。亚述王亚述巴尼拔（Assyrian king Ashurbanipal）于公元前627年驾崩之后，巴比伦人在迦勒底部落首领那波帕拉萨尔（Nabopolassar）的领导之下，起而反抗亚述帝国（这其实是玛代人“Mede”、波斯人“Persian”、迦勒底人“Chaldean”、巴比伦人“Babylonian”、西古提人“Scythian”与辛梅瑞安人“Cimmerian”结盟反抗亚述）。那波帕拉萨尔是新巴比伦帝国的开国君主，但他儿子尼布甲尼撒二世才是令人闻风丧胆的霸主，重建了巴比伦城。

新巴比伦帝国国王尼布甲尼撒二世出生于亚述帝国时期，在位期间是公元前604～公元前561年。他被公认为新巴比伦帝国最伟大的君主。（其实，萨达姆·侯赛因“Saddam Hussein”自诩为尼布甲尼撒二世转世，因此重整与扩建了尼布甲尼撒二世的宫殿后居住其中。他甚至摆出与这位古帝国君主相同的姿势拍照，以便宣传自己是自尼布甲尼撒二世以来巴比伦最伟大的统治者。）尼布甲尼撒二世在位时期，将巴比伦打造成宏伟壮丽的都城。他重建神庙与宫殿、修建了著名的伊丝塔城门（Ishtar Gate）以及修建古代世界七大奇迹之一的巴比伦空中花园（Hanging Gardens of Babylon），然而，由于缺乏考古证据，空中花园是否确实存

10　请参阅：http://oll. libertyfund.org/titles/1276 或 https://en.wikisource.org/wiki/The_Code_of_Hammurabi_%28 Harper_trans lation%29。

在至今仍受到质疑。[11]

新亚述帝国灭亡之后，原本结盟反抗亚述的各国纷纷宣告自己对美索不达米亚的统治权，最终转而彼此对抗。有鉴于此，新巴比伦帝国奔走前亚述帝国的疆土，四处要求各国尊其为主，若遇不从者，便痛下杀手，剿灭其城邦。在公元前 605 年的迦基米施（Carchemish）战役之后（请参阅《耶利米书》第 46 章第 2 节），犹大王约雅敬（King Yehoyaqim/Jehoiakim）转而效忠巴比伦，年年对尼布甲尼撒二世进贡。

耶路撒冷陷落

公元前 601 年，尼布甲尼撒二世被埃及军队击败。虽然战事未影响大局，某些迦南与腓尼基城邦的统治者（包含犹大王约雅敬）却认为巴比伦国力衰退，于是起而反叛，重新与埃及结盟。为了使犹大继续效忠并获取贡金，巴比伦于公元前 598 年围攻耶路撒冷，犹大王约雅敬在围城时去世，由儿子约雅斤（Yehoyakin/Jehoiachin）继承王位。[12]然而，占领耶路撒冷之后，尼布甲尼撒二世便罢黜在位只有三个月的约雅斤，将其和王室成员、贵族与大批耶路撒冷居民掳到巴比伦。尼布甲尼撒二世立约雅斤的叔父西底家（Ṣidqiyah(u)/Zedekiah）作犹大王。不仅《列王纪下》第 24 章 11～17 节记载犹大国这段君王更迭频繁的时期，连记载尼布甲尼撒二世登基前十年事迹的《尼布甲尼撒编年史》（Nebuchadnezzar Chronicle）都加以证实。

> （尼布甲尼撒二世）在位第七年（公元前 598/7 年）基思里穆月（Kislimu），阿迦特德王纠集部队，开赴哈提（Hatti）地区，包围犹大城，

---

11 请参阅：Finkel and Seymour, *Babylon*, 52。当时的巴比伦文献都未曾提及空中花园。大约公元前 290 年，据说一位名叫贝罗索斯（Berossus）的巴比伦人曾在其撰写的希腊文著作中提到空中花园。犹太历史学家约瑟夫斯（Josephus）在《驳斥阿比安》（*Against Apion*）第 1 章 19 节（第 1 章 141 节）引述过贝罗索斯《古代历史》（*History of Ancient Times*）的内容。然而，贝罗索斯是在波斯征服巴比伦大约 250 年“之后”才撰写文章，而且我们是从第二手消息才得知他的著作。我们也知道，公元前 331 年，亚历山大大帝在高加米拉战役（Battle of Gaugamela）中击败波斯阿契美尼德帝国，随后占领巴比伦，创立庞大帝国。然而，他被该城的宏伟壮丽震撼，便定都于巴比伦。请参阅：Wiener, “Hanging Gardens of Babylon... in Assyrian Nineveh”。

12 《圣经》也将约雅斤称为耶哥尼雅（Jeconiah）与哥尼雅（Coniah）。

> 尔后于亚达鲁月（Addaru；译注：巴比伦历中的十二月）第二日攻克该城，俘虏犹大王（约雅斤）。王按照己意，命（西底家）继任为王，收下大笔贡金，送至巴比伦。[13]

犹大王西底家不顾先知耶利米抗议，也忘却十年前发生于前几任君王的祸事。他也反抗尼布甲尼撒二世，与当时埃及法老阿普里埃斯（Apries；《耶利米书》第44章第30节称其为合弗拉“Ḥofra”[14]）结盟。岂料，西底家押错了宝。尼布甲尼撒二世为了永除后患，再度挥军围攻耶路撒冷（《列王纪下》第25章第1节），但他这次受够了，不再另立傀儡国王，决意毁灭耶路撒冷。

耶路撒冷被围困30个月之后，终于落入尼布甲尼撒二世军队的手中。为了杀鸡儆猴，让别人不敢再起反叛之心，尼布甲尼撒二世捉住想逃亡的西底家及其家人与皇家卫队，把他们带到利比拉（Riblah）巴比伦王的指挥部进行审判。巴比伦人在西底家眼前杀了他的众子，令其看到皇室血脉断绝，并且挖掉西底家的双眼，这既是军事惩罚，又是对个人的污辱（《列王纪下》第25章4～7节）。[15]

尼布甲尼撒二世接着铲平圣城。《列王纪下》第25章8～12节描述了耶路撒冷如何陷落。根据经文，尼布甲尼撒二世派遣护卫长尼布撒拉旦（Nebuzar'adan）前去摧毁耶路撒冷。

> 尼布撒拉旦……放火焚烧耶和华的殿和王宫，以及耶路撒冷一切房屋；一切高大的房屋，他都放火烧了。跟随护卫长的迦勒底人全军拆毁了

---

13 碑文反面，11～13行。请参阅：大英博物馆“Cuneiform tablet with part of the Babylonian Chronicle (605–594 BC)” (item ME 21946)；Sigrist, Zadok, and Walker, Catalogue of the Babylonian Tablets；Grayson, Assyrian and Babylonian Chronicle； 以及Glassner, Mesopotamian Chronicles。读者也可前往Livius.org阅读本编年史：http://www.livius.org/sources/content/mesopotamian-chroniclescontent/abc–5-jerusalem-chronicle/。

14 《杰里迈亚书》第44章第30节记载：“耶和华这样说：‘看哪！我必把埃及王法老合弗拉交在他仇敌的手中，和那些寻索他性命的人的手中，像我把犹大王西底家交在他仇敌、那寻索他性命的巴比伦王尼布甲尼撒的手中一样。’”

15 《列王纪下》第25章4～7节的经文内容与《历代志下》第36章11～13节的记载类似。请读者注意，《杰里迈亚书》第52章7～11节也记载几乎相同的经文。《列王纪下》第24章第18节到第25章第21节与《杰里迈亚书》第52章7～11节的记载雷同，学者才证明《列王纪》(或《杰里迈亚书》)有所修订。

耶路撒冷周围的城墙。至于城中剩下的人民，和已经向巴比伦王投降的人，以及剩下的民众，护卫长尼布撒拉旦都掳了去。至于那地最贫穷的人，护卫长把他们留下，去修理葡萄园和耕种田地。

西底家被掳获与弄残及其家人被屠杀之后，贵族、文士与艺匠都被遣送到巴比伦，而民中最穷的则被留下来，在这个巴比伦的新省分耕种田地，受到沙番（Shafan）的孙子、亚希甘（'Aḥiqam）的儿子基大利（Gedalyahu/Gedaliah）管理（《列王纪下》第25章第22节）。"这次"是犹大人最后一次被掳至巴比伦，也是最著名的一次流放，因为巴比伦摧毁了圣城耶路撒冷和他的圣殿。

耶路撒冷毁灭了。上帝对大卫子孙永世统治耶路撒冷的应许终于破灭（《塞缪尔记下》第7章第16节）。不可思议的事竟然发生，上帝的居所（耶路撒冷圣殿）竟成废墟。耶路撒冷陷落与犹大人被掳至巴比伦，"这件"古代以色列遭遇的灾难可谓犹太教的低潮期。从神学角度来看，它对犹太人的集体心理造成了伤疤，痛楚的记忆如影随形、挥之不去。

犹大人流放巴比伦的考古证据足以佐证犹大人曾经被掳至巴比伦。1899～1917年，自学有成的德国考古学家罗伯特·科尔德威（Robert Koldewey）从伊丝塔城门附近的一栋公共建筑地下墓室挖掘出290个楔形文字泥板，这些泥板可追溯至公元前595年～公元前570年。这栋建筑有成排的房间，可能是流亡的犹大王及其家人与贵族的居所。这些泥板收藏于柏林的佩加蒙博物馆（Pergamon Museum），其中的某些记录犹大王约雅斤接受的配给。其中一块泥板如此记载：

10（西拉"sila"的油）配给……犹（……）王（约）……斤，

2.5 西拉（的油）配给……犹大王（众儿）子

4 西拉配给八位来自犹大的壮丁……[16]

另一块泥板写道：

1.5 西拉（的油）配给来自亚发（Arvad）的三位木匠，每人 0.5 西拉

11.5 西拉配给来自比布鲁斯的八个人，每人 1 西拉

---

16 请参阅文献 Babylon 28178, obverse ii 38～40；请参阅：*ANET* 308。

3.5 西拉配给来自希腊的七个人，每人 0.5 西拉

0.5 西拉配给木匠拿布艾提尔（Nabû-êṭir）

10（西拉）配给约雅斤，犹大王的儿子

2.5 西拉透过侉拿埃玛（Qa-na-a-ma）配给犹大王的五位儿子[17]

这些楔形文字文献证实了《列王纪下》24 章 12～15 节的经文。此外，它们更佐证了《列王纪下》第 25 章 27～30 节的记载，特别是犹大王约雅斤投降，在巴比伦受到礼遇，以及最终被释放。

> 犹大王约雅斤被掳后第三十七年，就是巴比伦王以未·米罗达（Evil-merodach）登基的那一年，十二月二十七日，他恩待犹大王约雅斤，把他从狱中领出来，并且安慰他，使他的地位高过和他一起在巴比伦的众王。又换下他的囚衣，赐他终生常在王面前吃饭。他的生活费用，在他一生的年日中，每日不断由王供应。

因此，考古记录证明犹大人曾流亡巴比伦。此外，《圣经》也有一本专书来反思耶路撒冷的陷落，哀悼圣城的毁灭。这本书就是《耶利米哀歌》。

《耶利米哀歌》

《耶利米哀歌》是精美的诗歌，专门哀悼单一事件：巴比伦人毁灭了耶路撒冷。哀歌开头带着忧郁气氛，饱受惊吓、伤心欲绝的诗人劈头便写下希伯来文 eykah，意指“何竟 / 怎么竟然 ?!”（How），这是怎么回事？上帝，这是为什么？这个序曲悲痛欲绝，替整篇哀歌定了基调。忧心如焚的诗人不断寻找恰当的字眼凭吊亡国，描述内心挣扎，诉说抑郁悲痛，同时回答这个核心问题：我们“何竟”至此？我们为何沦落到这般田地？

17　请参阅文献 Babylon 28186, reverse ii 13～18；请参阅：*ANET* 308。更详细的信息，请参阅：Schniedewind, *How the Bible Became a Book*, 149～53。

要懂《耶利米哀歌》，最好先了解蓝调音乐（blues）。蓝调歌曲攸关艰难苦楚。人心情低落时，便会“抱怨诉苦”（sing the blues）。然而，人不会因为“想要”忧郁而唱蓝调乐曲，那是英国歌手莫里西（Morrissey）与另类摇滚乐团电台司令（Radiohead）的拿手绝活。人们唱蓝调歌曲，乃是因为可以娓娓诉说失望与悲伤，与感同身受的人同悲共苦。大家分享悲痛、彼此同情之后，便能重新振作。从某种层面来看，蓝调歌词传递诗情画意的希望，无论歌手或听众皆能有所共鸣，从中找到慰藉，《耶利米哀歌》亦是如此。

《希伯来圣经》与基督教《旧约》都收录《耶利米哀歌》，但编排方式不同。在《希伯来圣经》中，《耶利米哀歌》隶属于《圣卷》（Ketuvim），意思为“作品集”，包含五卷（Five Megillot，亦即《雅歌》《路得记》《耶利米哀歌》《传道书》与《以斯帖记》)、诗歌书（《诗篇》《箴言》与《约伯记》)《但以理书》《以斯拉记—尼赫迈亚记》(《希伯来圣经》合为一本书，基督教正典分为两本书），以及《历代志上》和《历代志下》。然而，在基督教正典中，《耶利米哀歌》排在《耶利米书》之后，其公认的作者是先知耶利米。

根据传统信仰，犹太人会在圣殿被毁日（Tish'a B'Av 或 Ninth of Av）诵读《耶利米哀歌》，以此纪念耶路撒冷第一与第二圣殿的毁灭。[18] 因此，犹太人读这部书，乃是要集体纪念犹大人在巴比伦毁灭圣城时感受的悲伤，或者从更精确的神学观点来说，他们要纪念上帝因为犹大的罪而“允许”巴比伦摧毁耶路撒冷。

最有趣的是，《耶利米哀歌》的前四章都是离合诗（acrostic），此乃缜密精巧的构思，是根据希伯来字母的本质撰写的文学作品。希伯来文有 22 个字母，依序是 'aleph、bet、gimel 与 dalet 等。《耶利米哀歌》的第一、二、四章包含 22 节经文，都是按照希伯来文字母次序开始每节的第一个字母，而且每个章节都以 eykah（איכה，意指“何竟 / 怎么竟然”“How”）起头。第三章由三首离合诗（22 节）组成，共有 66 节，每三节都重复相同字母。前三节以 'aleph 开头，后续三节以 bet 开头，以此类推。第五章不是离合诗，但依旧包含 22 节经文。《圣经》英译本的读者不懂希伯来文，不了解希伯来文的字母次序有别于英文的字母顺序，而且《圣经》英译本也没有以相等的对应词替每节经文开头，因此许多人无

18　据说罗马人于公元 70 年毁掉耶路撒冷第二圣殿时，恰巧是犹太历埃波月（Av）的第九日。

法领略离合诗的感觉。譬如，eykah（הכיא）的开头是字母 'aleph，但英文的对应词 how 却是以 h 开头，而不是以首字母 a 开头。

因此，《耶利米哀歌》既是精巧的诗歌，也是传达深厚神学意涵的经书。它抒发犹太社会的集体悲伤与困惑，从自谴的神学观哀悼耶路撒冷的陷落：上帝遗弃他的子民，不是因为自己无能，“乃是”因为人们犯罪。《耶利米哀歌》第 1 章第 8 节写道：“耶路撒冷犯了大罪，因此成了不洁之物。”将圣城被灭之责归咎于人民而非上帝。《耶利米哀歌》第 1 章第 18 节记载：“耶和华是公义的，他这样待我，是因为我违背了他的命令。”作者更在第 1 章第 22 节呼求上帝：“愿你对付他们，好像你因我的一切过犯对付我一样。”流亡的犹太人因为耶路撒冷被毁而自谴，也看到自己被掳至巴比伦而自责。《圣经》的其他经书也常记载这种解释灾难而自谴的神学手段。

我们如今也常看到人们自责来解释灾难：“我遭遇了灾厄，铁定是因为我做错了什么，上帝才要惩罚我。”这样的神学思维可以追溯至犹太人对耶路撒冷陷落时表达的神学观。

然而，令人惊讶的是，《耶利米哀歌》也记载《圣经》最著名的经文，宣称上帝将会饶恕他的子民。许多基督徒都听过根据《耶利米哀歌》第 3 章 22～24 节经文撰写的一首赞美诗歌：“耶和华的慈爱永不断绝，他的怜悯永不止息。每天早晨都是新的；你的信实多么广大！我心里说：‘耶和华是我的业分，所以，我必仰望他。’”然后，第 3 章 25～33 节鼓励那些相信上帝已经遗弃他们的人要耐心等候。

《耶利米哀歌》第 5 章 20～22 节（最末三节）透露悲苦交织的心情，以悲观的态度与困惑的口吻表达希望。

> 你为何永远忘记我们？为什么长久离弃我们？耶和华啊，求你使我们归向你，好使我们回转过来；求你更新我们的日子，像古时一样。你竟全然弃绝我们，向我们大发烈怒！

《耶利米哀歌》结尾透露悲观，时而被动，时而进取，切确传递弥漫整篇诗歌的悲痛。诗人对上帝充满信心，请求上帝解救他们；然而，神要是过于愤怒，他们也能谅解。

幸运的是，流亡巴比伦的犹太人终将返回耶路撒冷，圣城的故事也将延续下去。此外，在现代的犹太礼拜仪式中，人们读完第22节之后会重复第21节（耶和华啊，求你使我们归向你，好使我们回转过来；求你更新我们的日子，像古时一样），免得哀歌在负面的氛围中结束。犹太人后来复兴了耶路撒冷，而且如今有许多犹太人很乐观（虽然偶尔会展现近乎戏谑的悲观），重复第21节的经文其实不错，如此便可表达压抑的希望，而非彻底的绝望。[19]

哀歌诗篇

除了《耶利米哀歌》，别处经文中也记载上帝的信奉者因圣城被毁而无比绝望，进而从神学角度思索，为何耶和华要背弃他的子民。某些诗篇甚至是哀歌诗歌。群体哀歌（Communal lament，代表会众发声的正式哀歌）包含《诗篇》第44、60、74、79、80、85与90篇。另有个人哀歌（personal lament），譬如《诗篇》第22篇。据说耶稣被钉十字架时，曾经引用本篇前几句经文。

> 我的神！我的神！你为什么离弃我？为什么远离不救我，不听我呻吟的话呢？我的神啊！我日间呼求，你不应允；在晚上我还是不停止。[20]

《诗篇》第137篇是最著名的哀歌诗篇之一，描述某位被流放的耶路撒冷人“坐在巴比伦的河畔”，哀悼自己的命运：“我们曾坐在巴比伦的河畔，在那里我们一想起锡安（Zion）就哭了。我们把我们的琴挂在那里的柳树上。”（第1节）第3节经文回忆巴比伦的掳掠者要求流放者唱圣歌，[21] 颂扬耶路撒冷为耶和华坚不可摧的圣城：“因为在那里，掳掠我们的人要我们唱歌，苦待我们的人要我们娱

---

19 非常感谢爱荷华大学路易·舒尔曼希勒尔基金会（University of Iowa Hillel）执行董事杰拉尔德·索罗金（Gerald L. Sorokin）告诉我犹太礼拜仪式的这项做法。

20 请参阅《马可福音》第15章第34节以及《马太福音》第27章第46节。

21 譬如《诗篇》46～48篇或第87篇。

乐他们；他们说：‘为我们唱一首锡安歌吧！’”然而，看到耶路撒冷陷落，这些流放者闭口不言。第 4 节经文指出：“我们怎能在异族之地唱耶和华的歌呢？”

这篇诗篇接着记载誓言，宣称歌唱者永远不忘记耶路撒冷。

> 耶路撒冷啊！如果我忘记你，情愿我的右手忘记技巧。如果我不纪念你，如果我不高举耶路撒冷超过我最大的喜乐，情愿我的舌头紧贴上膛。（5～6 节）

说到“遗忘”，许多人忘记《诗篇》第 137 篇还有下文，但他们不是未曾读过那几段经文，而是不想碰触它们，因为该篇下了残酷无比的结论，言辞充满报复心态，要以色列敌人的婴孩血债血偿才觉得有福（在现今的教会或犹太会堂，经文若带有这种言辞，铁定无法被当作赞美诗歌）。

然而，《诗篇》第 137 篇 7～9 节的内容常见于古代近东地区的诗歌，当时的诗歌在结尾时都会包含复仇祷告，譬如对以东（Edom）与巴比伦的诅咒，因为《圣经》指出，以东人在耶路撒冷陷落时不仅袖手旁观，还嘲讽犹大国。此外，巴比伦是强悍的“毁灭者”，消灭了犹大国与破坏原本“坚不可摧的”耶路撒冷。

> 耶和华啊！求你纪念以东人在耶路撒冷遭难的日子所行的，他们说：“拆毁它，拆毁它，直拆到根基。”将要被毁灭的（“将要被毁灭的”有古译本作“毁灭者”）巴比伦城（“城”原文作“女子”）啊！照着你待我们的行为报复你的，那人有福了。抓住你的婴孩摔在磐石上的，那人有福了。

抓起婴儿的脚踝，把他们摔在磐石上，打碎其柔软的头盖骨，这种想法或许令人不寒而栗，但是我们要知道，“这”就是《诗篇》第 137 篇的结论。这个复仇祷告就是祈求将巴比伦婴孩摔死在磐石上。这是流亡的耶路撒冷人所作的祈祷，被收录于古代以色列的《诗篇》。这种对无辜者痛下杀手的行为很不道德，从现代标准来看，更是令人憎恶且不可原谅。话虽如此，我们可知这位诗篇作者必定对巴比伦恨之入骨。

《但以理书》

《但以理书》(Dani'el/Daniel)的写作背景是在被掳(流亡)时期。然而,多数学者认为,本书应该在波斯帝国(公元前539～公元前332年)末期才撰写完毕,而且后半部分更要等到希腊化时期(Hellenistic period;公元前332～公元前167年)的末期才完成,原因如下:《但以理书》2～7章是以亚兰文撰写,不是以希伯来文书写;此外,该书的前半部(1～6章)讲述巴比伦与后来玛代(Median)宫廷的传说,后半部(7～12章)则是异象或启示录。

学者认为,《但以理书》是在希腊化时期书写的,因为该书精确描述公元前第二世纪初期的事情。举例而言,《但以理书》第8章1～8节藉由异象诉说亚历山大大帝将执掌大权,征服地中海与近东地区。第8节预言亚历山大的死亡以及四位"继业者"(Diadochoi;亚历山大的继承人)将兴起,瓜分其庞大帝国。同样地,9～12节描述长出"另一个小角,不断强大起来",指的是叙利亚的塞琉古(Seleucid)王安提亚古四世(Antiochus IV Epiphanes),他废除犹太人在耶路撒冷奉行的诸多信仰与传统习俗,包括割礼以及圣殿的每日献祭。

请注意,11～12节甚至特别提到安提亚古废除燔祭。有些学者认为,第8章的经文只是预测未来的异象,但多数治学严谨的学者则持不同的看法,认为第8章的异象(译注:对安提亚古四世的历史描述得极为正确)足以证明,该书后半部是等到希腊化时期的历史发生"之后"才撰写的,只是佯装预言背景发生于新巴比伦帝国时期与波斯帝国初期。

《但以理书》最初可能是以亚兰文撰写的各种宫廷故事集录,后来才慢慢加以汇整与扩充。虽然本书经文是响应后期希腊化对犹太教的威胁,但它们的背景却设定于流放时期,以此作为榜样,供遭受希腊压迫的犹太人效法。但以理与同伴虽然面对烈火窑(第3章)与狮子洞(第6章;次经《比勒与大龙》31～42章)的死亡威胁,依旧对耶和华忠诚,因此《但以理书》鼓励遭受希腊压迫的犹太人也要对上帝顺服忠诚。

许多第二圣殿期后期的文献并未纳入《希伯来圣经》正典,而这些文献经常提到这种主题,包括《但以理外传》(Additions to Daniel,包含《亚萨利雅祷言与三童歌》《苏撒拿传》与《比勒与大龙》)与其他手稿,譬如以亚兰文撰写的《尼邦拉达斯之祈祷》(Prayer of Nabonidus “4Q242”,《死海古卷》包含这份手稿的断编残简)。[22]《但以理书》被纳入《圣经》正典，目的是给予犹太人希望，告知他们“如果”忠于上帝，上帝总有一天会拯救他们，使其不再遭受外邦欺压。

《耶利米书》

或许与巴比伦牵扯最深的先知，莫过于耶利米 (Yirmeyahu/Jeremiah)。这位先知于约西亚王 (King Josiah) 在位时蒙召，公元前 587 年耶路撒冷与圣殿被毁坏的期间仍继续传讲预言。耶利米是著名的“流泪先知”(weeping prophet), 乃是公认的《耶利米书》与《耶利米哀歌》的作者。《耶利米书》前面的预言 (1～25 章) 可能是由先知耶利米传讲，然而，许多学者指出，“关于”耶利米的经文 (如 25～29 章与 32～44 章) 与《列王纪下》的内容很类似，足以证明《耶利米书》的许多篇幅 (尤其是后半部) 是由其他作者后来编撰或增补，因为那些经文牵涉先知耶利米。

《耶利米书》第 39 章 1～10 节的经文类似于《耶利米书》第 52 章 4～16 节以及《列王纪下》第 25 章 1～12 节的记载；此外,《耶利米书》第 40 章第 7 节到第 41 章第 18 节的经文雷同于《列王纪下》第 25 章 23～26 节的内容。其实,《耶利米书》第 52 章完全照抄《列王纪下》第 24 章第 18 节到第 25 章第 30 节的经文，这就足以证明《耶利米书》后半部是关于耶利米，那些经文虽然曾出现于《圣经》别处，仍然被附录到先知预言的后头。各位别忘了，根据《耶利米书》第 36 章第 4 节与第 18 节的经文，耶利米并未写下预言，而是从耶和华获得神谕，然后大声传讲出来。耶利米召来的尼利亚 (Neriah) 的儿子巴录 (Baruch) 才是真正记录预言的人。

22　若想一览《尼邦拉达斯之祈祷》(4Q242) 的手稿片段 (内容类似于《但以理书》第 4 章 29～37 节)，请前往以色列文物管理局 (Israel Antiquity Authority，简称 IAA) 的“莱昂利维死海古卷数字化图书馆”(Leon Levy Dead Sea Scrolls Digital Library): http://www.deadseascrolls.org.il/explorethe-archive/manuscript/4Q2421?locale=en_US。若想知道更多信息，请参阅：Cross, “Fragments of the Prayer of Nabonidus”。

在众先知中，耶利米是独一无二的。他并未效法早先的以赛亚（Isaiah），在犹大面临亚述威胁时呼吁希西家王反抗外邦压迫以及信任耶和华，他反而鼓励西底家归降巴比伦（《耶利米书》第27章第8节、第38章17～18节以及20～23节）。这可能是因为耶利米没有跟犹大王约哈斯一起被拘禁在埃及（《列王纪下》第23章30～34节），或者跟西底家王待在犹大（《列王纪下》第24章第17节），而是跟随约雅斤王一起被掳到巴比伦。耶利米向巴比伦投降，这便足以解释《列王纪下》的结尾为何会记载约雅斤在巴比伦被善待与释放，而且《耶利米书》第52章完全照抄《列王纪下》第24章第18节到第25章第30节的经文；耶利米认为归降才能存活，他的著作被保留，乃是因为他做"对"了，那些投降而被流放的人存活下来了，可是没有屈服的人却随着耶路撒冷陷落而灭亡。[23]

耶利米传讲预言时指出，耶路撒冷居民认为圣城必不动摇，乃是坚不可摧的（《诗篇》第46篇1～5节）。[24]先知甚至在《耶利米书》第7章第4节与第8节特别警告民众，耶路撒冷虽然有圣殿，但"并非"牢不可破："你们不要倚靠虚谎的话，说：'这是耶和华的殿，是耶和华的殿，是耶和华的殿'……可是，你们竟然倚靠虚谎无益的话。"他反而要求犹大人必须"做"某些事，上帝才会护佑他们，不能单靠圣殿，便以为耶和华便会保佑他们。具体来说，耶利米恳求王和耶路撒冷居民"人与人之间认真施行公正……不欺压寄居的，不欺压孤儿寡妇，不在这地方流无辜人的血，也不跟从别的神"（《耶利米书》第7章5～6节），唯有如此（行正道），上帝才会保护耶路撒冷。然而，耶路撒冷终究陷落了，犹太人原本认为因耶和华护佑而牢不可破的圣城竟然被毁灭，于是永世记得巴比伦对他们做出的恶行。

《耶利米书》再度不断从自责的神学角度解释耶路撒冷为何陷落、圣城为何被摧毁以及犹大人为何会流亡巴比伦：古代犹大人相信，因为自己犯罪，上帝才

---

23 《列王纪下》最后一章的编辑很可能也编纂过《耶利米书》，他把几乎雷同的经文纳入这两部书，因为耶利米与犹大王约雅斤的命运息息相关。若想知道这两处经文为何雷同，请参阅：Schniedewind, *How the Bible Became a Book*, 154。请读者注意，《希伯来圣经》"马所拉文本"的《耶利米书》比《七十士译本》的《耶利米书》多出六分之一篇幅。

24 若想知道更多关于耶路撒冷不可亵渎的信息，请参阅：Hayes, "The Tradition of Zion's Inviolability"。

会允许巴比伦毁灭圣城。因此，上帝并未打破他的承诺，而是子民离弃了耶和华。耶利米预言其实是向犹大居民与众王解释，上帝为何允许圣殿被摧毁（请参阅《耶利米书》第 1 章第 16 节与第 5 章第 19 节）。读者别忘了，《圣经》说耶和华拣选亚伯拉罕及其后裔作为他的子民，也承诺会保护他们，同时透过先知拿单（Nathan）向大卫宣布，他后裔的国位将万世坚立（《塞缪尔记下》第 7 章）。然而，耶利米指出，犹大作恶多端，拜偶崇邪，终将灭亡。

我们可以预料，耶路撒冷的统治阶级厌恶耶利米传讲的信息。没有人喜欢他人指控自己对人不公不义，尤其是政客与君王。根据《耶利米书》第 36 章第 23 节的经文，犹大王约雅敬用刀将记载耶利米预言的书卷割破，然后将全卷扔在火中烧尽。时至现代，宣称政府腐败与违反公民权的意见经常都会遭受攻击。马丁·路德·金（Martin Luther King, Jr.）、甘地、记者与公民监督团体指控政府不公不义时都会遭到报复，因为政府痛恨遭人非议。耶利米批评当政者而饱受迫害。《耶利米书》指出，先知的亲人攻击他（第 12 章第 6 节）、他被殴打与枷锁在耶和华殿里（第 20 章第 2 节）、被君王囚禁（第 35 章第 17 节），以及被犹大官员丢进玛基雅（Malkiah）的井里（第 38 章第 6 节）。

《耶利米书》告诉世人，无论灾厄是上帝因人们不顺服而降下的惩罚，或者只是世间无可避免的无奈，无关任何神祇介入，万物之灵的人类必须公平对待彼此，切勿压迫边缘化的族群，如移民、孤儿与寡妇（《耶利米书》第 7 章 5～6 节），也要替困苦与贫穷的人伸冤。毕竟，这“不就是”《耶利米书》第 22 章第 16 节所说的，认识上帝的真义吗？

新巴比伦帝国覆灭与犹太人结束流亡岁月

公元前 539 年，波斯王居鲁士大帝（Cyrus the Great；中文《圣经》译为“古列”）在巴比伦北方的俄庇斯之战（Battle of Opis）击败巴比伦王拿波尼度（Nabonidus），终结了新巴比伦帝国，建立波斯阿契美尼德帝国，并且占领原本属于新巴比伦帝国的领土。

由于《圣经》作者痛恨巴比伦人，先知以赛亚甚至将波斯王称为“弥赛亚”

（或“受膏者”），因为古列征服了巴比伦人。

> （因此，主）对古列说：“我的牧人，他必成就我所喜悦的一切。”他要对耶路撒冷说：“你必被重建起来！”他必对圣殿说：“你的根基要奠定！”我耶和华所膏立的古列，我紧握着他的右手，使列国降服在他面前……使你知道我就是按着你的名呼召了你的耶和华，以色列的神。因我的仆人雅各布和我所拣选的以色列的缘故，我按着你的名呼召了你；你虽然不认识我，我却给你这个尊贵的名号。（《以赛亚书》第44章第28节到第45章第4节）

古列饬令（Edict of Cyrus）发布之后，流亡的犹太人得以重返家园，前述《以赛亚书》经文很可能是饬令宣布后才撰写的。古列圆柱（Cyrus Cylinder）未曾提及耶路撒冷与犹大，只记载了美索不达米亚圣殿（没有具体指出耶路撒冷圣殿）被修复，但是《圣经》的作者确实认为饬令与他们有关。《以斯拉记》第1章1～4节（请参阅《历代志下》第36章22～23节）指出：

> 波斯王古列元年，耶和华为要应验他藉耶利米的口所说的话，就激动波斯王古列的心灵，使他通令全国，传达文告说：“波斯王古列这样说：‘耶和华天上的神已经把地上万国赐给我。他指派我在犹大的耶路撒冷为他建造殿宇。你们中间凡是他的子民，愿神与他同在的，都可以上犹大的耶路撒冷去，建造耶和华以色列的神的殿，他是在耶路撒冷受敬拜的神。所有余民，无论寄居在什么地方，那地方的人都要用金、银、财物、牲畜帮助他，也要为在耶路撒冷神的殿献上甘心的礼物。’”

《圣经》的作者（与编纂者）将古列王的行为视为上帝透过古列王来做工，即便古列“不认识”耶和华。他们承认古列没有将自己的成就归功于耶和华，因为他们知道，在宣告释放被掳者的饬令中，古列王将自己的战功归于巴比伦主神马杜克：

> 伟大之神马杜克，孕育黎民苍生，乐见子民（古列）之善行与真心，

乃命其前往巴比伦。他一路引领古列，如友人一般，长伴其左右。[25]

因此，《圣经》认为，居鲁士大帝战胜巴比伦，乃是耶和华之功，并且将古列饬令视为上帝要拯救他流亡的子民。当然，将外邦君主称为弥赛亚（救世主）确实不妥，但是第二圣殿期后期的文献宣称居鲁士大帝足堪被称为弥赛亚，认为他后来其实转为敬拜耶和华（次经《以斯拉续编上卷》第4章42～63节与《比勒与大龙》第28章与第41章）。绝望无助的时代难免衍生不顾一切的解释，《圣经》的作者非常乐意看到上帝通过波斯击溃巴比伦。

巴比伦的文化遗产

巴比伦灭亡于波斯之后，依旧深切影响《圣经》。至少《希伯来圣经》的多数篇幅是在被掳时期编纂而成的，流亡的犹大王约雅斤的宫廷文士或许是编纂者。某些学者甚至宣称，当某些犹太人返回耶路撒冷重建圣殿时，遗留在巴比伦的文士可能还在“撰写”部分《希伯来圣经》。别忘了，虽然古列饬令允许犹太人返回耶路撒冷重建圣殿，并且在当时的波斯帝国省份耶胡德（Yehud；后来变成犹大省“Judea”）重新繁衍后代，许多犹太人（或许多数）依旧待在巴比伦。这便足以解释，为何在公元最初的六个世纪，巴比伦及其外围地区成为犹太思想的中心，而巴比伦《塔木德》（Babylonian Talmud）便是于那段时期编纂成书的。《塔木德》针对《希伯来圣经》提到的各类主题，记载早期著名的犹太拉比的教诲、诠释，以及经常彼此相左的观点。[26] 因此，巴比伦虽然是摧毁圣城圣殿的城市，但在公元最初的几个世纪中，它却是犹太人学习信仰的地方。

正因为如此，毁灭圣城的巴比伦得以深刻影响《圣经》。它彻底改变了犹大

25　古列圆柱14～15行。读者若想浏览翻译全文，请参阅：Irving Finkel, *The Cyrus Cylinder: The King of Persia's Proclamation from Ancient Babylon*。

26　有两种犹太塔木德，一是《耶路撒冷塔木德》（Jerusalem Talmud，简称Yerushalami），二是篇幅较多且较为著名的《巴比伦塔木德》（Babylonian Talmud，简称Bavli）。

国的命运，甚至到了公元第一世纪，依旧象征着破坏与邪恶。《启示录》第 17 章第 5 节引用这个象征，将巴比伦称为“淫妇之母”，同时宣称上帝的子民有一天将得以伸冤，战胜仇敌，犹如《启示录》第 18 章第 21 节记载的异象：“巴比伦大城也必这样猛力地被扔下去，决不能再见了。”我认为，“这”就是多数人厌恶巴比伦的原因，因为它在《圣经》中扮演负面的角色。

第五章

米吉多

每种文化都有自己的大决战。在公元头两个世纪中，犹太基督徒不用任何解释，便“深切”知道哈米吉多顿代表的含义。《启示录》提到米吉多，表示即便世事艰难（基督徒在尘世经历各种迫害与绝望），当“神全能者的大日”降临时，哈米吉多顿将会爆发一场“终极”的善恶之战，而邪不胜正，上帝将击垮撒旦势力，创造美好的新天地。其实，《新约》的主调就是神将战胜死亡，而米吉多便象征那场伟大的胜利，激励早期的基督徒撰写本身的信仰传统，让所有信徒持续信仰上帝，直到他再度降临。

哈米吉多顿（Armageddon），信徒只要想到这个词，就会心生恐惧。或者你会立即想到在电影《世界末日》（Armageddon）中，布鲁斯·威利（Bruce Willis）与史提夫·布什米（Steve Buscemi）引爆一颗冲向地球小行星的画面。许多人或许将它想象成世界末日的正邪大战，但《启示录》第 16 章第 16 节提到的哈米吉多顿却"真实"存在。

其希腊文名称 ‘Αρμαγεδών（亦即 Armageddon）来自两个希伯来文字的翻译：一是 har，意指"山脉"；二是 Megiddo（米吉多），位于以色列北部的战略要冲，控制了南北向与东西向的交通。希腊字 ‘Αρμαγεδών 译成拉丁文时，开头的"有气号"（rough breathing mark）经常被删除，变成 Armageddon 而非 Harmageddon。

米吉多对创造《圣经》至关重要，因为它是"神全能者的大日"（the great day of God the Almighty）聚集争战之地（《启示录》第 16 章第 14 节），这场末世之战吹响审判日（Day of Judgment）的序曲，详细透露《圣经》作者撰写经文时所处的文化背景。米吉多被视为世界末日之地，因为在以色列的历史上，它早已处在军事冲突的核心。

战场虽小却意义重大

我第一次站在米吉多土墩遗址（Tel Megiddo）上方放眼米吉多平原（Plain of Megiddo）时，首先想到："全球军队若要在此进行末世大战，将士们可能会摩肩接踵、挤成一团。"从 1994 年到 2014 年，我的同事埃里克·克莱因（Eric Cline）一直在米吉多进行挖掘。他向我透露，米吉多闻名遐迩，不是因为这个古城或其下平原多么壮阔，而是它位于战略之地，属于以色列北部南北与东西交汇的要冲。

米吉多曾遭受多次战火洗礼，乃是文物丰富的遗址。除了五千多年来的战争所遗留下的物件，米吉多更埋藏可追溯至公元前七千年的古文物。（比大卫与所罗门王更早六千年！）这座著名土墩比周边地区高二百英尺（约 61 米），等你爬上陡坡接近顶部之时，一座巨型的六室城门（six-chambered gate）与楼塔便跃然眼前，让你尚未踏进古城，便震慑到无法言语。试想，古代身披盔甲的士兵若想占领米吉多，光把攻城武器推上陡坡便要耗费多大的力气。即便米吉多坚不可摧、难以攻克，考古学家至少在本遗址挖掘出 20 个生活层（亦即堆栈而建的“城市”），这表示这个古城有重要的战略价值，自古便是兵家必争之地。总之，米吉多闻名于世，乃是因为它具备象征意义，以致在古代饱受战争蹂躏。

哈米吉多顿的考古发掘

米吉多已经有许多重大的考古发现，足以撰写数不清的专著。在米吉多出土的古物中，最著名的莫过于大约建于公元前 2700 年的圆形迦南祭坛，该祭坛一直被使用到大约公元前 1900 年。早在以色列人定居于迦南之前，迦南便存在“邱坛”（希伯来文 bamot“译注：bamah 的复数”，原意是“高处”“high places”）与祭坛。耶和华吩咐摩西命令时说道：“他们的祭坛你们却要拆毁，他们的柱像你们要打碎，他们的亚舍拉你们要砍下。”（《出埃及记》第 34 章第 13 节），而《出埃及记》的作者们可能当时想到的就是这些祭坛与敬拜中心。此外，《申命记》第 12 章 2～4 节记载：

> 你们要把你们赶走的列国的人事奉神的地方一毁坏，无论是在高山上，在山冈上，或是在各青翠树下，都要完全毁坏；也要拆毁他们的祭坛，打碎他们的神柱；用火焚烧他们的亚舍拉，砍倒他们的神的雕像，并且把他们的名字从这地方除灭。你们不可像他们那样事奉耶和华你的神。

米吉多土墩遗址的六室城门

米吉多的入口有一个醒目的六室城门，通常称为所罗门式城门（Solomonic Gate），因为拉吉、基色与夏瑣等遗址也出土过类似城门。考古学家认为，这些建筑物可追溯至公元前第十世纪，亦即所罗门王在位期间。这些城门极为重要，可以整合前方的两个巨型楼塔，楼塔上通常会配置弓箭手，而士兵可以驻扎于城门内的房室，手握长矛、长枪与刀剑，迎战攻至城门口的敌军。因此，六室城门就是整合城门与精心规划的攻击夹道（gauntlet），敌军必须在夹道与守军厮杀，杀出一条血路之后才能占领城市。

米吉多出土的象牙令人印象深刻，证明早在古代以色列人立国之前，这个古城就非常富庶，地位也非常重要。这些象牙饰物是从米吉多公元前第十三到十二世纪宫殿的宝库挖掘出来的[1]，包含墙壁的装饰匾额、座椅或宝座的镶嵌扶手，以及用来玩古代“58洞游戏”（Game of 58 Holes）与“20格游戏”（Game of 20 Squares）的图板，这些图板游戏类似于古代埃及的“塞尼特”（senet；西洋双陆

1 请参阅：Loud, *Megiddo Ivories*。

米吉多出土的象牙家具镶嵌图案，描绘某位国王端坐于宝座，受割礼的赤裸闪族囚犯走在前方。本图片由以色列博物馆提供。

研究生卡尔·斯特利下到米吉多土墩遗址的地下水道系统。

棋的前身）。[2]

此外，米吉多有大型的地下水道系统，这或许是它最令人印象深刻的工程成就。米吉多会遭遇一个问题：它是位于巨型土墩上方的大城市，其主要水源来自一个洞穴，里头暗藏一条流向土墩西南方的泉水，但这个洞穴却位于城墙之外。万一米吉多被敌人围困，城内便无水可用，如此必败无疑。有鉴于此，米吉多居民便兴建巨大的地底水道系统，将泉水引进城内，免去出城取水的麻烦。工程师从土墩遗址顶部，向下挖一个 80 英尺（约 24.384 米）深的竖井，竖井一直通到基岩（如今，这个竖井内部架设钢制楼梯与扶手，让人可下降到土墩阴暗潮湿的底部）。

工程师同时用巨石将泉水洞穴的出口封起来，免得敌军发现洞穴而破坏供水系统。然后，他们在竖井底部挖了一个 230 英尺（约 70.1 米）长的隧道，使其通向泉水的源头。工程师后来翻修隧道，使其稍微向土墩中心下斜，这样泉水便能汩汩流进隧道，随着重力牵引流向竖井底部。如此一来，米吉多居民要煮饭时，便不用下到竖井底部（如今楼梯有 187 阶）或者出城去取水，只要用绳子绑住水罐，将其下降到竖井底部便能汲取泉水。

米吉多的众多战役

米吉多出土丰富的考古文物，而且有宏伟的工程设施，表示它的历史错综复杂。自古以来，这个古城不仅是文化中心，也是诸多战事爆发之处。如同前述，《新约》的《启示录》提到过米吉多，使其名闻遐迩；根据经文记载，“神全能者的大日”末世之战将于哈米吉多顿登场。自古以来，这块土地不断改朝换代，从昔日的迦南、以色列、犹大直到如今的巴勒斯坦，每项战役若非在米吉多发生，便是在其邻近地区爆发，因为米吉多护守耶斯列（Yizre‘’el/Jezreel）山谷，这条天然通道连接“沿海大道”（Via Maris）通往地中海的内陆路线，战略地位重要，

2 若想查看其中一种图板游戏，请前往芝加哥大学（University of Chicago）东方学院博物馆（Oriental Institute Museum）的巴勒斯坦在线珍藏：https://oi.uchicago.edu/collections/ highlights/highlights-collectionpalestine。

备受各方觊觎。耶斯列山谷位于欧亚非三大洲交会点，在古代极为重要，只要控制米吉多，便能掌控埃及、欧洲与美索不达米亚之间的贸易路线。[3]这些贸易路线倍受觊觎，古人为争夺它们而掀起许多重大战役，改变了圣地（Holy Land）历史，让米吉多成为著名的战场。

过去4000年来，米吉多及其邻近地区爆发许多战役，决定了当地、区域与国家的疆域。公元前1479年，古埃及法老图特摩斯三世（Tuthmoses III）与迦南诸王联军在米吉多对峙。联军统帅是加低斯（Qadesh；现今叙利亚的西部，邻近黎巴嫩的边境）国王，米吉多国王也加入联军行列。埃及最终战胜，而该国北部卡纳克（Karnak）阿蒙拉大神庙（Temple of Amun-Re）墙壁上的象形文字记载埃及的战功。以色列人定居于迦南之前，米吉多发生过许多战役，其中最著名且被翔实记载的，莫过于这场战役。

以色列人在米吉多参与的战争

以色列人立国之后，参与了许多米吉多的战役，《士师记》4～5章记载了其中一场战争：希伯来女先知底波拉（Deborah）叫人从拿弗他利（Naftali）部落的基低斯（Qedesh）召来亚比挪庵（’Abino‘am）的儿子巴拉（Baraq），两人连手对付夏琐王耶宾（Yabin）。这个故事讲述一位女人如何带领以色列人打胜仗，即便她“先前”警告过以色列的领袖：“你这次行程就没有光荣，因为耶和华要把西西拉（Sisera）交在一个妇人手里。”（第4章第9节）

这场战役包含我最喜欢的剧中剧，讲述另一位女主角雅亿（Ya‘el）引诱耶宾王军队统领西西拉进入她的帐篷，然后使其沉睡。（经文没有说雅亿性诱惑西西拉，因此我才会说“令人费解”。然而，拜托！她如果没有色诱，如何能引敌军将领入账，使其进入梦乡呢？）当然，雅亿给西西拉喝了一些奶水（各位不妨翻阅《士师记》第4章第19节）并哄他入睡之后，便起身拿起旁边的锤子，把一根帐篷的橛子钉在他的太阳穴，一直钉入地里（读者不妨在此天马行空，幻想当时发生的事）。《圣经》会描写女性运用上帝赐予的工具去达成目标，譬如以斯帖（Esther）、他玛（Tamar）、利百加（Rebecca）与路得（Ruth）。底波拉与雅亿也运

---

3 若想知道发生于哈米吉多顿的战争，请参阅：Cline, *The Battles of Armageddon*。

用本身拥有的资源带领以色列人赢得胜利，分别是预言与卧室里的锤子。

米吉多的另一场重大战役爆发于公元前922年，当时法老舍顺克一世（Hedjkheperre Setepenre Shoshenq I；统治期间：公元前943年～公元前922年）挥军进入圣地。埃及卡纳克阿蒙拉大神庙内的东南隅有布巴斯提特大门（Bubastite Portal gate），门上刻写的文字足以证明这场战事。多数学者认为，舍顺克法老就是《列王纪上》第14章25～28节提到的示撒（Shishak）法老。

第25节如此记载："罗波安王第五年，埃及王示撒上来攻打耶路撒冷。"考古学家至今仍在辩论，到底舍顺克是否"确实"北上攻打过耶路撒冷并劫掠圣殿，或者只是绕过耶路撒冷，挥军进攻圣城西边与北边的城市。[4]学者之所以争论不休，是因为根据卡纳克神庙墙壁篆刻的文字，米吉多与其他战略地位重要的城市同被列为舍顺克法老占领的城市，耶路撒冷"并未"名列其中。唯一提到舍顺克法老进攻圣城的文献只有前述经文以及《历代志下》第12章2～12节雷同的经文。[5]

我们"确实"知道舍顺克法老在米吉多打过仗，不仅卡纳克碑文可以佐证，米吉多出土的一块残缺石碑也能证明。[6]舍顺克有没有攻打耶路撒冷，铁定还会争论不休，但他确实在米吉多征战过，这点毋庸置疑，因为米吉多具备重要的战略地位，舍顺克法老必须确保埃及的进出口贸易能够顺畅。

据说以色列的军事英雄基甸（Gid'on/Gideon）也曾在耶斯列山谷对抗过米甸人（Midianite）与亚玛力人（'Amaleqite）。《士师记》第6章第33节记载："那时，米甸人、亚玛力人和东方人，都聚集起来，过了河，在耶斯列平原安营。"米吉多再度成为古代以色列为了维护经济与政治利益而与外邦征战之地。《士师记》第7章讲述了一个著名的故事，耶和华与基甸（该处经文称其为耶路·巴力

---

4 请参阅：Levin, "Did Pharaoh Sheshonq Attack Jerusalem?"。

5 值得一提的是，当《历代志下》第12章2～12节重复这段故事时，第4节补充说道："他攻取了犹大境内的设防城，然后来到耶路撒冷。"因此，《历代志》扩展了舍顺克法老的战事规模，可能是要更贴切地指出舍顺克原本"没有"想攻打耶路撒冷，后来才决定进攻圣城，然后劫掠圣殿与王宫的宝物。

6 我的同事埃里克·克莱因说道："米吉多残缺石碑是一小块石头，上头刻有舍顺克一世（Hedjkheperre Setepenre Shoshenq I）的第二个名字（nomen）与第一个名字（prenomen）（亦即舍顺克名字的前两个字）。残缺石碑原本属于一个更大的石碑，出土于米吉多的非层岩（unstratified）遗址。许多早期学者认为，米吉多残缺石碑足以证明舍顺克确实占领过这个古城。以此推论，埃及卡纳克神庙碑文列出的舍顺克攻占的城市名单确实无误。"请参阅：Cline, "Review of *The Campaign of Pharaoh Shoshenq I into Palestine*," 131。

“Yerubba‘al”）争论，说基甸拥有“过多”士兵，于是便让基甸及其兵卒经历一连串的试炼，将原本的 22000 人减成只剩 300 人（这并非斯巴达三百壮士）。以色列凭着这 300 人，就击败了米甸人与亚玛力人。

话虽如此，以色列并非在米吉多百战百胜。据说它的首任国王扫罗（Saul）就战死在米吉多附近。

> 第二天，非利士人来剥那些被杀的人的衣物的时候，发现扫罗和他的三个儿子都倒毙在基利波（Gilboa）山上，就砍下他的头，解下他的兵器，又派人到非利士地的各处，去向他们的偶像的庙和人民报信。他们把扫罗的兵器放在亚斯他录（Astarte）的庙里，又把他的尸体钉在伯·珊（Beth-shan）的城墙上。(《塞缪尔记上》第 31 章 8～10 节

耶斯列山谷的最东就是基利波山。扫罗及其子约拿单（Jonathan)、亚比拿达（’Abinadab）与麦基舒亚（Malki-shu‘a）皆死在此地(《塞缪尔记上》第 31 章第 2 节)。即使你将扫罗之死诠释为预言的实现，要让大卫不必杀害扫罗便能作以色列王，扫罗战死于耶斯列山谷也足以证明以色列的重要战役都发生在米吉多。

其实，米吉多是重要战场的观点如滚雪球般不断扩展。以色列王约兰（Jehoram）的将军耶户（Jehu’）背叛，在耶斯列山谷射死约兰，取代他成为以色列王(《列王纪下》第 8 章第 28 节到第 9 章第 24 节)。然后，篡位的耶户又命人杀犹大王亚哈谢（’Aḥazyah/Aḥaziah)，受伤的亚哈谢逃到米吉多，便死在那里（第 9 章第 27 节)。后来，耶户前往米吉多附近的耶斯列（Jezreel)，然后命人将皇后耶洗别（’Izebel/Jezebel）从皇宫的窗户扔下去，让马匹践踏她的尸身（第 9 章 30～33 节)。米吉多因为过往的血腥历史与重要的战略地位而名闻遐迩，从大约公元前 745～公元前727 年，它成为亚述撒玛利亚省的行政中心，接受亚述王提提格拉特帕拉沙尔三世（Tiglath-pileser III）的管辖。

《圣经》记载的最后一次米吉多战役位于《列王纪下》第 23 章 29～30 节（未经周密考虑便添加的经文)，经文指出“对上帝忠实的”约西亚王死于该地，此乃确立了米吉多是所有重要战役的发生之地。然而，《历代志下》第 35 章 20～24 节又重复了这段故事，而且说得更为详细（从神学的观点增添解释)。据

说在公元前 609 年，约西亚王与埃及法老尼哥二世（Neko II）在米吉多打仗，结果被《圣经》誉为犹大最后一位伟大国王的约西亚便战死于此。

《启示录》的米吉多

从古至今，米吉多下方的山谷发生过无数战役，因此《乔舒亚记》《士师记》《塞缪尔记》《列王纪》与《历代志》才会纷纷记载相关战事。以此推估，米吉多在《新约》的《启示录》占有一席之地便不令人意外了。无怪乎，拔摩岛（Patmos）约翰想记录他见到的善恶大决战异象时，会选择 Har Megiddo（译注：这两字合起来即为“哈米吉多顿”），藉此象征终极的毁灭之战：污灵就把众王聚集在一个地方，希伯来话叫哈米吉多顿。(《启示录》第 16 章第 16 节）只要我们了解 Har Megiddo 足以象征终极的毁灭之战，读到第六位天使的“大怒的碗”（bowl of wrath）时，就会发现“普天下众王”在“神全能者的大日”聚集在“哈米吉多顿”作战(《启示录》第 16 章 12～16 节）这件事“太过于”合理。

每种文化都有自己的大决战。对希腊人而言，大决战就是温泉关战役（Thermopylae）。在波希战争（Greco-Persian Wars）期间，希腊的列奥尼达王（King Leonidas）率领三百名斯巴达将士做最后一搏。这场圣战被拍成电影《300 壮士：斯巴达的逆袭》（300）而出名，该电影由查克·史奈德（Zack Snyder）执导，主角是我的谣传分身杰拉德·巴特勒（Gerard Butler）。对拉科塔人（Lakota）、北方夏安族人（northern Cheyenne）与阿拉帕霍人（Arapaho）等北美原住民而言，大决战就是小大角战役（Battle of the Little Bighorn），亦即俗称的卡士达最后据点（Custer's Last Stand）。在 1876 年大苏族战争（Great Sioux War）期间，北美原住民联军在蒙大拿州东部地区击溃美军第七骑兵团（U.S. 7th Cavalry Regiment）。对得克萨斯革命（Texas Revolution）的美国殖民者而言，大决战就暗示着“勿忘阿拉摩”（Remember the Alamo）以及 1836 年在阿拉摩发生的战斗，当时墨西哥军队包围阿拉莫教堂，杀死了大约 200 位得克萨斯士兵。当然，拿破仑·波拿巴（Napoléon Bonaparte）有 1815 年的滑铁卢（Waterloo）战役，当时第七次反法同盟军队彻底击溃由他领导的法国军队，终结了拿破仑“法国皇帝”的统治生涯。

从古至今，各种族群将象征性的名称，譬如温泉关、小大角、阿拉莫或滑铁卢，视为大战争的代名词，古代犹太人也以同等眼光看待哈米吉多顿。即便现代的战争都在延续米吉多的传说，让人将其视为战场之母。1918 年，英国陆军元帅埃德蒙·亨利·海因曼·艾伦比（Edmund Henry Hynman Allenby）在率领英国埃及远征军（Egyptian Expeditionary Force，简称 EEF）在西奈与巴勒斯坦战役（Sinai and Palestine Campaign）中取得丰硕战果，被封为“米吉多第一子爵艾伦比”（1st Viscount Allenby of Megiddo）。各位想想看，埃德蒙征服了耶路撒冷，却想要“米吉多之主”（Lord of Megiddo）的封号，正因为他是个军人，而米吉多是“真正”决一死战的沙场。

米吉多的文化遗产

在公元头两个世纪中，犹太基督徒不用任何解释，便“深切”知道哈米吉多顿代表的含义。《启示录》提到米吉多，表示即便世事艰难（基督徒在尘世经历各种迫害与绝望），当“神全能者的大日”降临时，哈米吉多顿将会爆发一场“终极”的善恶之战，而邪不胜正，上帝将击垮撒旦势力，创造美好的新天地。其实，《新约》的主调就是神将战胜死亡，而米吉多便象征那场伟大的胜利，激励早期的基督徒撰写本身的信仰传统，让所有信徒持续信仰上帝，直到他再度降临。

第六章

雅典

没有希腊化，就没有犹太教。所谓希腊化，是指希腊哲学、宗教、语言、修辞学与文化对犹太教的影响。雅典是希腊哲学、宗教思想、语言与文化的中心，而亚历山大大帝征服四方之后，便将它们传扬到圣地。这种希腊文化后来便融入第二圣殿时期的犹太教，提升并转变犹太人与后期基督徒的信仰，使其塑造西方世界。保罗利用希腊与罗马哲学的语言来重塑犹太教与基督教信息，使其更容易让外邦人接受。可以说，若没有雅典与希腊化，犹太教与基督教根本无法跨越罗马帝国的巴勒斯坦而传扬到外邦。

没有希腊化，就没有犹太教。所谓希腊化，是指希腊哲学、宗教、语言、修辞学与文化对犹太教的影响。希腊的宗教与思想连同美索不达米亚、迦南与波斯的宗教传统，将犹太教形塑成现今的样貌。希腊思想根植于雅典（Athens），因此这个古城对《圣经》极为重要，其思想与文化随着亚历山大大帝（Alexander the Great）的希腊帝国传扬四方，远至地中海东岸（包含圣地），随后激发哲学思潮，改变了犹太教与后期基督教的神学，使其传播至西方世界的各个角落。

在希腊化时期（Hellenistic period；公元前 332 年～公元前167 年），希腊哲学与宗教思想深切影响犹太教，使其分裂成各种教派，同时扩展传统观点，从重视“现世”的义（righteousness）到纳入来世的永生（eternal life）。由于基督教融合希腊哲学与宗教思想，兴起之后很快就被其他西方文化（主要是罗马）接纳，因为这些文化极易接受根植于雅典的思想体系。总之，雅典改变了犹太人与基督徒的宗教，深切地影响了他们信奉的《圣经》。

登上卫城

雅典卫城其实并不古老，它因为改善工程而变新颖了。雅典素以古建筑群闻名，曾为举办 2004 年夏季奥运会而大兴土木改善基础设施。一年冬季，我与老婆萝丝琳（Roslyn）前往当地旅游，在寒风刺骨的早晨行经 2009 年新开幕的卫城博物馆（Acropolis Museum），也是著名的埃尔金斯大理石雕（Elgin Marbles）应该被展示的地方。1801 年～1805 年，英国第七代埃尔金伯爵（Seventh Earl of Elgin）托马斯·布鲁斯（Thomas Bruce）从帕特农神庙（Parthenon）与其他卫城

矗立于雅典卫城的帕特农神庙。

建筑掠夺了精美石雕。如果大英博物馆愿意物归原主，这些艺术品将收藏于卫城博物馆。[1]

沿着蜿蜒的山路登上卫城时，我不禁想象希腊的古典文学、历史、哲学与宗教如何型塑了所谓的"西方文化"，而"这一切"皆起源于笼罩在雅典卫城阴影的此处。古希腊人藉由尘世经验，积累了想法与反思，创建了卫城的众神庙，以此汲取灵感与启发智慧而促成了今日的人类文明。如今，人们不断辩论上帝（或诸神）的本质与存在、命运与自由意志、道德、政治、经济与情感，古希腊人早已在此设想、讨论、争辩这些议题，并且将它们记录下来。我与爱妻登上的卫城，象征人类文明与智力发展的顶峰。

我们到达山顶时转身俯瞰雅典城，它坐落于爱琴海与我们之间，市容杂乱无序，不断向外扩展。我惊呼道："异教徒（pagan）的世界'真是'太神奇了，让我们感受'良多'！"

1 埃尔金大理石雕收藏于伦敦大英博物馆的杜维恩美术馆（Duveen Gallery）18 号展览室（Room 18）。这些石雕包含帕特农神庙的雕带（frieze）以及从伊瑞克提翁神殿、山门与雅典娜胜利神庙等其他卫城建筑掠夺的古物。

萝丝琳往后退一大步，仰望天际，等待闪电来袭。

我俯视卫城山脚，看到一块裸露的岩石，名为亚略巴古（Areopagus），亦即“阿瑞斯的岩石”（the rock of Ares）。我想起《使徒行传》第 17 章记载使徒保罗（Paul）曾在那里讲道。我凭着意志力抵抗刺骨的寒风时，感觉自己甚为渺小，却又感到一股莫名的自豪。我感到渺小，因为《传道书》第 1 章第 9 节说得有理：日光之下“并无”新事。我的每一个创新的、原创的和创造性的思维，前人早已发想过，我不过是最近才想到这个创意的人。我感到自豪，因为自古以来，许多人前仆后继，站在那块突出的岩石上汲取灵感，胸怀壮志，闯荡出一番事迹，而我就是最近从那里找到自己历史定位的人。很奇怪，那的确是一种“宗教”体验（我不是说自己身处异教神祇圣殿的阴影而有此感触）。当我体验雅典的历史，便融入于滚滚的历史洪流，这足以改变我的人生，激励我发挥才智、勇敢向前并大展鸿图。旅游足以激励人心，而这正是我选择目前职业的原因。

雅典的历史

雅典以雅典娜（Athena）来命名，这位处女神集智慧、勇气、力量、正义、战略（迥异于其好战、嗜杀与血腥的兄弟阿瑞斯）、数学、艺术、工艺与雅典文化于一身。据说雅典娜住在希腊最高峰奥林帕斯山顶。本书第三章指出，乌加里特众神居住于撒分山之巅；同理，传闻希腊诸神也居住于奥林帕斯山顶，受众神之王宙斯的监督。最重要的是，雅典娜是雅典的守护神“以及”智慧、律法与正义的女神，于是也被奉为哲学守护神。

公元前 449 年，希腊重创波斯军队，双方同意媾和，至此希波战争结束，雅典成为爱琴海地区霸主，达到了政治与文化的顶峰。在此期间，某些有影响力的著名希腊知识分子定居于雅典，包括三大悲剧家埃斯库罗斯（Aeschylus；公元前 525～公元前456 年）、欧里庇得斯（Euripides；公元前 480 年～公元前406 年）与索福克勒斯（Sophocles；公元前 497/6 年～公元前406/5 年）；喜剧作家阿里斯托芬（Aristophanes；公元前 446 年～公元前386 年）；历史学家希罗多德（Herodotus；公元前 484 年～公元前425 年）、修昔底德（Thucydides；公元前

460 年～公元前400 年）与色诺芬（Xenophon；公元前 430 年～公元前354 年）；“西方医学之父”希波克拉底（Hippocrates；公元前 460 年～公元前370 年；其他共同撰写《希波克拉底全集》“Hippocratic corpus”的相关人士）以及哲学家苏格拉底（Socrates；公元前 470/469 年～公元前399 年）、柏拉图（Plato；公元前428/423 年～公元前348/347 年）与亚里士多德（Aristotle；公元前 384 年～公元前322 年）。

雅典卫城也是在这段期间被重建，其上有著名的帕特农神庙与其他主要神庙，包括山门（Propylaia）、雅典娜胜利女神庙（Temple of Athena Nike；亦称无翼胜利女神庙）与伊瑞克提翁神殿（Erechtheion）。此外，菲狄亚斯（Phidias）雕刻的 30 英尺（约 9.144 米）高巨型铜制柏洛马考士雅典娜（Athena Promachos，表示“前线征战的雅典娜”“Athena who fights in the front line”）也矗立其间。

雅典在这段期间统治四方而受人憎恨。在希腊经历一连串内战与其他冲突之后，马其顿国王腓力二世（Philip II of Macedon）击溃（包括雅典在内的）希腊城邦同盟军，终结雅典在此区的统治地位。后来，腓力二世的儿子亚历山大大帝将希腊思想与文学传扬至近东地区，让当时塑造《圣经》的诸城接受希腊化的洗礼。

亚历山大的征战及其继业者

希腊文化能影响《圣经》，全因为一个人：亚历山大大帝。他征服过地中海与近东地区，将希腊文化传扬到耶路撒冷，当时圣城是波斯耶胡德省（Yehud；后来变成犹大省“Judea”）的权力中心。[2] 亚历山大在公元前 333 年与公元前 331 年分别于伊苏斯（Issus，邻近今日土耳其城市伊斯肯德伦“Iskenderun”）战役与高加米拉（Gaugamela，邻近尼尼微）战役中取得胜利，因而掌控了地中海东岸地区。然而，亚历山大在公元前 323 年突然驾崩，其帝国随后被他的将领、亲人

2 波斯耶胡德省首府从原本的伯特利（Beth’el）转换到米斯巴（Miṣpah，很可能是现今纳斯贝土墩遗址“Tel en-Naṣbeh”），最后转移到耶路撒冷。

与密友瓜分，这些人统称为“继业者”（Diadochoi/successors）。

在继业者之中，有两位亚历山大部将影响《圣经》甚巨：托勒密一世（Ptolemy I Soter；号称“救主”“Savior”，公元 367 年～公元前283 年）与塞琉古一世（Seleucus I Nicator；别号“胜利者”“Victor”，公元前 358 年～公元前281 年）。托勒密一世掌控埃及，在公元前 304 年自封为法老，而托勒密王朝则从埃及掌控耶路撒冷与犹大。在托勒密人的统治下，耶路撒冷能实际管理本身事务，可以选择大祭司，同时享有较多的自主权。

然而，公元前 199 年爆发巴尼亚战役（Battle of Panium；《圣经》将巴尼亚称为该撒利亚腓立比“Caesarea Philippi”，亦即现今的班尼亚斯“Banias”），掌控叙利亚的塞琉古帝国击败托勒密帝国，夺取了地中海东岸地区，对耶路撒冷严格实施希腊化政策。在安提亚古四世（Antiochus IV Epiphanes；号称“神显者”“God Manifest”，公元前 215 年～公元前164 年）的统治下，信仰虔诚的保守犹太人无法忍受严苛的希腊化政策，因为他不仅将希腊思想、宗教、哲学与语言灌输给犹太人，而且禁止犹太人进行许多传统的宗教仪式，如献祭与割礼。安提亚古四世的做法导致马加比起义（Maccabean Revolt），保守的犹太人在祭司玛他提亚（Mattathias）、儿子犹大·马加比（Judah Maccabee）、马加比的兄弟与后裔的领导之下，推翻了塞琉古的统治者，建立了哈希芒王朝（Hasmonean Dynasty），让犹太人实施自治约 100 年。

下个章节将讨论希腊化的结果与重要性。提醒各位读者，《希伯来圣经》中有一部书直接记载着希腊人统治过地中海东岸，尤其提到安提亚古四世的所做所为。这本书就是《但以理书》，该书很神奇，透过异象依序预言希腊塞琉古人征服耶路撒冷。

《但以理书》的希腊化

《但以理书》第 8 章以隐喻去启示未来灾难，透过异象描述亚历山大大帝的兴衰以及安提亚古四世的兴起。启示是一种写作风格，纳入生动疯狂却充满意涵的异象，通常以此预示末世景况，其实却评论作者的“现状”与未来的希望。

《但以理书》第 8 章后半段很奇特，因为其中的预言是设定于过去，表示作者在“预言”似乎已发生之事。该章以隐讳手法预示安提亚古四世的兴起，以及他统治耶路撒冷时采取的高压政策。

让我们检视几节经文，看看作者如何描述。《但以理书》第 8 章 1～2 节讲述耶路撒冷与大近东地区的历史，从新巴比伦帝国讲到塞琉古国王安提亚古四世。然后，3～4 节描述双角公绵羊兴起（代表最初占统治地位的玛代人与后期征服玛代人的阿契美尼德帝国波斯人），以及它沿着新巴比伦人的肥沃月弯往西拓展，沿着底格里斯河和幼发拉底河向北拓展，以及向南征服迦南。

> 我举目观看，看见一只公绵羊，站在河边；它有两个角，两角都很高，但高低不一；那较高的角是较迟长出来的。我看见那公绵羊向西、向北、向南撞去，没有走兽能在它面前站立得住，也没有能拯救脱离它手的；它任意而行，狂妄自大。

5～8 节讨论一只独角公山羊的兴起与衰落，代表亚历山大大帝以及他征服象征玛代与波斯的两角绵羊（6～7 节）。在古代（以及在预示灾难的象征手法中），羊角代表权力。亚历山大大帝是单独兴起的征服者，因此《圣经》用一只独角兽来象征他。第 8 节提到亚历山大的死亡与“四个显眼的角”，以此象征瓜分帝国的继业者。

> 我正在思考的时候，忽然有一只公山羊从西而来，走遍全地，快得脚不沾尘；这山羊两眼之间有一个显眼的角。它走到我先前所看见站在河边、那有两个角的公绵羊那里去，愤怒地向公绵羊猛力冲去。我看见公山羊走近公绵羊，向它发怒，撞击它，折断它的两个角；公绵羊在它面前站立不住，它把公绵羊撞倒在地上，又用脚践踏它，没有能拯救公绵羊脱离它手的。这公山羊非常狂妄自大，但在它强盛的时候，那大角被折断了。在大角原来的地方，有四个显眼的角向天的四方长出来。

9～12 节描述“非常强大的小角”，代表安提亚古四世，预示他将压迫耶路撒冷，包括终止耶路撒冷的祭司职分与圣殿的献祭。

> 从这四个角中的一个角，又长出一个小角来，这小角向南、向东和向荣美之地，不断强大起来。它渐渐长大，高及天象，把一些天象和星星摔落在地上，用脚践踏。它狂妄自大，要高及天象之君；它除掉献给天象之君的常献祭，又拆毁他的圣所。因罪过的缘故，圣民（“圣民”和第 8 章第 10 节的“天象”原文是同一个字）连同常献的祭都交给它；它把真理丢在地上，任意而行，凡事顺利。

13～14 节补充说明安提亚古四世的统治时间：“这个关于除掉常献的祭，和引致毁坏的罪过，以及践踏圣所和圣民（“圣民”和第 8 章第 10 节的“天象”原文是同一个字）的异象，要到几时呢？”他对我说：要到 2300 个晚上和早晨，圣所才得洁净。”经文提到 2300 天（一天包含一个晚上和一个早晨），[3] 如果按照一年为 365 天来计算，大约是 6 年多；如果晚上和早上分开算，那就只有一半的日子。无论如何计算，这段时间暗示安提亚古四世实施政策的期间。[4]

因此，《但以理书》第 8 章记载安提亚古四世的兴起以及他对耶路撒冷的高压政策。安提亚古四世对圣城实施严厉的希腊化政策，将希腊思想传扬出去，而古代的以色列人也乐意接纳（而非全然拒绝）希腊文化。最明显的证据就是纳入《圣经》的希腊哲学。

影响《圣经》的希腊哲学

随着希腊化（特别是希腊思想）实行于犹太人居住之地，希腊哲学便影响了

3　请参阅《创世纪》第 1 章第 5 节：“有晚上，有早晨；这是第一日。”也请参阅《创世纪》第 1 章第 8、13、19、23 与 31 节。

4　安提亚古四世在公元前 175 年登基为塞琉古王，在公元前 170 年首次进攻埃及（其间大军穿越耶路撒冷）。他在公元前 167 年第二次攻击埃及，返回叙利亚的途中攻击耶路撒冷（包括“践踏”圣所；请参阅《但以理书》第 8 章第 13 节），最后于公元前 164 年驾崩。此处提到的 6 年，很可能指首度攻击埃及与安提亚古死亡的那段时期。

《旧约》与《新约》，这是无法避免的。检视希腊哲学如何影响《圣经》之前，应该先探讨《圣经》提到的哲学流派，或者教义曾出现于《圣经》的学派。

斯多葛主义（Stoicism）

斯多葛主义是古希腊哲学流派，由出生于基提翁（Citium）的哲学家芝诺（Zeno）于公元前第三世纪在雅典创立。斯多葛派人的特点在于不表达喜怒哀乐，因为愤怒、嫉妒与骄傲有害无益。

他们认为，思想错误才会衍生情绪，人要不受情绪控制，方能在道德与智慧上臻于完美。提到斯多葛派人，大家不妨想象《星舰迷航》（Star Trek）的斯波克（Spock）。然而，这个学派的人并非单调乏味，他们生活自律、谨守道德，从中追求快乐。著名的斯多葛派哲人包括政治家兼剧作家塞涅卡（Seneca the Younger；公元前 4 年～公元前 65 年）、爱比克泰德（Epictetus；公元 55～公元前135 年）与罗马皇帝马可·奥勒留（Marcus Aurelius；统治期间：公元 161～180 年）。《使徒行传》第 17 章第 18 节记载，使徒保罗曾经和斯多葛（译注：《圣经》译为“斯多亚”）学士争论。

犬儒主义（Cynicism）

犬儒主义是古希腊哲学流派，鼻祖为哲学家安提西尼（Antisthenes；公元前445 年～公元前365 年），他是苏格拉底（公元前 470/469 年～公元前399 年）的弟子之一。该派人士认为，人要追求道德，提倡天人合一，摒弃虚荣、名利、权力、社会传统、性爱、财富与个人资产的束缚。他们推崇“简约生活”，认为人只需要最基本的生存必需品即可。“犬儒”一词衍生自希腊语的“狗”（κύων；“犬”“canine”），因为这派人活得像狗：他们随地吃喝拉撒睡，喜欢在广场对人“吠叫”（宣扬理念）。

犬儒主义的代表人物是哲学家锡诺普的第欧根尼（Diogenes of Sinope；公元前 412/404 年～公元前323 年）。据说他住在雅典小巷里的一个大口陶瓷瓮（pithos）。某些学者认为，耶稣与保罗批评财富、权势、自傲并提倡简朴，或许是受犬儒主义的影响。

伊壁鸠鲁学派（Epicureanism）

伊壁鸠鲁学派是古希腊哲学流派，由伊壁鸠鲁（Epicurus；公元前341年～公元前270年）在公元前第四世纪末创立。伊壁鸠鲁认为，人生的理想是追求所谓的“快乐”（pleasure）。许多基督徒误以为，伊壁鸠鲁学派的快乐是“只追求快乐，不理会痛苦”的享乐主义，沉浸于性爱、暴饮暴食、酗酒颓废而且怯懦。然而，这是误解字面意义，事实上，伊壁鸠鲁学派将快乐定义为没有恐惧（心理压力）与痛苦（身体负担），提倡人若想追求快乐，最好要节俭、生活朴素，为了长远的好处而牺牲自我，以及毕生追求知识。[5]基督徒误解伊壁鸠鲁学派，背后的动机很可能是这个学派的人经常批判有神论的宗教信仰与迷信。伊壁鸠鲁学派的代表人物是罗马共和国诗人卢克莱修（Lucretius），其《物性论》（On the Nature of Things）是古代阐明伊壁鸠鲁哲学的名著。《使徒行传》第17章第18节指出，保罗曾与伊壁鸠鲁（译注：和合本《圣经》译为“以彼古罗”；新译本则译为“伊壁鸠鲁”）学士争论。

柏拉图主义（Platonism）

柏拉图主义牵涉历史上著名的古典哲学家柏拉图（Plato；公元前428/423年～公元前348/347年）。柏拉图在公元前387年创立自己的学院（译注：柏拉图学院），该学院乃是世界上最早的高等学府。柏拉图学院影响了西方思想、文化与科学，其影响力持续至今。柏拉图曾提出著名的理型论（theory of Forms），认为世上物体都有一个存在于更高境界的非物质理想“形式”，而人在尘世透过感官体验到的物体只是这些理想形式的影像。柏拉图用洞穴寓言（Allegory of the Cave）来解释这种二元理论，指出世人只能看到“真实”对象映像于洞穴（人居住之地）墙壁的影子，但这些对象存在于洞穴之外（表示它们存在于“形式”的世界）。后期的新柏拉图主义者将这类二元世界观纳入基督教，从中解释世界一

---

5 罗马帝国作家第欧根尼·拉尔修（Diogenes Laertius）编纂的《哲人言行录》（*Lives of Eminent Philosophers*）卷十。该卷探讨伊壁鸠鲁，其中131～132页收录他写给莫尼西斯（Menoeceus）的信件，文中明确指出他的哲学“不是饮酒无度与纵情狂欢、不是耽溺肉体性爱，更不是享受珍馐美馔来追求快乐”，“而是冷静推理、寻找选择与逃避的理由，以及摒弃令人心烦意乱的想法。”

分为二：其一是上帝居住的天堂，其二是凡人生活的尘世，而后者只是前者的影像（请参阅《哥林多前书》第 13 章第 12 节与《希伯来书》第 1 章第 3 节）。

新柏拉图主义（Neoplatonism）

柏拉图主义哲学家普罗提诺（Plotinus；204 年～270 年）在公元第三世纪替柏拉图主义加入神秘元素，创立了今日学者所谓的新柏拉图主义。除了称呼它是“神秘的柏拉图主义”，很难描述这种主义。普罗提诺宣称，现实之所以被创造与存在，完全是因为某种单一且难以言喻的未知原理，而他把这个原理称为“太一”（the One）。讽刺的是，新柏拉图主义者起初是反对基督教的。普罗提诺的学生波尔菲里（Porphyry）写过一本书，名叫《反对基督徒》（Against the Christians），乃是驳斥基督教的早期著作。[6]罗马帝国皇帝君士坦丁大帝（Constantine the Great；272 年～337 年）禁止该书流传，其后的东罗马帝国皇帝狄奥多西二世（Theodosius II；401 年～450 年）也分别在公元 435 年与 448 年下令烧毁所有仅存的《反对基督徒》一书。

然而，新柏拉图主义提倡所有事物皆有单一的上天起源，同时倡导二元世界观，因此基督徒很容易接受新柏拉图主义的变种形式。早期西方基督教神学家希波的奥古斯丁（St. Augustine of Hippo；354 年～430 年）便将新柏拉图主义的“太一”重新诠释为《约翰福音》第 1 章提到的“道”（logos）。从那时起，许多基督徒将柏拉图思想、新柏拉图主义与第二圣殿的犹太末日思想与基督教思想融合，创造出许多著名的基督教世界观，如属灵征战正发生于另一个界域，偶尔会影响居住于“尘世”的人。

《传道书》的希腊哲学

希腊化深入古代的犹太人世界，因此《圣经》难免受到希腊哲学的影响。在

6 我们只能从早期作者（多数是基督徒）为驳斥波尔菲里而引述《反对基督徒》才知道该书的存在。读者可前到以下网站去阅读摘要：http://www.tertullian.org/fathers/porphyry_against_christians_02_fragments.htm。

《希伯来圣经》中,《传道书》(Qohelet /Ecclesiastes)是最明显记载希腊哲学的例子。[7]学者一直认为,《传道书》纳入希腊哲学元素,包括犬儒主义、斯多葛主义与伊壁鸠鲁学派理想,提倡的哲思与《圣经》别处记载的神学理论不匹配。《传道书》从未将神称为耶和华,而且经常使用带有定冠词的"上帝"(the God;האלהים, ha-'elohim),以近乎客观的口吻称呼神。这种做法与该书抱持怀疑态度的论点不谋而合。

《传道书》开头的经文极为出名:"虚空的虚空(vanity),一切都是虚空。"其他英文版本将 vanity 翻译成 meaningless(毫无意义;新国际版"NIV")或 futility(徒劳;犹太出版协会版本"JPS")。乍看之下,《传道书》开头的前面 11 节内容与《圣经》的其他经文格格不入,以至于早期拉比在编纂米书拿(Mishnah;又译为密西拿,乃是犹太教"口传妥拉的首部书面经典)时,便在争论《传道书》是否属于上帝"启示"而该纳入正典![8]

《传道书》有许多反映犬儒主义与伊壁鸠鲁学派哲学观的经文。

> 我自己心里说:"至于世人,神要试验他们,使他们看见自己与牲畜无异。因为世人所遭遇的与牲畜所遭遇的,都是一样:这个怎样死,那个也怎样死,两者的气息都是一样,所以人并不胜于牲畜。一切都是虚空。大

---

7 Qohelet(קהלת)是 Ecclesiastes 的希伯来名称。它源于该书的第二个字,意指"老师"(teacher),字面的意思为"召集者或在聚会演讲之士"(one who convenes or addresses an assembly),因为 קהלת 源于希伯来字根 קהל(qhl),表示"集合"(to assemble)。英文字 Ecclesiastes 是 Qohelet 的希腊文翻译,由 ἐκ(ek,表示"出去""out")与 καλέω(kaleo¯,表示"呼叫、唤起""to call, call forth")组成,类似于表示"教会"(church)的希腊字 ἐκκλησία(ekkle¯sía,表示"被呼喊""called out")。

8 米书拿《论手》(Yadayim "Hands")第 3 章第 5 节写道:《雅歌》与《传道书》让手不洁。拉比犹大(Yehudah)说:《雅歌》让手不洁,但《传道书》是否如此,还尚待争论。拉比约西(Yose)说:《传道书》不会让手不洁,但《雅歌》是否如此,还尚待争论。拉比西蒙(Shimon)说:沙麦学院(Beit Shammai)对《传道书》(相对)最宽容看待,而希勒尔学院(Beit Hillel)则对《传道书》(相对)最严格看待。拉比西蒙·本·阿载(Shimon ben Azzai)说:当 72 位长者请拉比埃拉扎尔·本·阿扎里亚(Elazar ben Azaria)担任学院首座的那一天,我从他们口中得知一项传统,就是《雅歌》与《传道书》让手不洁。拉比阿齐瓦(Akiva)说:绝非如此!没有以色列人曾争论过《雅歌》让手不洁,因为全世界没有事物是崇高的,除了《雅歌》被赐予以色列的那一天。经文都是神圣的,而《雅歌》更是神圣中的神圣!如果有人确实争论过什么,他们只是在争论《传道书》。拉比阿齐瓦岳父的儿子拉比约哈南·本·乔舒亚(Yochanan ben Yehoshua)说:根据本·阿载的说法,他们确实争论过,因此下了结论。"让手不洁"是"正典的"(canonical)或"神圣的"(holy)委婉说法。犹太人为了表示尊重圣者,不会碰经文卷轴,而是在读经时拿著称为"手"(yad)的指示杆沿着经文移动。因此,《圣经》是神圣的,触碰经文便会出问题,而非正典的普通或"亵渎"经文则可以碰触,因为它们并非圣洁。

家都到一个地方去，都出于尘土，也都归回尘土。有谁知道人的灵是往上升，牲畜的魂是下降而入地呢？”因此我看人最好是在自己所做的事上自得其乐，因为这也是他的分。（第 3 章 18～22 节）

我赞叹那已死的人，胜过那还活着的人。那还没生下来的，就是还没看过日光之下所行的恶事的，比这两种人更有福。（第 4 章 2～3 节）

他们两者不是都归一个地方吗？（第 6 章第 6 节）[9]

《传道书》的神学似乎异于《希伯来圣经》别处经文的神学，许多学者因此认为它在批判《申命记》极力提倡的“自动贩卖机”（vending machine）神学：遵守上帝的律法，就会受到奖励；不守上帝的诫命，便会遭受惩罚。其实，这就是本书以及支持将《传道书》纳入正典的犹太领袖的高明之处。《希伯来圣经》的编纂者很聪明，了解在希腊化时期与第二圣殿后期，不同的犹太人有不同的经历。某些犹太人的经验已经超越流亡与波斯统治时期的《申命记》理想化神学，而各种希腊哲学学派的教导更能够表达他们的观点。因此，某些希腊化时期的犹太作者难免会将各种希腊哲学融入犹太教，以便更确切地表达当时犹太人所处的现实环境。犹太教值得赞许，它将各种传统纳入正典，没有因为某些书籍提倡的观点与少许宗教领袖定义的狭隘教条不合，就摒弃或烧毁这些书籍。然而，后期的教派却是这样做的（就是教会神父与早期基督教）。

《新约》的希腊哲学

受希腊影响的，不只有《希伯来圣经》。相信拿撒勒（Nazareth）的耶稣是弥赛亚的犹太教派（后称为“基督徒”）曾彻底接受希腊化洗礼，难怪《新约》处处透露希腊思想。

9 请参阅《传道书》第 2 章 15～17 节。

《新约》多处记载希腊神祇与冥界地名。它最常使用 Gehenna（地狱）[10] 来表示充满熊熊烈火的“地狱”[11]，但是还有两个希腊字也用来指这个烈焰不灭之地。第一个字是 Hades（希腊文：ᾅδης；黑帝斯），他是希腊冥王，掌管死人之地。[12] 第二个字是 Tartarus（希腊文：Τάρταρος，亦即塔尔塔罗斯，指地狱；请参阅《彼得后书》第 2 章第 4 节），这是位于冥王底下的凌虐深渊，专门用来惩罚最邪恶的罪犯，使其永世不得超生。在希腊神话中，有几位关在塔尔塔罗斯的著名人物，一是坦塔罗斯（Tantalus），他杀死儿子珀罗普斯（Pelops），然后把尸身做成一桌菜来款待众神。众神便惩罚他，命他站在池子中（不能喝池中水），头顶有一棵硕果累累的果树（不能吃树上的果实），因而衍生出 tantalize（引诱；撩拨）这个英文单词。二是西西弗（Sisyphus），他蒙骗死神，让死神被铐在地狱（塔尔塔罗斯）。他最终被判罚，要将大石头推上陡峭的高山，但石头快到顶时又会从其手中滑落，然后他又得重新推石头，永无止境地劳动。塔尔塔罗斯呈现这种悲惨世界，最能反映人们心中的地狱景象，无怪乎成为基督教让恶人永世受罚之地。

然而，希腊对基督教的影响并不仅限于地狱的概念。独立于身体之外的“灵魂”（soul；希腊文：ψυχή，指灵魂“psyche”）概念，就是希腊思想影响晚期犹太神学与后来基督教神学的结果。犹太教接受希腊化洗礼之前，希伯来字 nefesh（נפש）只是指活物，换句话说，在初期的《希伯来圣经》中，nefesh 指“生命”（life）或“活物 / 生者”（living），当活物死亡之后，它便会消失。[13] 根据《希伯来圣经》，人去逝后会前往“阴间”（she’ol；希伯来文：שאול），那里是活物死后

10 Gehenna（希腊文 γέεννα）是希伯来文欣嫩子谷（Valley of (Ben-)Hinnom；־בןגיאהנם，gai ben-hinom）的希腊化词语。欣嫩子谷从耶路撒冷西南方延伸至大卫之城（City of David）南方，在该处与汲沦谷（Kidron Valley）相交。迦南人与某些以色列人（《列王纪下》第 28 章第 3 节的亚哈斯；第 33 章第 6 节的玛拿西）在欣嫩子谷用火焚烧儿女，献给众神祇（《耶利米书》第 7 章第 31 节），其中包括摩洛（Molech;《耶利米书》第 32 章第 35 节）。此地后来被视为受诅咒之处（《耶利米书》第 19 章 2～6 节）。

11 《马太福音》第 5 章第 22 节与 29～30 节、第 10 章第 28 节、第 18 章第 9 节、第 23 章第 15 节与第 33 节；《马可福音》第 9 章第 43 节、第 45 节与第 47 节；《路加福音》第 12 章第 5 节；《雅各布书》第 3 章第 6 节。

12 《马太福音》第 11 章第 23 节、第 16 章第 18 节；《路加福音》第 10 章第 15 节、第 16 章第 23 节；《使徒行传》第 2 章第 27 节与第 31 节；《启示录》第 1 章第 18 节、第 6 章第 8 节、第 20 章 13～14 节。

13 请参阅《创世纪》第 1 章第 20、21、24 与 30 节，以及其他许多实例。请注意，nefesh 用来指“全部”有生命的动物，不仅是人类。根据《创世纪》第 9 章第 4 节，nefesh 等同于血，让活物拥有生命。因此，在初期的《希伯来圣经》中，nefesh 单纯指“活物”（living），后来才被人理解为希腊字“灵魂”（soul）的希伯来同义词。

的去处。[14]《希伯来圣经》没有记载死后生命的概念，这种概念一直到非常晚期才出现（譬如《但以理书》），而即便那时，经文描述的死后生命包含死里“复活”，并非超越不死灵魂。[15] 后来历经一段长期的希腊化洗礼，nefesh 这个词才等同于希腊的灵魂概念，[16] 而灵魂可超越身体，存在于人的实体生命之外，后期的基督教便采纳这种概念。

希腊对《新约》的影响并不局限于几个借用词与概念。《新约》引用了许多著名希腊作家的话语（通常没有指明出处）。保罗书信引述了许多希腊作家的言论，以此作为修辞手段来说服希腊听众，使其相信使徒保罗传讲的福音类似于希腊传奇哲学家们的伟大教诲。因此，保罗著述的内容大多源于古典哲学家的启发，或者直接引述他们的著作。《新约》是由“受启发之人”撰写，但启发源于何处，学者们至今仍争论不休。

保罗说他不喜欢哲学，反而喜欢基督信息的“愚拙”（请参阅《哥林多前书》第 1 章第 18 节）。这种看法迥异于许多犹太人的想法，那些人试图改造犹太的宗教与文学，使其接近希腊哲学，以便讨好罗马人，投其所好。犹太哲学家亚历山大的斐洛（Philo of Alexandria；公元前 25 年～公元 50 年）与犹太历史学家弗拉

---

14 《创世纪》第 3 章第 19 节指出，人是由尘土而出，“仍要归于尘土”。《传道书》第 3 章 19～20 节呼应这种死亡观点，第 3 章第 21 节（有谁知道人的灵是往上升，牲畜的魂是下降而入地呢？）向我们表明，当时人们在讨论死后生命的各种概念（或许是希腊人）。《创世纪》第 37 章第 35 节、《民数记》第 16 章第 30 节、《列王纪上》第 2 章第 6 节、《以赛亚书》第 14 章第 15 节与第 38 章第 10 节以及其他许多经文都曾提到阴间（She'ol）是“所有”人死后要去的地方。其实，《约伯记》第 14 章 10～14 节讲述《希伯来圣经》如何设想死后生命：人死了，就化为乌有；人一气绝就不在了。海洋中的水消失，江河枯竭干涸，人也是这样一躺下去，就不再起来，直到天都没有了还不醒过来，也不能从睡眠中被唤醒。但愿你把我藏在阴间，把我隐藏，直到你的怒气过去；愿你为我定一个期限，好纪念我。人若死了，怎能再活呢？根据当时盛行的世界观，阴间是位于地底，因此古代近东地区的人才把死人埋在坟墓或坑洞里，至今依旧如此行事。

15 举例来说，根据《塞缪尔记上》第 28 章的记载，扫罗（Saul）曾要求隐·多珥（‘En-Dor）能招魂的妇人去招唤已死的先知塞缪尔（招魂果真成功！），经文先提到妇人先看到一位“神灵”（希伯来文：'elohim）从“地里上来”（第 13 节），他不是无形体的灵魂，而是“身披外袍的老人”（第 14 节）。请读者注意，这不是超越灵魂的证据，而是死里复活的确证。许多相信死后生命的早期犹太人（与基督徒）便是如此幻想：死人从地底死里复活，依旧犹如生前模样，并非无形体的灵魂。也请参阅《但以理书》第 12 章第 2 节，那里记载一处希腊化的犹太晚期经文：必有许多睡在尘土中的人醒过来。这里指的是（义人与恶人的）“死里复活”，不是死后便与身体分离的无形体灵魂。

16 有人指出，犹太人流亡巴比伦时，这种灵魂可以与身体分离（尤其死后）的二元论观念可能是通过琐罗亚斯得（Zoroastrian）教信仰而传入犹太教。琐罗亚斯得教是当时波斯最普遍的宗教之一，而波斯又占领巴比伦并提供资金重建耶路撒冷圣殿，因此前述说法站得住脚。犹太人流亡巴比伦时，很可能受到琐罗亚斯得教的影响。

维奥·约瑟夫斯（Flavius Josephus；37 年～100 年）著书立说时便如此做。保罗在《哥林多前书》第 1 章 18～31 节谴责希腊“智慧”（wisdom），而《歌罗西书》第 2 章第 8 节强烈警告哲学的祸害：你们要谨慎，恐怕有人用他的理学和虚空的妄言，不照着基督，乃照人间的遗传和世上的小学，就把你们掳去。

无论保罗如何斥责希腊哲学（尤其希腊哲学与福音相抵触时），他仍引用希腊异教哲学家的话语，同时在讲道时运用古典的修辞。某些读者可能会感到诧异，但只要稍微举几个明显例子，便知保罗引述了希腊哲学。

保罗在《哥林多前书》第 15 章第 33 节说道：你们不要自欺，“滥交朋友是会败坏品德的。”许多学者认为，这句话出自于古希腊剧作家米南德（Menander；公元前 342～公元前290 年）的喜剧《泰阿斯》（Thaïs），而米南德很可能又在该剧中引述希腊悲剧大师欧里庇得斯（公元前 480年～公元前406 年）的话语。[17] 教会历史学家君士坦丁堡苏格拉底（Socrates of Constantinople；380 年～439 年）在其《教会史》（*Ecclesiastical History*）中把这句引言归给欧里庇得斯：“滥交朋友是会败坏品德的”这句话再度证明，保罗通晓欧里庇得斯的悲剧（第 3 卷第 16 章）。因此，保罗引用希腊人的言论，却没有指明作者是谁。[18]

《提多书》第 1 章第 12 节记载了一句有趣的经文。保罗（很可能是自称保罗的作者）写给监管克里特（Crete；译注：和合本译为革哩底）教会的提多（Titus），谈到某些人好煽动人群，但没有教导他所传讲的道。作者告诉提多要如何分辨欺哄的导师，说道：有一个克里特本地的先知说过：“克里特人是常常说谎的，是恶兽，好吃懒作。”作者在此处承认自己引述某位不知名的“先知”，而根据君士坦丁堡苏格拉底的说法，这位先知是古希腊克里特岛诗人兼预言家埃庇米尼得斯（Epimenides of Knossos）。[19] 希腊诗人与学者卡利马科斯（Callimachus

17 举例而言，埃德蒙兹（Edmonds）将这个格言归于喜剧诗人米南德在《泰阿斯》（*Fragments of Attic Comedy*, 627）的话语。埃德蒙兹在脚注中提出解释，认为这个格言“可能是米南德引述欧里庇得斯的话语。它是某选集中四行悲剧格律的最后一行，该选集已成断编残简，记载于一张公元前第三世纪的莎草纸上。”

18 有趣的是，保罗在《哥林多前书》第 15 章第 33 节引述欧里庇得斯的话语之前，先在第 15 章第 32 节引述另一句话：我们就吃吃喝喝吧！因为明天要死了。这句话犹如伊壁鸠鲁学派的论点，但其实是直接引述《以赛亚书》第 22 章第 13 节。

19 君士坦丁堡苏格拉底在《教会史》第 3 卷第 16 章指出：他从何获得这句格言“克里特人是常常说谎的，是恶兽，好吃懒作”，难道不是细读克里特传授者埃庇米尼得斯的神谕（*Oracles*）吗？

of Cyrene；公元前 310/305 年～公元前 240 年）在亚历山大图书馆创作《宙斯颂》（Hymn to Zeus）时也引述了这句话。

> 阿，宙斯，有人说你生于伊达山；阿，宙斯，其他人说你生于阿迦特迪亚；阿，天帝，哪些人说谎呢？“克里特人常常说谎。”是的，我主，克里特人替你建造坟墓；但你未曾死亡，因你亘古长存。[20]

保罗也数次间接引述（若非直接引述）柏拉图的话语。他在《腓立比书》第1章第21节写道：因为我活着就是基督，我死了就有益处。柏拉图说过几乎相同的话：既然死亡是如此，那我说死了就有益处。[21] 保罗还曾写道：你们要注意，不管是谁都不要以恶报恶，却要在彼此相处和对待众人这方面，常常追求良善（《帖撒罗尼迦前书》第5章第15节）。然而，至少比当时早400年的柏拉图回忆苏格拉底时写过类似语句：我们不该以错回错，也不该对人作恶。[22] 保罗在《哥林多前书》第9章第24节说道：难道你们不知道，在场上赛跑的人，虽然大家都跑，但得奖的只有一个人吗？你们都应当这样跑，好叫你们可以得奖。他似乎又引用柏拉图的名著《理想国》（The Republic）：真正赛跑的人抵达终点时，将会得奖与配戴桂冠。[23]

保罗可能也熟悉亚里士多德的教诲。在《加拉太书》第5章第23节，保罗说道：这样的事，是没有律法禁止的。他在《罗马书》第2章第14节也说过类似的话：没有律法的外族人，如果按本性行律法上的事，他们虽然没有律法，自

---

20 请参阅：*Callimachus: Hymns and Epigrams, Lycophron and Aratus*, 36～37, lines 6～9。读者可在网上阅读这首诗：http://www. theoi.com/Text/Callimachus Hymns1. html。

21 柏拉图《申辩篇》（*Apology*）40c-e。大约在公元前390年，柏拉图引述苏格拉底的临终遗言：“死亡分两种状态：一种是全然虚无，死者无法意识任何事物，或者如同众人传闻，死亡是改变灵魂，从尘世迁徙到另一个世界。如果死亡是无意识的，犹如上床睡觉，甚至不会作梦，那死亡便是绝佳的收获。我认为，人若某晚一夜沉睡、没有作梦，然后拿当晚的体验仔细与生命中的其他岁月相比，有多少白天和夜晚过得比酣睡那晚更舒畅呢？我相信不仅普通人，连伟大的波斯国王都会发觉，几乎没有比那晚更舒服的日子了。既然死亡的本质如此，那我说逝世便是收获；若是如此，永恒乃是一夜沉睡罢了。反过来说，如果死亡是改变住所，从此地迁徙到另一地，而我们被告知的是正确的，亦即死者都聚在那里，请问陪审团，那有何益处可言呢？”

22 柏拉图《克里托篇》（*Crito*）49c。

23 柏拉图《理想国》（*Republic*）10.12 [613c]。请参阅：*Plato in Twelve Volumes*。

己就是自己的律法。[24]保罗又再度引用亚里士多德辩论时提出的著名修辞语句。

我最喜欢保罗在《使徒行传》第26章14～15节融入的古希腊作家言论。保罗在希律亚基帕二世（Herod Agrippa II）前受审时，回忆他前往大马色（Damascus）途中的经历，提到耶稣从天上对他说的话。

> 我们都仆倒在地上，我听见有声音用希伯来话对我说："扫罗！扫罗！你为什么迫害我？你要踢刺棒是难的。"我说："主啊，你是谁？"主说："我就是你所迫害的耶稣。"

在"踢刺棒"（kick against the goads；钦定本圣经"King James Bible，简称KJV"译为kick against the pricks）这句话中，[25]"刺棒"指命令马或其他动物向前走的靴刺（spur）。动物冥顽不灵时，就要"踢刺棒"，这就是耶稣对固执的保罗所下的评论。有趣的是，这种说法源自于希腊悲剧作家埃斯库罗斯（公元前525～公元前456年）的《阿伽门农》（Agamemnon）。剧中阿伽门农的妻子克吕泰涅斯特拉（Clytemnestra）的情夫埃癸斯托斯（Aegisthus）说过：勿踢刺棒，免其伤汝（Kick not against the pricks, lest thou strike to thy hurt）。[26]

因此，若非耶稣热爱希腊悲剧，从天上引述热爱的希伯来译文台词，就是保罗想要把握重审的机会，让当时罗马的审案者波求·非斯都（Porcius Festus）留下深刻的印象（《使徒行传》第25章第24节），因此宣称耶稣从天上说了一句出自著名希腊剧作的台词（《使徒行传》第9章3～9节提到这段感召时却遗漏这句），甚至是宣称耶稣用"希伯来话"说这句话，想让亚基帕王印象深刻。[27]无论如何，据说耶稣曾引用希腊悲剧的台词，这点细心的读者是不会遗漏的。

---

24 《政治学》（*Politics*）3.8.2 的希腊文写道：κατὰ δὲ των τοιούτων οὐκ ἔστι νόμος: αὐτοὶ γάρ εἰσι νόμος。请参阅：*Aristotle: The Politics*, 240～41 (3.8.2, 1284a lines 13～14)。本杰明·乔伊特（Benjamin Jowett）将这句话翻译成：贤德之士没有律法，他们本身就是律法。（*Politics of Aristotle*, 93 [3.13]）。

25 希腊文是 πρὸς κέντρα λακτίζειν（*pros kentra laktizein*）。

26 希腊文是 πρὸς κέντρα μὴ λάκτιζε, (*pros kentra me*¯ *laktize*). *Aeschylus II: Agamemnon, LibationBearers, Eumenides, Fragments*, 144～45, line 1624。

27 请注意，保罗说耶稣是使用"希伯来话"（《使徒行传》第26章第14节）。这点表示，若想宣称保罗引述当时著名的希腊习语，会显得困难许多。如果保罗所述为实，这句习语应该早就被翻译成希伯来语，耶稣才会引用，但这点比单纯引述希腊习语更不可能发生。

保罗在雅典

保罗引述希腊哲学与古典著作最明显的例子，就是他在雅典著名的“亚略巴古讲道”（Areopagus Sermon），这段经历记载于《使徒行传》第17章16～34节。该书记载，使徒保罗在第二次宣教时才将基督教传扬至雅典。

有了亚略巴古讲道，人们便一直认为保罗（或《使徒行传》的作者）具备高超的修辞手法。古代希伯来先知会谴责拜偶像的人，但保罗并未如法炮制，挺身谴责雅典人祭拜耶和华以外的神祇。据说他宣扬福音时称赞雅典人凡事敬畏鬼神，借此吸引民众的注意。

保罗的讲道率先记载于16～18节。

> 保罗在雅典等候他们的时候，看见满城都是偶像，心灵十分忿激。于是他在会堂里同犹太人和虔诚的人辩论；并且天天在市中心和所遇见的人辩论。还有伊壁鸠鲁派和斯多葛派的哲学家也同他争论，有的说：“这个拾人牙慧的人要说什么呢？”

希腊拥有传承已久的辩论文化，《使徒行传》的作者让保罗与伊壁鸠鲁派及斯多葛派的哲学家平起平坐，在亚略巴古（第19节）与众人辩论他对犹太上帝与基督角色的看法。当我与萝丝琳从卫城俯视亚略巴古时，我们幻想着保罗在下面讲道。

22～23节如此记载。

> 保罗站在亚略巴古当中，说：“各位雅典人，我看你们在各方面都非常敬畏鬼神。我走路的时候，仔细看你们所敬拜的，发现有一座坛，上面写着‘献给不认识的神’。我现在把你们不认识而敬拜的这位神，传给你们。”

请注意，保罗很机灵，善用背后矗立于卫城上敬拜各方神祇的建筑，告诉雅典人他们尚未认识的一位神明。

保罗接着总结犹太信仰，说道：创造宇宙和其中万有的神，既然是天地的主，就不住在人手所造的殿宇（第 24 节）。保罗说“不住在人手所造的殿宇”，很可能引述罗马斯多葛派哲学家塞涅卡（公元前 4 年～公元 65 年）的《论恩惠》（On Benefits）。塞涅卡生于耶稣的年代，基督教会主教特土良（Tertullian；公元 155～240 年）称他为“我们的塞涅卡”（our Seneca）。[28] 塞涅卡写道：“全世界皆是众神圣殿”。[29] 古罗马基督教作家拉克坦提乌斯（Lactantius；公元 250～325 年）曾呼应这句话，说道：“别用石头建造高耸圣殿去祭拜神，人人必须在心里敬畏神。”[30]

保罗在第 25 节说道：“他也不受人手的服侍，好像他缺少什么；他自己反而把生命、气息和一切，赐给万人。”这句话犹如塞涅卡在《致卢齐利乌斯之道德书信》（Moral Letters to Lucilius）的言论：“上帝不寻求仆人。此乃当然之理。他侍奉人，随时随地助济困苦者。”[31]

塞涅卡也在同一封书信中写道：“我们皆属巨硕身躯之一部分。自然孕育我们，令我们彼此相联，我们是同根生，因共同目的而受造。”[32] 保罗似乎谨记这点，在第 26 节与人争论时说道：“他从一个本源造出了万族来，使他们住在整个大地上。”或许保罗引述塞涅卡的论点，以此佐证他对“亚当确有其人”的信念。

然后，保罗再度引述塞涅卡在道德书信的言论。第 28 节指出：“因着他我们可以生存、活动、存在。”这点雷同于塞涅卡的观点“上帝无处不在……上帝就在你身边，他与你同在，他住在你身体里面”[33]，以及“圣灵住在我们里面”。[34] 这

28　特土良说的拉丁词语是 *Seneca saepe noster*，意指“经常是我们的一份子”（often one of ours）或者“经常站在我们这一边”（whom we so often find on our side）（《灵魂的见证》（*Treatise on the Soul*），第 20 章）。特土良会赞同塞涅卡，可能是保罗此处所写的经文类似于塞涅卡的观点。据说塞涅卡曾策划暗杀尼罗（Nero）的皮索尼安阴谋（Pisonian Conspiracy），不料计划失败，憎恨他的尼罗皇帝（Emperor Nero）便赐死塞涅卡。塞涅卡很可能因此被人视为早期的“基督教殉难者”。塞涅卡受人尊敬，曾任尼罗皇帝的顾问与导师，而特土良又褒奖他，让许多人相信塞涅卡同情基督教，因此有人才会在公元第四世纪撰写外经《保罗与塞涅卡书信》（*Letters of Paul and Seneca*；这本书被公认为伪作）。基督教新约历史学者巴特·叶尔曼（Bart Ehrman）指出，有人伪造《保罗与塞涅卡书信》，乃是为了解决一个困境：如果保罗是位睿智的思想家，为何当时的伟大思想家都未曾提到他（*Forged*, 91）。

29　请参阅：Seneca, *De Beneficiis* (*On Benefits*) 7.7.3 (*Seneca: Moral Essays*, 472～73)。

30　请参阅：Lactantius, *Divine Institutes* 6:25。

31　请参阅：Seneca, *Epistulae Morales ad Lucilium* (*Moral Letters to Lucilius*) 95.47 (*Seneca: Epistles, Volume III*)。

32　请参阅：Seneca, *Epistulae Morales ad Lucilium* 95.52 (*Seneca: Epistles, Volume III*)。

33　请参阅：Seneca, *Epistulae Morales ad Lucilium* 41.1 (*Seneca: Epistles, Volume I*)。

34　请参阅：Seneca, *Epistulae Morales ad Lucilium* 41.2 (*Seneca: Epistles, Volume I*)。

从亚略巴古眺望雅典卫城，可以轻易看见好几座敬拜希腊神祇的建筑（修复中）。

《使徒行传》第 17 章提到的亚略巴古。本图是从卫城俯视的景象，后方为现代雅典城。

些都证明保罗非常熟悉塞涅卡的著作。

保罗在第28节承认他"确实"引述希腊作者的言论："就如你们有些诗人说：'原来我们也是他的子孙。'"这是直接表明（虽然没有指名道姓）他引述希腊诗人索里的阿拉托斯（Aratus of Soli；公元前315/310年～公元前240年）的话语。阿拉托斯在长诗《物象》(Phaenomena/Appearances）中提到宙斯："我们都需要宙斯！因为我们都是他的子孙；他仁慈宽恕，赐予好兆头，唤醒世人去工作谋生。"[35]保罗又从著名的希腊著作中断章取义，想藉由修辞技巧，让希腊哲学家更容易接受犹太人的上帝。保罗认为，希腊人说得没错，世人都是同一位神祇的子孙，但这位神明不是宙斯，乃是耶和华。

最后，保罗在第29节引述塞涅卡在道德书信的言论："我们既然是神的子孙，就不应该以为他的神性是好像人用手艺、心思所雕刻的金银石头一样。"这点同样呼应塞涅卡的观点："将你自己形塑成上帝的模样。[36]这种形塑之法不是以金或银雕刻；上帝的模样无法以这类物质来雕塑。"[37]

保罗在经典的亚略巴古讲道中，每当要表明观点时，便通过引喻或直接挑明的方式来引述希腊古典作家的著作，让福音听起来更像传统的希腊哲学，使亚略巴古听讲的群众感到熟悉而产生共鸣，以便更愿意接受福音。保罗曾特别引述希腊思想与文学作品，这点足以证明它们"直接"影响了保罗的著作。因此，希腊哲学家与作家的言论直接影响了《圣经》的书写，因为许多"上帝的话语"其实源自于古典希腊作家的著名言论。

雅典的文化遗产

本章略述雅典如何影响《圣经》，但这个古城对《圣经》的重要性远胜于此。

---

35 请参阅：Aratus, *Phaenomena* lines 4～7（作者翻译）。请参阅：*Callimachus: Hymns and Epigrams, Lycophron and Aratus*, 206～7。

36 至于这句话（拉丁文 *et te quoque dignum finge deo*），塞涅卡其实是引述弗吉尔（Virgil）于公元前29年～公元前19年创作的史诗《埃涅阿斯纪》(*Aeneid*)（8.364）。

37 请参阅：Seneca, *Epistulae Morales ad Lucilium* 31:11（作者翻译）。请参阅：*Seneca: Epistles, Volume I*。

雅典是希腊哲学、宗教思想、语言与文化的中心，而亚历山大大帝征服四方之后，便将它们传扬到圣地。这种希腊文化后来便融入第二圣殿时期的犹太教，提升并转变犹太人与后期基督徒的信仰，使其塑造西方世界。保罗利用希腊与罗马哲学的语言来重塑犹太教与基督教信息，使其更容易让外邦人接受。我们可以说，若没有雅典与希腊化，犹太教与基督教根本无法跨越罗马帝国的巴勒斯坦（Roman Palestine）而传扬到外邦。

由于希腊哲学和宗教思想（特别是独立的灵魂与死后生命）在希腊化时期深刻影响了犹太教，犹太教与基督教便提倡“现世”的道德生活，如此“来世”方能获得永生。因此，我们可以说，雅典提供了犹太教与基督教的“灵魂”概念。

第七章

亚历山大

亚历山大对《圣经》很重要，因为以希伯来文（与亚兰文）撰写的《希伯来圣经》在该城翻译成希腊文的《七十士译本》，许多次经也在那里成书。有了亚历山大，《希伯来圣经》才能超越波斯时期的犹太教而传世，因为当时越来越多的犹太人以希腊文与亚兰文为母语，这些犹太人通过译本才能阅读《圣经》。借由《圣经》的希腊文版本，犹太教方能在日益扩展的希腊罗马世界中成为流传久远的宗教与哲学。

我们在第一章曾提到埃及著名的出口品莎草纸（除了金字塔纪念品与木乃伊电影）。莎草纸是现代纸张的前身，当时是用盛产于尼罗河（The Nile）沿岸的纸莎草的茎所制成。纸莎草的纤维先被层迭与挤压（水分）来构成弹性光滑的纸张，缝合后便成为可供书写的卷轴。[1]

多数人都知道埃及的现代化首都开罗（Cairo），也听过著名的吉萨金字塔（Pyramids of Giza）与人面狮身像（Great Sphinx of Giza），甚至能清楚回忆电影《法柜奇兵》（Raiders of the Lost Ark）的萨拉（Sallah）以独特嗓音高唱："开罗，活人的世界！"（Cairo, city of the living!）。然而，许多人浑然不知，在公元第一世纪时，埃及的中心并非开罗，而是一个地中海的沿岸城市。《希伯来圣经》未曾提及它，《新约》提到它时也只有蜻蜓点水，这个城市就是亚历山大（城）。[2]

亚历山大对《圣经》很重要，因为以希伯来文（与亚兰文）撰写的《希伯来圣经》在该城翻译成希腊文，许多次经也在那里成书。有了亚历山大，《希伯来圣经》才能超越波斯时期的犹太教而传世，因为当时越来越多的犹太人以希腊文与亚兰文为母语，这些犹太人通过译本才能阅读《圣经》。借由《圣经》的希腊文版本，犹太教方能在日益扩展的希腊罗马世界中成为流传久远的宗教与哲学。

1　若想了解莎草纸如何制作，请观看开罗莎草纸博物馆（Papyrus Museum）的影片：https://www.youtube.com/ watch?v=DCR8n7qS43w。

2　《使徒行传》第 6 章第 9 节与第 18 章第 24 节。《玛喀比传三书》第 3 章第 1 节也略微提到亚历山大。

吉萨人面狮身像，背后是胡夫金字塔（Great Pyramid of Khufu）。

古亚历山大图书馆

公元前 331 年，亚历山大大帝在尼罗河三角洲西部的最顶端建造亚历山大，使其成为埃及主要的港口城市，最终变成托勒密王朝首都。亚历山大一直是古希腊、古罗马与拜占庭帝国统治埃及时的首府，直到公元 641 年回教徒占领该城后才开始没落。亚历山大当年也是西方世界的知识中心，素以古代世界七大奇迹之一的法罗斯岛灯塔（希腊文：Φάρος；Pharos）与图书馆名闻遐迩。

萝丝琳与我发现，前往亚历山大简直是一场噩梦。你若是上了年纪、患有幽闭恐惧症或容易晕车，甚至厌恶在拥挤不堪的火车上闻烟味与体臭，以及跟活家禽共处一室，最好别去那里。亚历山大的基础设施也极为落后，过去几年以来，埃及高度发展，让这些问题越发严重。这个城市应该是广受欢迎的旅游景点，但环境污染、城市规划不足、交通堵塞以及政府机构效率低下，这些都让它蒙上阴影。2015 年 10 月，暴雨侵袭亚历山大而酿成水灾，导致至少 7 人死

埃及新亚历山大图书馆的内部陈设。照片来源：斯图尔特 · 珀金斯（Stewart Perkins）。

亡，其中 5 人当时站在淹水的街道上，不料通电的电线断掉而跌落水中，让他们触电而死。[3] 当我们穿梭于这个现代城市的街道时，难以想象它曾是古代的知识中心。

当你往朝着海滨走去时，最终会抵达新亚历山大图书馆（Bibliotheca Alexandrina）。古亚历山大图书馆早年不知何故被催毁，兴建这栋美丽的现代建筑是为了纪念它。

古亚历山大图书馆在 2200 年前曾是知识中心。当时，图书馆并非只是读书场所（那时甚为罕见），而是学习中心，犹如现今的大学。学者与哲学家会在亚历山大长期寄居，除了阅读藏书，还会相互切磋。其实，比网络兴起更早 2000 年，此处便是促进学术合作与同侪评阅（peer review）的实时"聊天室"。

3　请参阅："Khater, Alexandria Hit by Floods"。

古亚历山大图书馆兴建于公元前第三世纪。据说亚历山大大帝在公元前323年驾崩之后，托勒密一世统治了埃及且定都于亚历山大，然后兴建了这栋图书馆。托勒密王朝一直统治埃及，直到罗马帝国于公元前30年入主此地为止。除了藏书，该图书馆也设置演讲厅、会议室与花园，而它隶属于“亚历山大学院”（Musaeum of Alexandria）的研究机构，古代多数著名思想家都曾在此研究。古亚历山大图书馆是献给希腊神话中主司艺术的九位女神，总称为缪斯（希腊文：Mousai/Μοῦσαι；Muses）。英文字museum（博物馆）源自于muses（因此衍生Musaeum；译注：这个字代表Institution of the Muses“缪斯的机构”），而缪斯是当时艺术或九种知识分支的拟人化。这些神祇掌管音乐、舞蹈与各种不同形式的诗歌。[4]

不幸的是，古亚历山大图书馆遭逢厄运，惨遭祝融肆虐而毁坏，至于谁故意纵火则不得而知。希腊历史学家普鲁塔克（Platarch，45～120年）写道：在公元前48年，罗马统帅西泽大帝（Julius Caesar）在内战中率军包围亚历山大城，结果不慎引发火灾，烧毁了图书馆。[5]但有人指出，三百多年后（大约在公元270年～275年之间）罗马皇帝鲁奇乌斯·多米提乌斯·奥勒瑞安努斯（Lucius Domitius Aurelianus；通常译为奥勒良“Aurelian”）攻击埃及时烧毁布鲁雀姆（Brucheion，亦即当时亚历山大的皇宫，古亚历山大图书馆的所在地），将其夷为平地。

另有人指出，在公元391年，亚历山大科普特正教会（Coptic Orthodox Church of Alexandria；译注：埃及最大的基督教教会，属于东方正统教会支派）

4　缪斯各有称号并掌管不同领域的知识与艺术：卡利俄佩（Kalliope）司管英雄史诗；克利俄（Kleio）司管历史；乌拉尼亚（Ourania）司管天文；塔利亚（Thaleia）司管喜剧；墨尔波墨涅（Melpomene）司管悲剧；波林尼亚（Polyhymnia）司管宗教圣歌；埃拉托（Erato）司管情色诗；欧忒耳珀（Euterpe）司管抒情诗；忒耳西科瑞（Terpsichore）司管合唱与舞蹈。缪斯经常被描绘成美丽的女子，手持掌管领域的工具或乐器。（你若上网搜寻相关资料，会发现埃拉托手持西塔拉琴“kithara；译注：古希腊类似竖琴的乐器，有7～11根弦”，这种弦乐器可迷惑年轻恋人。）

5　罗马历史学家普鲁塔克（Plutarch）的《西泽传》（*Life of Caesar*）49.6。读者不妨参阅普鲁塔克的《希腊罗马名人传》（*Lives*）n. 552。该文指出，古罗马政治与历史学家狄奥·卡西乌斯（Dio Cassius）认为图书馆遭到烧毁，但“埃及艳后”克丽奥佩脱拉七世（Cleopatra）重建图书馆，让世人又使用了一段时期。狄奥·卡西乌斯指出：两军日夜交战、烽火连天，四处祝融肆虐，码头与粮仓尽数烧毁，收藏大量珍贵典籍的图书馆也难逃一劫。（《罗马史》“*Roman History*”，42.38.2）。

第23任教宗西奥菲勒斯（Pope Theophilus）支持当时对异教徒的迫害并使其合法化，导致亚历山大所有的“异教徒圣殿”、建筑与“异教徒”纪念碑遭到破坏。古亚历山大图书馆收藏数个世纪的前基督教（被视为“非基督教”，成为“异端”与“异教”）思想与信仰书籍，于是成为异教徒中心而遭到破坏。[6]

然而，破坏古亚历山大图书馆的过程可能没那么戏剧性。早在公元前第二世纪，学者便纷纷离开亚历山大，前往政治较为安定的地区。公元前145年，托勒密八世（他身躯肥胖，外号“费斯康”（Physcon），意指“香肠”或“啤酒肚”）为了肃清政敌，将所有的外邦知识分子驱离亚历山大。[7]自此，古亚历山大图书馆便开始没落，它并非毁于一场大火，而是逐渐衰败，终至无人问津。

古亚历山大图书馆的多数藏书为莎草纸卷轴。即便不知当时馆藏有多丰厚，这些典籍的总价值着实难以估量。它不仅是西方与近东最大的知识库，在渊远流长的历史中，更成为知识的象征，代表明智善断、意义深长与亘古流传。

我们可以想象，当时许多犹太人发现亚历山大图书馆竟然没有《希伯来圣经》时有多么尴尬。在公元前第三世纪与第二世纪之间，犹太教日益希腊化，然而记载犹太人历史与宗教信仰的圣典，竟然不配名列当时世界的伟大著作。当犹太人逐渐改说（读与写）希腊文时，犹太文士便逐步将《希伯来圣经》翻译成希腊文，成为今日的《七十士译本》。这个版本通常缩写成表示七十的罗马数字LXX。[8]这部正式的希腊译本极为重要，因为它很快便成为埃及与巴勒斯坦犹太人信奉的标准版本。

犹如许多重要文献的翻译，此时衍生出一个问题：犹太人是否该相信新的希腊文译本。请注意，我们讨论的不是“随便”翻译一本普通书籍（譬如条约或医书），而是翻译整本《圣经》（这部圣典记载神如何开天辟地、犹太人先祖的故

---

6 请参阅拜占庭教会历史学家索克拉蒂斯（Socrates Scholasticus of Constantinople）在《教会史》（*Ecclesiastical History*）第5章第16节的评论，读者可前往下列网站阅读内文：http://www.newadvent.org/fathers/26015.htm。有人认为，回教徒于公元642年占领埃及之前，曾在公元641年包围亚历山大而毁了古亚历山大图书馆，请参阅勒纳（Lerner）的《图书馆的故事》（*Story of Libraries*），第30页。

7 巴卡的墨涅克勒斯（Menecles of Barca）（*FGrH* 270, F9）记载：他（托勒密八世）驱逐所有的知识分子：语言学家、哲学家、几何学教授、音乐家、画家、学院讲师与医生。某位遭受国王迫害的作家指出：这让“希腊人与别处的野蛮人得以接受教育”。请参阅：Jacoby, “Menecles of Barca”。

8 部分《七十士译本》（尤其是后半部）可能是在别处翻译，但世人都认为这部杰作是在亚历山大完成。

事、犹太人该谨守的律法、犹太民族的预言以及“上帝的话语”)，让犹太人“不通过”希伯来文而以希腊文去阅读《圣经》。

公元前几个世纪中，某些犹太人对此感到不安，认为自己尊奉的《希伯来圣经》遭受译本的希腊观点威胁。使用希腊文的犹太人需要有人向他们保证，希腊文译本与《希伯来圣经》一样，“确实”记载上帝的话语。《亚里斯提阿斯书》(Letter of Aristeas)问世，就是要提出这种保证。

翻译举足轻重:《亚里斯提阿斯书》

改变宗教传统极为困难。我看不惯有人修改圣歌歌词(明明写着以“锁炼捆绑我们”(bind us together with chains)，别改成“绳索”(cords)！)怀疑论者与圣人也不例外。人只要看到自己奉为“神圣”之物遭到篡改，都不免恼羞成怒。(U2合唱团演唱鲍勃·迪伦(Bob Dylan)的著名歌曲《All Along the Watchtower》时添油加醋，希望老天原谅他们。我们不能乱改上帝的话语，或者鲍勃·迪伦的歌词！)

从小阅读特定《圣经》版本的人，只要听到有人使用另一种版本，就会疑神疑鬼。新译本正确吗？它是否宣扬我不认同的神学观？为何要相信新译本？我喜欢旧版本，新译本就敬谢不敏。

这并非新的问题。在公元前三个世纪中，犹太人信奉的《希伯来圣经》面临更严峻的威胁。这种威胁源自文化侵略，因为希腊文化、宗教、哲学、统治与语言不断入侵亚历山大与朱迪亚的犹太中心。当时社会的多数活动(商业、教育与法律)都以希腊文为沟通语言，犹太儿童为了在新的希腊化经济体中生存而学习希腊文。后来到了某个时期，以亚兰文为母语的犹太人逐渐精通希腊文，用得比儿时学习的希伯来文更得心应手，最终发展到只在读经时才使用希伯来文，任何重要之事皆以希腊文撰写。[9] 因此，当时需要将《希伯来圣经》翻译成希腊文，民众才能阅读经文，而《圣经》也方能在第二圣殿期的犹太世界绵延存续。

9　请参阅：Ameling, “Epigraphy and the Greek Language in Hellenistic Palestine”。

然而，有些人就是不相信新译本，尤其经文又是被译成外邦统治者的语言。即便是古代人都了解“翻译时难免添加诠释”，因为译者经常要从类似的译入语单字中挑选合宜的字，而每个单字的含义都略有不同。次经《便西拉智训》的序言指出：“希伯来文翻译成另一种语言时，原意会稍微走样。”

当时想推行新译本的犹太领袖就遇到一个问题：如何让同胞愿意接受希腊文译本呢？于是，他们伪造了一封撰写于公元前第二世纪的书信，名为《亚里斯提阿斯书》。这封信声称是埃及王托勒密二世（Ptolemy II Philadelphus；公元前 285～公元前246 年）的异教徒大臣亚里斯提阿斯（Aristeas）写给弟弟斐罗克拉特（Philocrates）的书信，内容讲述《七十士译本》的翻译过程。然而，已逝的普林斯顿神学院（Princeton Theological Seminary）圣经学者布鲁斯·梅茨格（Bruce Metzger）说道：“书信作者绝非自称的那位大臣。他应该是犹太人，捏造书信就是想提升《希伯来圣经》的地位，宣称外邦国王认为这部圣典很重要，于是安排文士将其译成希腊文。”[10] 因此，《亚里斯提阿斯书》很可能撰写于公元前 125 年左右。[11]

这封信有两个目的。首先，它要说服犹太人新译本真实可靠且值得信赖。这就要提出证据，证明《七十士译本》是上帝话语的完美翻译（值得信赖与精准无比）。因此，书信提到一则神奇故事，说七十二位译士两两搭配（十二个支派各派六名），（刚好）花了七十二天便把《妥拉》（Torah，又称《律法书》或《摩西五经》；请参阅：Let. Arist. 307）翻译完成。译士闭门各自译成的三十六份经书，竟然字字相同。

只要比对《七十士译本》与《希伯来圣经》，马上便知道这则故事是捏造的。这两部经书的篇幅有出入，因为部分《希伯来圣经》被删除了，添加了希腊文的解释，连经文章节的编排也不同，甚至连经卷分类也有差异。此外，《七十士译本》更收录了非希伯来正典的经书！本章后头会讨论，为何除了误译、错译与蓄意篡改，希腊文译士要做上述更动。《亚里斯提阿斯书》试图说服犹太人《七十

10　请参阅：Metzger, *Bible in Translation*, 15。

11　美国圣经学者詹姆斯·达维拉（James Davila）认为，《亚里斯提阿斯书》“年代必须够久远，才能蒙骗犹太历史学家约瑟夫斯，但年代又不会太久远，因为作者不清楚托勒密二世执政时的某些重要史实”（“Aristeas to Philocrates”）。

士译本》是《希伯来圣经》的完美译本，但前者其实是众多作者从大约公元前250年起翻译，历经150年的努力才大功告成，成为（在多数经文上）与《希伯来圣经》“相对”准确的译本。

第二个目的是依照希腊哲学家与希腊贵族的口味，以投其所好的哲学思维来表达犹太信仰。犹太历史学家约瑟夫斯曾试图将犹太信仰调整成罗马当局能接受的希腊哲思（请参阅第十一章），撰写《亚里斯提阿斯书》的人也想如法炮制，让《希伯来圣经》与犹太信仰读起来更“希腊”，免得希腊继续迫害犹太人，也不让犹太信仰逐渐失落。其实，约瑟夫斯似乎知道《亚里斯提阿斯书》，也经常引述它来向罗马民众辩护犹太教。[12] 同样，犹太哲学家亚历山大的斐洛也曾提及《希伯来圣经》翻译成希腊文的故事，指出三十六个译本逐字相同，表示译士“直接受到上帝默示”。[13] 简言之，当时希腊哲学与文化风靡一时，《亚里斯提阿斯书》要让《希伯来圣经》与犹太思想越希腊化越好。

因此，这封信开头便提出理由，解释希腊国王为何想让古亚历山大图书馆摆上一本《希伯来圣经》。书信的10～11行讲述国王与图书馆馆长法勒鲁姆的德米丢（Demetrius of Phalerum）的对话。德米丢向国王提议：“臣据闻，犹太律法值得抄录，纳入王之图书馆。”他详述《希伯来圣经》为何要翻译，希腊王聆听之后便下令致函大祭司（译注：伊莱贾撒“Eleazar”），要求其进行翻译。

《亚里斯提阿斯书》劈头便讲述希腊国王颁布命令，要将《希伯来圣经》翻译成希腊文。[14] 这样做的目的就是要说服犹太读者，使其相信希腊国王确实看重犹太人与《希伯来圣经》，而且希腊与犹太的最高统治者都批准要翻译这部圣典。

书信不仅列出译士姓名，告知收集了哪些数据来翻译圣经，说明译士要在哪

12　请参阅：Josephus, *Antiquities* 12.1.1–12.2.2 (12:1-118)。

13　亚历山大的斐洛的《摩西传》（*On the Life of Moses*），第2章25～44节，尤其是第34节。斐洛在第38节说道：“人人皆知，每一种语言（尤其希腊文）都有丰富的词汇，可用不同语法去造句与改述想法，进而在不同时间以不同方式采纳诸多表达形式。然而，根据译士说法，翻译《妥拉》时没有发生这种情况，完全对应的希腊字被用来逐字翻译迦勒底（希伯来）经文，而译文以极为得体之法解释经文。”因此，斐洛认为，逐字翻译希伯来经文的希腊文圣经版本是受到天启，内容完美无缺。

14　《亚里斯提阿斯书》12～27行让宽厚的希腊国王显得更为宅心仁厚，乐于接受犹太信仰。除了提及《希伯来圣经》的翻译，这段文字讲述国王释放了十万名犹太奴隶，他们是前任国王攻打柯里叙利亚（Coelesyria）与腓尼基时掳获的民众。

处奢华之境进行翻译，而且描述大祭司监督时穿着的华服（96～99 行）。此外，《亚里斯提阿斯书》还阐述大祭司如何解释犹太律法，以及与众人针对其中的哲学意涵交换意见（121～171 行），这又要再度向读者保证，大祭司精通《希伯来圣经》且解经高超，所以他指派的代理人（亦即译士）“不仅精通犹太文学，也深究希腊文学”（第 121 行）。

描述希腊国王举办的欢迎盛宴之后，《亚里斯提阿斯书》在 310～311 行记载翻译结果。

> 读完经卷之后，众祭司、年长译士、犹太小区与民众领袖挺身说道：此译本如此出众、神圣与精确，应保持原样，不可增补内容。[15]

《亚里斯提阿斯书》指出希腊译文“出众”与“神圣”，更重要的是，它还强调译文“精确”，而这就是整封书信的目标之一：让虔诚的犹太人相信《七十士译本》是《希伯来圣经》的忠实翻译。[16]

第 312 行最后一次提出保证：

> 译本呈给王时，王大为欣喜，认为早先想法已经落实。王聆听经文时，深切感受律法赐予者的灵而大为震惊，便向德米丢询问：“这部经书如此奇特，为何历史学家或诗人未曾引述？”德米丢回禀：“因为律法神圣，且由上帝晓谕。”[17]

借由希腊国王亲口确认《希伯来圣经》具备深厚的哲学意涵，《亚里斯提阿斯书》要说服希腊与犹太读者，使其相信犹太教不会威胁希腊统治者，而且犹太人行事高尚，富有哲学内涵。

---

15 请参阅：Charles, ed. and trans., *Apocrypha and Pseudepigrapha*, 121。

16 《亚里斯提阿斯书》进一步保证译本完美无缺，它诅咒任何想修改译文的人：他们要求他们“依照本身习俗去下诅咒，免得任何人更改译文，无论是增补内容，或者以任何方式修改或删除经文。”这是绝顶聪明的预防手段，让译文永远不会遭到更改。（第 311 行）

17 请参阅：Charles, ed. and trans., *Apocrypha and Pseudepigrapha*, 121。

捏造的《亚里斯提阿斯书》一石二鸟，同时达到两个宣传目标，更回答为何伟大的希腊诗人与哲学家从未提及《希伯来圣经》：因为他们没有读过经文。因此，对于第二圣殿期的犹太人而言，《亚里斯提阿斯书》提供他们需要的确据，使其相信《七十士译本》真实可靠、值得信赖。

《七十士译本》的角色

在公元前第一世纪与公元第一世纪的两百年间，《七十士译本》成为犹太人信奉的《圣经》。换句话说，《新约》作者引述《旧约》时，通常会使用这个版本。[18] 它也是约瑟夫斯、亚历山大的斐洛以及多数教会神父的首选版本，他们反而不会引述《希伯来文圣经》。直到公元第二世纪，犹太人才逐渐抛弃《七十士译本》，个中原因不外乎罗马帝国在东方的势力兴起之后，拉丁文便逐渐取代希腊文，成为通用语；犹太人也发现基督徒喜欢使用《七十士译本》这种“犹太味较淡的”译本。此外，圣殿毁于公元 70 年之后，犹太人重新燃起保存犹太宗教传统的想法，而基督徒最终也用拉丁版圣经取代了《七十士译本》。[19]

《新约》作者在《七十士译本》广受欢迎之时，发现它经常提供所需的文本依据，可从新的角度去诠释《希伯来圣经》，而那些是《希伯来圣经》作者在

18　举例来说，特佩（D. M. Turpie）研究过 275 节引述《希伯来圣经》的《新约》经文，发现《新约》、《七十士译本》与《希伯来圣经》只有两成完全吻合。这个统计数据指出，许多《新约》经文并非完整引述《希伯来圣经》，只有释义而已。相较之下，《新约》明显偏好《七十士译本》，因为在其他八成不完全吻合的经文中，大约有三成三是《新约》吻合《七十士译本》，只有百分之五是《新约》吻合《希伯来圣经》。请参阅：Turpie, *Old Testament in the New*, 267～69。阿契尔（Archer）与车西诺（Chirichigno）指出，《新约》有 340 处经文引述《七十士译本》，只有 33 处引述《希伯来圣经》的马索拉文本。换句话说，《新约》引述《旧约》时，九成一的篇幅出自于《七十士译本》（*Old Testament Quotations in the New Testament*, 25～32）。

19　巴尔科赫巴起义（Bar-Kokhba Rebellion；132 年～135 年）试图以武力替犹太人讨回耶路撒冷。西蒙·巴尔—科赫巴（Simon BarKokhba）在一封希腊信件（*P. Yadin* 52:11–15）中承认，他的部属都无法以希伯来文书写，但他仍以希伯来文发布信函。此外，巴尔 —科赫巴在发行的硬币上篆刻古希伯来文，想让民众重新想起昔日建立独立犹太国的愿望。若想知道更多关于犹太人的“重新希伯来化”（re-hebraisation；回归传统的民族文化与习俗），包括“去希腊化”（de-hellenization）以及重新让希伯来文成为犹太人独立的语言指针，请参阅：Collar, *Religious Networks in the Roman Empire: The Spread of New Ideas*, 167 ff。也请参阅：Tcherikover and Fuks, *Corpus Papyrorum Judaicarum*, 47～93。

《七十士译本》问世之前未曾想过或考虑的诠释。它们不仅有利于基督教，也能进一步区隔基督徒与犹太人。

让我们举两个例子来解释《七十士译本》与《希伯来圣经》的差异。通过其中一种特殊的翻译手法，基督徒便得以重新诠释《希伯来圣经》，以迷人的口吻宣告耶稣降世。

“红”海

《出埃及记》13～15 章记载大批以色列人离开埃及的故事，《七十士译本》在此处却有一处令人疑惑的译文。这个误译众所皆知，让人困惑。许多人相信，以色列人曾穿越“红”海——那片隔开非洲与阿拉伯半岛（Arabian Peninsula）的广阔咸水海湾。然而，以色列人穿越的水域，其希伯来名称是 yam suf（ים־סוף），亦即“芦苇”海（Sea of Reeds），因为希伯来文的 suf 是指“芦苇”（reed；请参阅《出埃及记》第 2 章第 3 节），而不是“红色”。为何许多人把它称为“红”海呢？因为《七十士译本》在《出埃及记》第 13 章第 18 节与其他多处经文中，将 yam suf 翻译成 erythran thalassan（希腊文：ἐρυθρα`ν θάλασσαν），亦即“红海”。[20] 然而，并非译者无知，才会出现这种误译。《出埃及记》第 2 章第 3 节确实提到生长于河岸的芦苇，《七十士译本》的译士将希伯来文 suf 翻译成表示“沼泽”（marsh）或“壅水”（backwater）的希腊字 helos（ἕλος），因为芦苇可生长于湿地。同样地，当以赛亚问道：“你的服装为什么有红色的呢？”（《以赛亚书》第 63 章第 2 节），该节经文使用希伯来字 'adom（אדם）来表示红色，而《七十士译本》也使用恰当的希腊字 erythros 来代表红色。总之，《七十士译本》的译士知道 suf 跟“芦苇”有关，也能分辨表示芦苇与红色的希伯来字。那么，他们为何把芦苇海称为红海呢？

译士之所以使用 erythran thalassan（“红海”），乃是因为翻译《七十士译本》时（大约公元前 250 年），人人皆知红海分隔了埃及与西奈半岛（Sinai Peninsula）。譬如，希腊诗人阿里斯托芬（公元前 446 年～公元前386 年）在其剧

20　举例来说，《出埃及记》第 10 章第 19 节、第 13 章第 18 节、第 15 章第 4 节与第 22 节、第 23 章第 31 节。

作《鸟》（*The Birds*；公元前 414 年）中将这片水域称为“红海”。[21] 此外，约瑟夫斯（公元 371 年～公元前100 年）在《犹太古史记》（*Antiquities*; 1.1.3 [1:39]）中宣称底格里斯河与幼发拉底河流入 erythran thalassan（“红海”）。这并不代表他错了，而表示他根据当时的命名，将整个阿拉伯海（Arabian Sea），包括波斯湾（Persian Gulf）以及红海与附属的两个海湾（西边的苏伊士湾 Gulf of Suez 与东边的阿迦特巴湾（Gulf of ‘Aqaba）“统称”为红海。早在公元前第五世纪，古希腊历史学家希罗多德（公元前 484 年～公元前425 年）在其著作《历史》（*Histories*）（1.1.1; 1.180.1）中，两度将波斯湾称为 Erythrēs thalassēs（’Ερυθρης θαλάσσης；亦即“红海”），表示西亚南部与东南部的水域当年被称为红海，所以《七十士译本》才会记载以色列人“过红海”的传奇故事。话虽如此，译士明知《希伯来圣经》指的是“芦苇”海，为何硬将其译为“红”海呢？因为若能牵扯红海，总是胜过芦苇海，如此一来，出埃及便成为更令人印象深刻的壮举。各位想想，芦苇海介于苏伊士湾北端与地中海海岸之间，不过是一片尼罗河三角洲东部河水流灌的浅水沼泽，红海则是广阔无垠的著名水域，跨越红海总比穿越芦苇海更了不起。话说回来，译士也可能不知道“芦苇海”是什么或在哪里，便挑选最邻近的红海来替代它，我们才能在电影中欣赏比《圣经》原本记载来得更为惊心动魄的奇迹。

处女怀孕生子

耶稣母亲玛利亚处女怀孕生子是《圣经》最著名的故事之一，但这也可能源于《七十士译本》的翻译（或误译）。[22] 多数基督徒都熟悉这则故事：根据《马太福音》（第 1 章第 23 节）与《路加福音》（第 1 章第 27 节与第 34 节），玛利亚是处女（希腊文：παρθένος），却能生下耶稣。然而，许多学者指出，《七十士译本》的译士可能误译《以赛亚书》第 7 章的某个单词，才会衍生处女怀孕生子的故事。无论事实为何，我们“可以”确切地说，《马太福音》第 1 章第 23 节“引述”《以赛亚书》第 7 章的预言，“乃是”《七十士译本》译士翻译《以赛亚书》

21 请参阅：阿里斯托芬的《鸟》，第 145 行。

22 下面的部分篇幅出自我的文章：“Bible Secrets Revealed, Episode 4: ‘The Real Jesus.’”。

第 7 章第 14 节的结果。

请大家回想,《马可福音》并没有提到耶稣的诞生,《约翰福音》的开头也没有论及耶稣如何诞生，反而以优美的哲学口吻讲述耶稣在太初时便是“道”(logos；希腊文 λόγος，亦即 word)，斯多葛派的希腊哲学家通常用这个字来描述“神的理性 / 天道”(divine reason)。使徒马太与路加试图解决《圣经》没有详细记载耶稣童年的问题，便讲述耶稣当年如何诞生，借此证明耶稣来自天上，同时宣称他是犹太人的弥赛亚“以及”上帝的儿子。(第十章讨论伯利恒与拿撒勒时，会更仔细探讨这两处经文的差异。)

《马太福音》第 1 章 22～23 节特别引述《以赛亚书》第 7 章的预言，宣称耶稣降世便是预言的实现。然而，马太与路加讲述玛利亚因圣灵怀孕，显然都没有参照希伯来原文，而是仰赖《七十士译本》的《以赛亚书》第 7 章。因为他们不仅说玛利亚是“童女”(young woman)(按照希伯来文版本)，也用了专门描述处女的单词(按照希腊文版本)，因此这位处女必须通过上帝怀孕，从而让耶稣的降生更为神圣。然而，处女怀孕生子是源于《七十士译本》不精确的翻译，以及重提关于犹大王希西家的昔日预言。

解经时要注意上下文。《以赛亚书》第 7 章 14～16 节其实预言耶路撒冷于公元前第 8 世纪末期会遭受北方威胁。大约在公元前 732 年，希西家的父亲亚哈斯王(King Aḥaz)担心以色列王比加(Peqaṇ)与亚兰(亚兰大马士革“Aram-Damascus”)王利汛(Reṣin)联军会攻占圣城(《列王纪下》第 16 章第 5 节)。幸好，耶路撒冷在亚哈斯时期躲过此劫，但希西家登基之后反抗亚述，圣城又在公元前 701 年遭受威胁。当时亚述王西拿基立不满希西家撕毁两国条约，于是派军队包围耶路撒冷(请参阅第三章)。当事态紧急时，先知以赛亚被召唤去提供建议。[23]

前述是《以赛亚书》第 7 章 14～16 节与第 37 章 30～32 节的预言所处的时空背景，它们“明确”回应圣城遭受的威胁。以赛亚以这些预言安慰耶路撒冷居民，说圣城不会被毁灭。他若表达下面的意思，根本无法安慰百姓：我知道，敌人想消灭我们，大家都很害怕，但不要恐惧，730 年后，一切都会变得更美好。以

23 请参阅《以赛亚书》36～39 章以及《列王纪下》18～20 章雷同的经文。

赛亚的预言无关700年后发生的事，而是要向民众保证，以色列人可以逃过“近期的”威胁而幸存。

首先，先知以赛亚迎接亚哈斯王（第7章1～6节），针对北国以色列与亚兰大马士革联军的威胁，代表耶和华说了下面的话语（第7章14～16节）：

> 因此主自己必给你们一个兆头：看哪！必有童女（希伯来文：העלמה，‘almah）怀孕生子；她要给他起名叫“以马内利”（עמנו אל，‘Immanu ’El/Immanuel）。到他晓得弃恶择善的时候，他必吃奶酪和蜂蜜。因为在这孩子晓得弃恶择善之先，你所畏惧的那两个王之地，早就被弃绝了。

这个预言很明确，因为它针对童女提出明确的背景与诠释。为了响应北方联军的威胁以及回答耶和华是否会拯救以色列人，以赛亚先提到一位童女怀孕生子，而她要把孩子取名为“以马内利”（意指“神与我们同在”（God is with us）），以此解释上帝是否会将犹大国交在敌国之手，或者上帝会拯救犹大国。以赛亚继续说道：“一位少女怀孕生子，等到那个儿子晓得弃恶择善时（亦即成年），他会过得很舒服，享受我们土地生产的奶酪与蜂蜜。”

以赛亚通过诗意的手法表达这个预言，告诉国王可以逃过“眼前”的威胁，今年生下的小孩可享受本地的水果，犹大国也会富饶，因为要让蜜蜂生产蜂蜜，就要有遍地开花的花园；要吃奶酪就得饲养乳牛，必须开辟许多牧场。牛奶与蜂蜜象征农业长期繁荣。这个预言清楚明确：以赛亚宣称，耶路撒冷不会被征服，大约12年后（犹太男子从出生到成年的时间）就会富庶繁荣。

如果这还不明确，以赛亚在16～17节解释了自己的预言：在这孩子晓得弃恶择善之先，“你所畏惧的那两个王之地，早就被弃绝了”。这个预言“明确”提到两个国王，亦即亚兰王利汛以及北国首都撒玛利亚（第7章4～9节）的利玛利（Remaliah）儿子比加。这两位国王当时连手进攻犹大国。以赛亚并未预言700年后会发生什么，只提到了眼前来自以色列国与亚兰大马士革的威胁，这是他亲口说的！

有些学者甚至指出，预言提到的婴孩就是属于大卫后裔的弥赛亚君王，这位君王日后会拯救他的子民。没错，他就是希西家！因为亚述军队于公元前701年包围耶路撒冷时，以赛亚又在对希西家预言中使用另一个有关农业的隐喻，指出犹大国人民要吃自己土地生产的农产品，因为亚述人无法占领犹大（第37章30～32节）。当然，前述的两个预言都实现了，耶路撒冷躲过了公元前第八世纪末期的双重威胁。

因此，以赛亚不仅预言耶路撒冷遭遇北方外邦君王的“立即”威胁后会“立即”被拯救，而且那位名字表示“神与我们同在”的婴孩就是犹大王希西家。当希西家向耶和华祷告，请求他从亚述王西拿基立的手中拯救耶路撒冷时，上帝就倾听了他的祷告（《以赛亚书》第37章第21节）。然而，在公元前第一世纪与公元第一世纪期间，许多犹太人生活在先后被希腊与罗马掌管的耶路撒冷，便回头翻阅先知书，看看是否能够找到任何救赎经文来“自我”安慰。他们重读昔日的先知预言，亦即那些预告“过去”结果的预言（譬如圣城在公元前第八世纪末期被上帝拯救），重新加以诠释，让昔日预言看似响应“他们”眼前的时代与挣扎。

于是,《以赛亚书》第7章的预言便重新出炉。14～16节的经文被重新诠释之后，不是预告七百多年前耶路撒冷将被拯救，而是“另一位”属于大卫后裔的弥赛亚会“再度”降世来拯救犹太人。因为当时犹太人与基督徒读的都是《七十士译本》,《以赛亚书》第7章14～16节便衍生出这个新的观念。

希伯来文的《以赛亚书》第7章第14节如此记载：“因此主自己必给你们一个兆头：看哪！必有童女（希伯来文：המלע，‘almah）怀孕生子；她要给他起名叫‘以马内利’。”然而，在《七十士译本》中，表示“童女”（young woman）与“适婚女孩”（marriageable girl）的希伯来字‘almah（המלע）被翻译成希腊字parthenos（παρθένος），这个字既可表示“童女”（young woman）或“未婚女子”（maiden），也可代表未曾有过性经验的“处女”（virgin）。

选择parthenos来翻译很奇怪。如果该处经文原本使用希伯来字betulah（הלותב；明确表示“处女”）[24]，则应该把它翻译成parthenos。然而，该处的希伯

24 《申命记》第22章28～29节记载一则故事，讲述男子与女子行淫的处罚，从中可明显看出希伯来文betulah的定义是“没有性经验的人”，因为该女子在被奸淫之前被描述为“处女”（הלותב，betulah），但在奸淫之后就被称为“童女”（הרענ，na‘arah）。《创世纪》第24章第16节甚至明确将betulah定义为没有性经验的人：“那少女（רענ，na‘ar）容貌非常美丽，还是个处女（הלותב，betulah），没有男人亲近（עדי，yada‘）过她。”

来文是 'almah（"适婚童女"），翻译时就不该使用 parthenos，因为《七十士译本》的译士在别处经文遇到 'almah 时，使用了各种表示"童女"的同义词，譬如在《出埃及记》第 2 章第 8 节用 neanis（希腊文：νεâνις），在《箴言》第 30 章第 19 节用 neotēti（希腊文：νεότητι）。[25]

因为 parthenos 可以指"处女"，而《七十士译本》在《以赛亚书》第 7 章第 14 节用了这个词，马太便以"那种"观点去诠释经文，认为并暗示玛利亚没有通过性交便神奇怀孕（唯有通过《七十士译本》才能如此诠释）。因此，《马太福音》引述《七十士译本》来描述玛利亚，认为她因圣灵成孕，生下名为"以马内利"（神与我们同在）的婴孩，而这位婴孩就是神的化身。

在基督教初期的历史中，已经出现反对处女怀孕生子的文献。公元第二世纪的基督教护教士"殉道者"游斯丁（Justin Martyr）在其著作《与特来弗对话录》（*Dialogue with Trypho*）中，提到他与一位名叫特来弗（Trypho）的犹太拉比争论处女生子之事。

> 特来弗回答："《圣经》并未如同你所引述的，记载'看哪！必有处女怀孕生子'，而是'看哪！必有童女怀孕生子'。这个预言是指希西家，而历史证明，预言确实在他身上应验了。此外，那些希腊人的寓言记载，达那厄（Danae）是个处女，却怀孕生下了珀耳修斯（Perseus）；宙斯是化作一阵金雨与达那厄交配使她怀孕。当你做出类似希腊寓言的宣称时，应该感到羞愧。你应该说，耶稣是凡人所生。如果你能从《圣经》证明，'他'就是'弥赛亚'，在世时遵照律法过完美圣洁的生活，'他'就该获得'弥赛亚'的尊荣，（这样很好）。但是你不要贸然倡导怪异现象，免得被人认为你跟希腊人一样，满嘴胡说八道。"[26]

即便游斯丁不认同特来弗的质疑，但《与特来弗对话录》成书于公元第二世纪中期，表示在基督教初期，就有人不同意基督徒对以赛亚预言的诠释，质疑他

---

25 《希伯来圣经》另有 9 处经文出现 'almah，其中《创世纪》第 24 章第 43 节是唯一的例外，《七十士译本》将该处的 'almah 翻译成 parthenos。

26 游斯丁《与特来弗对话录》，第 67 页。

们以这种论点来宣称耶稣是处女所生。[27]

由此可知,《七十士译本》的翻译并非完美，让人可以从迥异的角度去诠释《希伯来圣经》的某些经文。这两种版本有数百处经文不吻合，包括增补内文、删除经文、更改神学观与翻译低劣，这些都会影响希腊化的犹太人与基督徒对《圣经》的解释。

然而,《七十士译本》的译士不仅在亚历山大翻译了《希伯来圣经》的正典，还翻译了没被纳入正典的经书，这些经书统称“次经”(Apocrypha)。

次经

所谓次经，就是收录于《七十士译本》，却没被纳入《希伯来圣经》正典的经书。这些经书为何没归入正典，学者至今仍然争论不休。次经包括《多比传》(Tobit)、《犹滴传》(Judith)、《以斯帖补篇》(The Additions to Esther)、《所罗门智训》(Wisdom of Solomon)、《便西拉智训》(Sirach，亦称 Wisdom of Jesus the Son of Sirach 或 Ecclesiasticus)、《巴录书》(Baruch)、《耶利米书信》(The Letter of Jeremiah)、《亚萨利雅祷言与三童歌》(The Prayer of Azariah and the Song of the Three Jews)、《苏撒拿传》(Susanna)、《比勒与大龙》(Bel and the Dragon)、《玛拿西祷言》(The Prayer of Manasseh)、《诗篇 151 篇》(Psalm 151)、《玛喀比传上卷》(1 Maccabees)、《玛喀比传下卷》(2 Maccabees)、《玛喀比三书》(3 Maccabees)、《玛喀比四书》(4 Maccabees)以及《以斯拉续编上卷》(1 Esdras)。

有些读者知道其中的某些书籍，有些人则会怀疑我在胡说。各位放心，以上书籍都收录于《七十士译本》。此外，许多次经附和的主题与《希伯来圣经》后期撰写的故事(如《但以理书》与《以斯帖记》)是一致的。这一点很重要，因

27 值得注意的是，游斯丁在《与特来弗对话录》的第 71 页劈头便提供特来弗“证据”，宣称“耶稣是处女所生”完全正确，因为《七十士译本》是《希伯来圣经》的完美译本！他说这两种版本有所差异，乃是犹太人“删除”《希伯来圣经》的相关经文，“不是”《七十士译本》误译。当然，游斯丁的立论基础在于,《七十士译本》如同《亚里斯提阿斯书》(大约于公元前 125 年撰写)宣称的那般完美无缺。然而，游斯丁比较了《七十士译本》与《希伯来圣经》的差异，再次证明这两个版本有落差，而且许多基督徒对耶稣的宣称只有引述《七十士译本》时才能够成立。

为它揭露了犹太人在第二圣殿期后期所面对的特定困境，比如反抗外邦侵略与避免崇拜偶像。后续章节将约略讨论次经内容。

⌘《多比传》

这部次经记载一段长篇故事，剧中人物类似于某些《圣经》故事的角色，这些故事包括《以斯帖记》、《士师记》中参孙（Samson）与底波拉（Deborah）的故事，或者《列王纪》中先知伊莱贾（'Eliyahu /Elijah）与伊莱沙（' Elisha '/ Elisha）的故事。多比（Tobit）是正直的以色列人，双目失明，便向上帝求死。他吩咐儿子多比司（Tobias）去办差事。后来，多比司在路上遇到撒拉（Sarah）。撒拉也忧愁悲伤而向上帝祷告求死，因为她嫁过七个丈夫，但那些丈夫在新婚之夜便死亡；恶鬼亚司马提（Asmodeus）在每位新婚丈夫尚未与她同房之前便杀了他们。

如果这听起来很像麦克·梅尔斯（Mike Myers）的喜剧电影《蜜月危险期》（*So I Married an Axe Murderer*）（本片是我的最爱！），别忘了《多比传》第 3 章第 8 节（与第 6 章第 14 节）也可能启发撒都该人（the Sadducees）去质询耶稣人死后之事。《马太福音》第 22 章 25～28 节[28]记载：

> 从前我们这里有兄弟七人，头一个结了婚，没有孩子就死了，留下妻子给他的弟弟。第二个、第三个直到第七个都是这样。最后，那女人也死了。那么，复活的时候，她是这七个人中哪一个的妻子呢？因为他们都娶过她。

这个假设性问题并非全然荒谬无稽。撒都该人可能早已对《多比传》中著名的犹太人故事产生了兴趣。

上帝最后对多比与撒拉施予怜悯，而且多比司与撒拉终成眷属，让故事以大团圆结局。在第二圣殿时期，多比的故事广受欢迎，因为饱受外邦（塞琉古帝国）统治的犹太人可从中得到希望与喜悦。

28　请参阅：《马可福音》第 12 章 20～23 节；《路加福音》第 20 章 29～32 节。

《犹滴传》

大家读到犹滴（Judith）的故事时，很快会想到《士师记》第4章雅亿（Ya'el）与西西拉（Sisera'）的故事。犹滴是一位美丽的犹太寡妇，后来成为刺客，前去敌军阵营引诱亚述将军何乐弗尼（Holofernes），然后砍下他的头颅。几乎所有的学者都认为本书是历史小说（由于内文多与史实不符，如开头第一句将尼布甲尼撒二世记载为“亚述”王，而非巴比伦王），讲述犹太人抵抗外侮的寓言故事。这则“救赎故事”的书写背景是被塞琉古帝国占领的犹大国，不仅可娱乐当时心灰意冷与苦苦挣扎的犹太人，也能使他们从中得到鼓舞。

《以斯帖补篇》

这部书文如其名，记载《圣经》正典《以斯帖记》的六个补充章节，目的是要解决一个问题：《以斯帖记》有别于其他《希伯来圣经》正典，完全没有以名称（耶和华“YHWH”）或统称（神“’Elohim”）来提及上帝。许多学者认为，这就是《死海古卷》没有包含《以斯帖记》的原因。《以斯帖补篇》记载明确提到上帝的祷告文与经文，借此解决上帝未曾出现于《以斯帖记》的问题，同时添加作者认为可提供进一步解释的细节。

《所罗门智训》与《便西拉智训》

这两部书统称“智能”书，记载智能格言与精辟警句，读之犹如正典《箴言》。它们迥异于收录智慧格言的书籍，乃是讨论犹太神学，指出真正的智慧是顺服耶和华与《律法书》。

《巴录书》

《巴录书》严格来说是《巴录一书》，以便跟后来的《巴录二书》、《巴录三书》与《巴录四书》区隔。它应该是先知耶利米的抄写员尼利亚的儿子巴录（Baruch）所撰写（《耶利米书》第36章第4节）。这部书内容简短，讨论放逐与回归，阐述犹太人不忠于耶和华，而不是上帝疏忽或无能，因此犹太人是自作自受，才会被掳到巴比伦。《巴录书》的结尾语带希望，预示以色列人将于波斯帝国统治时期重回圣城。

⌘《耶利米书信》

在圣哲耶柔米（又译哲罗姆，Jerome）的《武加大译本》（Vulgate；他翻译的《圣经》拉丁文译本）中，《耶利米书信》其实是《巴录书》的第六章，但《七十士译本》却将它独立出去。现存最古老的《耶利米书信》是昆兰第七洞穴出土的希腊文本（编号 7Q2），至少可追溯至公元一世纪。布鲁斯·梅茨格（Bruce Metzger）认为，《耶利米书信》这部书内容极短，乃是根据《耶利米书》的某句经文（第 10 章第 11 节）来挖苦讽刺。那句经文很独特，《耶利米书》别处的经文全是用希伯来文撰写，但它却是以亚兰文书写。其实，除了《但以理书》与《以斯拉记》的经文，《圣经》就只有这句话是以亚兰文书写。[29]

《耶利米书》插了这句警告偶像崇拜的奇特经文，其中包含一个恰到好处的亚兰文双关语，这个双关语就涉及偶像崇拜。第 10 章第 11 节的经文如下：你们要对他们这样说："那些没有创造天地的神，必从地上、从天下消灭。"此处表示"创造"（make）的亚兰文是 ‘avadu（עבדו），而表示"消灭"（perish）的亚兰文听起来则像 ye’vadu（יאבדו），[30] 两者巧妙形成双关语。

因此，《耶利米书信》基于一句奇特的亚兰文经文发挥，再度警告犹太人别崇拜偶像。它使用生动逼真，甚至滑稽有趣的文句来挖苦偶像崇拜。譬如，我最喜爱的 20～23 节经文如此记载：偶像没有发现自己的脸被庙里的烟熏成黑色。

---

29 《但以理书》第 2 章第 4 节到第 章第 28 节是以亚兰文书写的。这点并不奇怪，因为这些章节讲述但以理的故事，以及他在讲亚兰文的巴比伦所遭遇的经验。这部书可能是在犹太人以亚兰文为主要语言的时期成书。《以斯拉记》第 4 章第 8 节到第 6 章第 18 节以及第 7 章 12～26 节也是以亚兰文撰写的。这些章节记载来自于波斯的数封信件，而当时波斯是使用亚兰文，而且信件之间的经文也是以亚兰文书写。《创世纪》第 31 章第 47 节也记载一处亚兰文地名（译者：迦累得，"以石堆为证"之意）。因此，《耶利米书》第 10 章第 11 节很奇特，因为这句亚兰文经文是被后期的编者插入耶利米的预言之中的。

30 其实，这两个亚兰文字的字根 עבד（‘avad）与 אבד（’avad）是同音的（希伯来文亦是如此），因为这两个字的开头字母被称为"喉音摩擦辅音"（glottal spirant consonant），简称为颚音（gutteral），等到《七十士译本》成书时，它们的辅音就丧失了。（没学过语言学的人，初学希伯来文或亚兰文字母时，经常会搞混 ’aleph "א" 与 ‘ayin "ע" 这两个不发音的字母。）因为它们不发音且容易搞混，这节经文的作者利用"创造"（make/create；עבד/‘*avad*）与"消灭"（perish/destroy；אבד/’*avad*）亚兰字来作为双关语，警告民众不可敬拜偶像：The gods who did not *make* (עבד, ‘*avad*) the heavens and the earth shall *perish* (באב, ’*avad*) from the earth and from under the heavens.（那些没有创造天地的神，必从地上、从天下消灭）。

蝙蝠、燕子与飞鸟歇宿于它们的身躯与头颅，连猫都藏匿在那里。你们从这些事当知道，偶像并非神，别畏惧它们。如果偶像无法制止猫咪睡在它们身上，也无法不让鸟儿在它们身上大小便，那它们很可能就不是真正的神。

《亚萨利雅祷言与三童歌》

这两部书紧密相连却彼此独立，记载的故事与《但以理书》第 3 章的烈火窑有关。但以理的三位犹太人朋友沙得拉（Shadrach/Ḥananiah）、米煞（Meshach/Misha'el）与埃布尔尼歌（'Abednego，又称为亚撒“萨”利雅“'Azariah”，第 1 章第 7 节）拒绝向尼布甲尼撒的金像俯伏敬拜，因此被扔在烈火窑，但上帝的天使拯救了他们，使他们免于一死。

我们从第二圣殿期撰写的犹太文学中发现，渴望上帝拯救的人必须先祈求上帝帮助、承认自己的罪、乞求上帝原谅，然后承诺被拯救之后会赞美上帝。《但以理书》第 3 章记载这三位虔诚的犹太人被抛入烈火窑时“没有”呼喊上帝，然后便出现奇迹，上帝出手拯救了他们。《亚萨利亚祷言》的作者显然认为这样不够，必须替这故事“增补”《但以理书》第 3 章“遗漏”的祷告。因此，《亚萨利雅祷言》就是亚萨利雅（埃布尔尼歌）该说的悔罪祷告。

《三童歌》是沙得拉、米煞与埃布尔尼歌发现上帝从烈火中拯救他们时高唱的圣歌歌词。

《苏撒拿传》

这部书记载了一则精彩绝伦的故事，将但以理描述成睿智的英雄。嫁给义人的苏撒拿（Susanna）某天在花园沐浴时，两位行事诡异、内心曲邪的老人在旁偷窥。但以理犹如美国电视剧《法律与秩序》（Law & Order）的主角，控诉并质问这两位窥探者。这则故事又记载苏撒拿发现自己濒临死亡时向上帝祷告呼救。

苏撒拿拒绝与那两位受城中民众尊敬的老人交合，老人便诬告她通奸。苏撒拿得知别人都不相信她，便向上帝祷告，寻求正义，于是上帝便感动故事主角但以理，使其挺身替苏撒拿辩护。但以理斥责城中百姓没有证据便妄定苏撒拿的罪（第 48 节），然后指责两位老人造假见证（如果罪名成立，亦可判处死刑）。但以理引诱两位老人说出相互矛盾的供词，终于让苏撒拿逃过一劫。《苏撒拿传》鼓励犹太人，即便面临诬告与死亡也不能犯罪，因为上帝最终会拯救义人。

《比勒与大龙》

这部书的主角也是但以理，他批评偶像崇拜。但以理两度因为拒绝敬拜巴比伦的偶像而身陷危险。在第一个故事中，但以理拒绝敬拜名叫比勒（阿迦特德与巴比伦的称号，表示“上帝”或“主”，类似迦南的巴力）的偶像。他顺利证明比勒的众祭司夜里偷偷吃掉献给比勒的酒食，国王便赦免虔诚的但以理，然后杀了祭司们。在后续的故事中，但以理再次拒绝敬拜巴比伦人尊敬的一条巨龙而面临死亡。但以理毁了偶像之后，被众人扔在洞里喂七只猛狮。他在狮子洞里屈伏了六日，因上帝的帮助而存活。

在这两则故事中，但以理被命令去敬拜波斯王古列（Cyrus the Persian；译注：居鲁士二世或塞鲁士）（第1节）的偶像。古列最终转而敬拜但以理信奉的上帝（耶和华），他在第41节呼喊：“大哉！，但以理的上帝，除主之外没有别的神！”因此，除了以幽默手法指责偶像崇拜，《比勒与大龙》还解释了《以赛亚书》第45章第1节引发争议的经文，因为古列在该处被称作上帝的“弥赛亚”（译注：原文为耶和华所膏的古列，希伯来文“所膏的”（anointed）就是“弥赛亚”（messiah））。为何外邦国王会被称为弥赛亚，这部书提供了解释：古列王“改信耶和华”，因此允许他的犹太“兄弟”返回耶路撒冷。

《玛拿西祷言》

这部次经又试图提供作者认为《圣经》正典欠缺的祷告。根据《历代志下》第33章12～13节，犹大王玛拿西（King Menasheh/Manasseh）最爱敬拜偶像，据说他向上帝祷告，但经书却没有记载他的祷告词。因此，作者便撰写玛拿西应该向上帝祷告的话语。《历代志下》第33章1～20节与《列王纪下》第21章1～18节记载了类似的内容，但前者额外指出玛拿西向上帝忏悔，所以《玛拿西祷言》想提出解释。

《列王纪下》第21章1～18节记载玛拿西王在犹大所行的恶事，但是没有只言片语提到他曾经忏悔。然而，《历代志下》第33章1～20节却说玛拿西王被掳到巴比伦，于是对自己的罪过感到忏悔，便向上帝祷告，祈求让他返回耶路撒冷，重登王位去治理人民。他后来登基作王共 55 年，在位期间比任何犹大王都长。

考古实证指出，玛拿西效忠于亚述帝国，难怪会被《圣经》谴责。[31]《列王纪下》第 21 章把他描述成不知悔改的邪恶君王，但《历代志下》第 33 章又说他被流放，悔改之后返回耶路撒冷，尔后继续统治百姓。这两处经文其实有落差。《历代志下》第 33 章 15～16 节进一步讲述玛拿西王悔改后的义举，并从中解释为何上帝允许他继续为王。然而，我们找不到任何经文记载玛拿西悔悟祷告时说了什么，而且第 33 章第 19 节又明确指出他的祷告写在“何赛的书”（records of the seers），进而凸显了这个问题。

《玛拿西祷言》此时便应运而生，简短记载玛拿西在巴比伦向上帝祷告什么。这部书说明玛拿西“遗失的”祷告词，阐明玛拿西的悔改，说明他为何如此长寿，进而补足了前述两处经文的落差。

《诗篇 151 篇》

许多人可能不知道，诗篇其实不止那些收录于正典《诗篇》的 150 篇，死海古卷（11QPsa 或 11Q5 手稿；译注：保存完好的死海古卷诗篇）包含许多诗篇，《诗篇 151 篇》是其中之一。在《七十士译本》中，《诗篇 150 篇》（正典《诗篇》的最后一篇）的后头就是这篇经文，其上标明确告诉我们它的内容：本篇献给大卫，但不收录于正典（outside the number）。[32] 大卫于一回合的战斗中杀死歌利亚（Goliath）。《诗篇 151 篇》就记载了大卫战胜巨人歌利亚的故事。

《玛喀比传上卷》与《玛喀比传下卷》

马加比起义之后，犹太人建立了哈希芒王朝，这两部书就在宣传该王朝。它

---

31 大英博物馆收藏高十三英寸（约 33 厘米）的艾萨克哈顿棱柱（Prism of Esarhaddon），上头提到犹大王玛拿西效忠于亚述王西拿基立的儿子与继承人艾萨克哈顿。艾萨克哈顿棱柱于尼尼微出土，可追溯至公元前 673 年～公元前 672 年。棱柱第 5 面的第 55 行记载：推罗王巴力鲁（Ba‘lu）、犹大王玛拿西。请参阅：*ANET* 291。有 22 位国王向亚述王艾萨克哈顿纳贡，献上建造建筑的原材料，玛拿西就是其中之一。艾萨克哈顿的儿子亚述巴尼拔也将玛拿西称为忠诚的附属君王，因为玛拿西曾帮助亚述巴尼拔攻打埃及。

32 “位于编号之外”（Outside the number）就是不收录于正典的诗篇，至少这是在编纂《七十士译本》时所下的决定。

们成书于公元前第二世纪末期或公元前第一世纪初期，学者凭着内文得知，从塞琉古帝国国王安提亚古四世统治末期（公元前 167 年）到西门（Simon）统治结束（公元前 134 年），然后一直到约翰·胡肯奴（John Hyrcanus）继任为王，哈希芒王朝人到底想如何告知百姓他们为何起义登基。《玛喀比传下卷》就是接续《玛喀比传上卷》（试想《星际大战前传 1：幽灵的威胁》），讲述希腊化在犹大的兴起，继而强调犹大·马加比如何领导马加比起义，对抗安提亚古四世。

《玛喀比三书》

这部书迥异于前面提到的上、下卷。它以希腊文撰写，大约成书于公元前 80 年～公元前 15 年（可能在亚历山大撰写），其开头篇幅可能已佚失。《玛喀比三书》的前半部（1～2 章）包含两段，第一段记载托勒密国王托勒密四世打算让犹太人改信酒神戴欧尼修斯（Dionysus），否则就要把他们贬为奴隶，而且他也想要进入至圣所（Holy of Holies；译注：这是犹太人旷野帐幕与后期圣殿的最内层，大祭司一年才能进入一次）。这部书讲述君王的傲慢与上帝的惩罚，因为等到大祭司西门向上帝祷告之后，神就惩罚托勒密四世。

《玛喀比三书》的后半部（3～7 章）改编一系列托勒密七世在位期间的传说，主要讲述义人与信上帝的人如何受到迫害与后来的平反，其中包括公开的种族灭绝，让一群喝醉的大象去踩踏犹太人（5～6 章）。幸好上帝派遣两位天使（除了犹太人之外，人人都看得见天使）站在大象前方，让大象陷入混乱，然后转身冲向全副武装的希腊饲养员，把他们逐一踩死。

《玛喀比三书》与前面提到的《亚里斯提阿斯书》有一个重要的差别，就是犹太人对于希腊化的反应。后者试图解释希腊文化与犹太教有许多共同之处，所以两者可以（也应该）共存，而前者却描述犹太人因为只信奉一位上帝而受到嘲笑与迫害。因此，《亚里斯提阿斯书》想说服犹太人去信赖希腊人，但《玛喀比三书》却说，犹太人反抗希腊人时，上帝会保护他们。

《玛喀比四书》

这部书很可能也是亚历山大撰写，大约成书于公元第一世纪末期或第二世纪初期。基督教历史之父该撒利亚的优西比乌（Eusebius of Caesarea）与圣哲耶柔米把它称为《理性至上之探讨》(On the Sovereignty of Reason)，却误认为作者是犹太历史学家约瑟夫斯。这部书以希腊文撰写，文辞优美，悼念殉道的祭司伊莱贾撒(Eleazar)以及他的七位兄弟与母亲，赞许“维护美德而牺牲的高尚人士的勇气”(第1章第8节)。《玛喀比四书》这部智慧书探讨“理性是否掌控情感”(第1章第13节)，认为真正的智慧是遵守犹太律法，甚至面对死亡时也不例外，犹如伊莱贾撒立下的典范。作者遵照希腊哲思，相信灵魂不死，但却从未提到人死复生。

《以斯拉续编上卷》与《以斯拉续编下卷》

《以斯拉续编上卷》又称《以斯拉希腊本》(Greek Ezra)，因为它是正典《以斯拉记》的古老版本，全书以希腊文撰写，第四章添加了诸多经文。古代犹太人与基督徒都使用这部书，它被东方教会(譬如东正教会“Eastern Orthodox Church”)视为正典，而西方教会(譬如罗马天主教会“Roman Catholic Church”)则视其为次经。

《以斯拉续编下卷》是一部记载异象的预言书，作者号称是《圣经》中的先知以斯拉，约在公元第一与第三世纪之间逐渐成书。在成书期间，不同章节以不同名称被保留下来。前面两章被学者称为《以斯拉五书》(5 Ezra)，只出现于《以斯拉续编下卷》的拉丁文版本。据说这些经文是由基督徒撰写，记载先知以斯拉预告上帝拒绝犹太人，改由教会取代他们。3～14章被学者称为《以斯拉四书》(4 Ezra)，讨论以色列昔日苦难的重要性，然后记载七个异象，预示以色列的救赎希望。15～16章称为《以斯拉六书》(6 Ezra)，包含一系列预言，预示教会敌人的灭亡以及对受迫害者的教导。[33] 值得注意的是，《以斯拉续编下卷》成书太晚，无法被收录到《七十士译本》，但是拉丁文的《武加大译本》将它收编为附录，最后这部书便收录到钦定版圣经(King James Version)的次经章节。

学者无法确认为何这些次经没有成为正典。或许它们比多数正典成书更晚，也可能是因为它们并非以希伯来文撰写(许多拉比认为希伯来文是神圣的语言

33　请参阅：Harrington, *Invitation to the Apocrypha*, 185。若想知道对于《以斯拉续编下卷》的精辟评论，请参阅：*Early Jewish Writings*, http://www. earlyjewishwritings.com/2esdras.html。

“leshon ha-qodesh”)，而是以希腊文撰写。然而，在第二圣殿期，犹太人饱受外邦统治而倍感痛苦，这些次经提供了许多忠于上帝的例子与祷告词，让犹太人可以运用于日常生活。

小结

无论《亚里斯提阿斯书》是属实资料或杜撰文件，亚历山大仍是协助创造《圣经》的城市。《希伯来圣经》在此被翻译成《七十士译本》，后者不仅成为罗马帝国巴勒斯坦犹太人信奉的《圣经》，也是基督教作者以希腊文撰写《新约》时最常引用的版本。因为古亚历山大图书馆收录《希伯来圣经》，使得《七十士译本》才得以问世。

有了亚历山大，才有《七十士译本》，如此也才会有次经。这些广受欢迎的犹太经书虽然没有纳入《希伯来圣经》正典，却先后启发了犹太人与基督徒，使其在受压迫时能信靠上帝与行出义举。总之，《希伯来圣经》未曾提过亚历山大，《新约》也只略微提到它，但这个古城却扮演重要的角色，协助创造了现代《圣经》。

第八章

耶路撒冷

耶路撒冷并非因为古人在此撰写《圣经》而素负盛名，乃是因为犹太教与基督教将它视为思想、政治与神学中心。大卫曾在此登基为王，所罗门王亦如此。犹大王希西家从耶路撒冷起义反抗亚述（《列王纪下》第 18 章第 7 节）。约西亚推行改革而“发现”律法书（Book of the Law）。耶路撒冷是希律王居住之城，更是拿撒勒人耶稣死亡、埋葬与复活之地。无论基督教的信奉者或诋毁者，双方皆承认基督教起源于圣城，然后改变了西方世界。

你们要为耶路撒冷求平安，说："耶路撒冷啊！愿爱你的人都亨通。
愿你的城墙内有平安，愿你的宫殿中有安稳。"
为了我的兄弟和朋友的缘故，我要说："愿你中间有平安。"

——《诗篇》第122篇6～8节

我热爱耶路撒冷。一提到这座城市，不禁让人联想通往天堂的道路与惊心动魄的景象。有三大宗教将它视为圣地：犹太教、基督教与伊斯兰教。耶路撒冷有八十多万居民，涵盖数百种民族、国籍与宗教传统，大家居住于这个传奇的世界中心，在拥挤的丘陵与山谷过生活。

只要论及与《圣经》有关的城市，耶路撒冷绝对鹤立鸡群、名震四海，但这并非因为某些重要的《圣经》篇章在此撰写。其实，想宣称"任何"《圣经》经文曾在耶路撒冷书写都极为困难，因为除了圣城发布的行政公文，没有任何证据可兹佐证。

耶路撒冷并非因为古人在此撰写《圣经》而素负盛名，乃是因为犹太教与基督教将它视为思想、政治与神学中心。大卫曾在此登基为王，所罗门王亦如此。犹大王希西家从耶路撒冷起义反抗亚述（《列王纪下》第18章第7节）。约西亚推行改革而"发现"律法书（Book of the Law），许多学者认为那是《申命记》（《列王纪下》第22章第8节）。耶路撒冷躲过亚述王西拿基立的侵略，但后来毁于尼布甲尼撒二世之手。流亡的犹太人在波斯时期回归后重建圣城，后来圣城又被亚历山大大帝吞并，接着玛喀比家族将其夺回，等到罗马帝国崛起，圣城再度陷落。耶路撒冷是希律王居住之城，更是拿撒勒人耶稣死亡、埋葬与复活之地。无论基督教的信奉者或诋毁者，双方皆承认基督教起源于圣城，然后改变了西方世界。总结上述理由，耶路撒冷“确实”创造了《圣经》。

拜访耶路撒冷

耶路撒冷有悠久的考古历史。考古学家着眼于圣殿山（Temple Mount），希律王建造此地，扩展了圣殿的周边区域。如今，金色穹顶的圆顶清真寺（Dome of the Rock；亦称奥玛清真寺）矗立于圣殿山，而该处的西墙（Western Wall）是犹太教最为神圣的地方。两千多年以来，数百万人曾前来瞻仰此至圣之地。我穿越耶路撒冷蜿蜒曲折的小径时，看到犹太教、基督教与伊斯兰教在此融为一体。焚香的气味、诵念的祷文与烤羊肉的味道交织缠绕，融合成令人神魂颠倒的气氛，让我兴起怀旧之情并感到饥肠辘辘。（我现在想吃鹰嘴豆泥与烤羊肉，请各位稍待片刻。）

（好了，我吃饱了。我们继续往下看。）

我从圣墓教堂（Church of the Holy Sepulchre；传说耶稣埋葬与复活之处）开始穿越耶路撒冷旧城（Old City；译注：现代耶路撒冷市内的区域）曲折的巷道，行经穆斯林区（Muslim Quarter）的众多商店，最终抵达西墙。我边走边想，在数千年的历史洪流中，不同信仰的各种民族先后替这个伟大古城贡献了多少心力。正是这种共同积累的遗产（这种情况必须持续），耶路撒冷如今才能享有特殊的地位。

耶路撒冷的至圣之地是西墙，昔日称为哭墙（Wailing Wall），因为犹太人会在墙前哀悼圣城与圣殿的毁灭。然而，以色列在 1967 年的六日战争（Six-Day War）时并吞东耶路撒冷（East Jerusalem），以色列人便将此墙改名为西墙，因为不必再因圣城陷落而“哭泣”了。改名之后，这处至圣之地便能正确标示它与焚毁圣殿的相对位置。希律王当年曾扩建（第二）圣殿，场址如今称为圣殿山，而其西边围墙就是现今的西墙。西墙“不是”犹太圣殿的西边围墙，因为圣殿曾位于圣殿山的“顶部”，但公元 70 年被（罗马提多将军）焚毁。圣殿被毁之后，犹太人不断前往当年圣殿矗立之处祭拜。罗马皇帝哈德良（Hadrian；统治期间：117～138 年）曾禁止犹太人进入耶路撒冷，而数个世纪之后，伊斯兰教徒占领耶

圆顶清真寺所在之处，乃是昔日犹太圣殿矗立之地。这座清真寺兴建于公元 691 年，用来纪念先知穆罕默德传说的“夜行登霄”（Isrā' and Mi'rāj；Night Journey into the heavens）。

路撒冷（公元 637 年），当时阿拉伯帝国哈里发（中世纪政教合一阿拉伯国家的元首）阿布杜拉—马里克（Caliph ‘Abd al-Malik）在昔日犹太圣殿的地基上建造圆顶清真寺。

犹太人在公元第十四世纪重新定居于耶路撒冷，随后便向着最接近圣殿山西南隅的摩洛哥区（Moroccan Quarter）聚集。这里紧临圣殿山最接近第二圣殿至圣所的围墙。过去数百年来，犹太人不断到这面西边围墙（西墙）来敬拜。公元第十六世纪中期，奥斯曼帝国（Ottoman）苏丹（sultan；穆斯林国家统治者）苏莱曼一世（Suleiman I the Magnificent；统治期间：公元 1494年～1566 年）允许犹太人可以合法前往哭墙敬拜，这让犹太人逐渐认为，神的荣耀（Shekinah；亦即“神住”或“神在”“presence of God”）移到了哭墙。如今，这面古墙每年都能吸引一百万游客。

我依然记得第一次拍摄西墙照片时的经历。当时我以为自己是游客，既是首度来到圣城，也可能是“最后”一次，所以想怎样就怎样。我刚过了检查哨，来

西墙与前方广场。右边是通往圣殿山顶部穆格拉比门的坡道（Mughrabi Ramp）。右上角隐约可见阿克隆清真寺的圆顶。

到阶梯的顶端，便面对西墙拿出相机拍照。有位披着围巾的妇女随即迎向我，用蹩脚的英语大喊："不能照相！不能照相！ SHABBAT'安息日'！"

我起初以为那是句骂人的话，而那个女人就在骂我。我放下相机，走了几步，假装要离开。然后，等到一群游客经过我面前时，我便以他们作为掩护，偷偷举起相机再拍一次西墙。此时，一位老人面露不悦，又对我大喊："不能照相！ SHABBAT'安息日'！不能照相！"

我当时心想："又在骂人了！"

我走到西墙前方阶梯的最底端，没有从胸口举起相机，很滑稽地扭扭脖子并仰望天空，试图随意拍下前方巨大的西墙，但又假装"根本"没这回事。

那时，有一位男性正统派犹太教徒，全身黑衣打扮，快步走向我。他没有自我介绍，只是很有礼貌地对我说话，但语气甚为坚定。

他说道："星期六是安息日，是犹太人的圣日。我告诉你为什么这天不能照相。"

我站在那里，有点惊讶，心想这个人怎么如此多事，我没问就劈头告诉我

圆顶清真寺与西墙的相对位置。

作者面对西墙拍照。墙面缝隙都塞着纸片，上面写着西墙游客的祈祷与祝福。

缘由。不过，我终于知道那天早上没被人骂两次，心里倒也舒坦不少。我回答："好吧，你说！"听起来好像我有选择似的。

他随即快速解释："对犹太人来说，安息日是休息与崇拜的圣日。我们不工作，也不使用机器，包括照相机，所以安息日不可使用照相机。而且，你这样做很无礼。就好像你和家人正在祷告，有位游客走进你的教堂对你拍照。你祷告时绝不会让我拍照，所以请你也不要这样对待我们。好不好？"

我点头表示同意，然后快步走下楼梯。从那天起，我就要求自己注重礼节，遵守宗教观光旅游时的照相规矩。后来，我每年都会前往耶路撒冷，逐渐了解安息日不照相是常见的礼节，"即便"安息日当天是你"唯一"待在耶路撒冷的时刻，也是你"唯一"拍摄西墙的机会（我可以找各种借口），你也不能照相。《出埃及记》第 23 章第 12 节记载："六日之内，你要照你的照片；但第七日你要安息。"

那里很流行将祷告词写在纸上，然后把它塞进西墙内。我替家里的每个孩子代祷，写下他们的名字与简短祝福，把纸折成像牙签一样，试着把它塞入墙壁的缝隙中。做过这件事的人都知道，这简直难上加难，因为墙壁缝隙几乎塞满了祷告纸片。我不敢硬把别人的取下来，换上我的纸片，免得招惹西墙发怒，让整面墙承载的祝福都蒙上阴影。

看守西墙的警卫每年都会收集好几次纸片，然后恭敬地把它们埋在耶路撒冷东部的橄榄山（Mount of Olives）。如果你没办法前往圣城，亲自将祷告纸片塞进西墙，你可以发短信、写电子邮件或使用苹果手机的"传送祷告"（Send a Prayer）程序，现在甚至可以写推文（tweet），将你的祷告传送到西墙。我不骗你，你可以把推文发到 @TheKotel（译注：前往"推特"的网页 twitter.com/thekotel 发文），有人会把你的祷告打印出来，折叠之后塞入西墙缝隙。[1] 其实，以色列 Bezeq 电信公司也有一条提供相同服务的传真专线。你若不懂科技也没关系，可以把信寄到"耶路撒冷的上帝"（God, Jerusalem）。以色列邮政总局的"写信给上帝部门"（Letters to God Department，"确实"有这个部门！），他们会处理

1　若想知道更多的信息，请前往：http://www.tweetyourprayers. info/。

你的信件。等西墙缝隙清空之后，他们就会把你的信塞进墙壁。[2]

参观圣殿山顶部的穆斯林圣殿比较困难。除非你是伊斯兰教徒（而且“看似”伊斯兰教徒，因为耶路撒冷极重视安全，会明目张胆进行种族归纳“racial profiling；译注：或称种族貌相判定，意指预设某个种族容易犯下特定罪行，因而专门检查该种族的人”，但巴勒斯坦或以色列方面都未曾承认这点。)，否则无法进入阿克萨清真寺与圆顶清真寺。

911 恐怖袭击事件之后，美国与欧洲颁布了新法规，前述政策是要响应那些新法规。非伊斯兰教徒基本上无法进入阿克萨或圆顶清真寺，因为这两栋建筑是专门用来祷告的场所（解读：谢绝游客参访）。恐怖袭击发生之前的 1999 年与 2000 年，我有幸参观过这两栋清真寺。许多学者认为，当年的犹太圣殿矗立于如今圆顶清真寺所在之地。这座清真寺美得令人惊叹，融合了伊斯兰艺术与建筑之美，[3] 其所在之处曾是一千多年的犹太教信仰中心。

耶路撒冷的早期历史

根据迄今为止的考古实证，公元前 3500 年左右，基训泉（Giḥon Spring）附近就有村落。无论考古证据或圣经都指出，希伯来人出现于耶路撒冷之前，迦南人早就在那里定居了。古埃及法老辛努塞尔特三世（Senusret III；统治期间：公元前 1878 年～公元前 1839 年）在位期间，路克索（Luxor；译注：古称底比斯“Thebes”）的埃及“咒诅文”（execration text）率先记载耶路撒冷的名称。许多陶瓷器皿碎片上记载 19 处迦南城市名称（埃及人将它们视为敌人），其中包括耶路撒冷，而圣城的名字当时是以僧侣书写体（hieratic，亦称埃及草书；译注：古埃及僧侣使用的草书体，比埃及象形文字更为简化，)，记载为

2　请参阅：McCarthy, “Letters to God”。

3　讽刺的是，哈里发阿布杜拉—马里克将圆顶清真寺建造为伊斯兰圣殿，以此纪念先知穆罕默德的夜行登霄（起参阅《古兰经》第 17 章），并且在首都大马士革附近建造另一个朝圣之地，但是他却雇用当时最好的建筑师来兴建这栋寺庙，而那些建筑师刚好就是拜占庭基督徒。这就是为何圆顶清真寺的建筑样式与八角楼面设计类似于拜占庭教堂，尤其像耶路撒冷与伯利恒之间的圣玛丽拜占庭教堂（Byzantine Chapel of St. Mary）。

“鲁西埃拉蒙”（Rushalimum）。[4]

咒诅文是一种感应巫术（sympathetic magic）。古人先在陶器表面写上要咒诅仇敌的名字，然后打破陶器，深信这种破坏行为会在仇敌身上发生类似的效应。[5]另一种是先制造仇敌的雕像（类似巫毒娃娃），然后砸碎、切割或戳捅它，甚至尿在它身上（没错，确有其事），最后把它烧毁、扔在垃圾桶里，或者掩埋起来。

《希伯来圣经》(《民数记》第 5 章 11～31 节)[6]与《新约》都曾记载这种神奇的宗教文字。根据《腓立比书》第 4 章第 3 节与《启示录》的多处经文，[7]被拯救者的名字都被写在“生命册”（Book of Life）上。这很可能呼应《但以理书》第 12 章第 1 节的主题：“那时‘你的同胞中名字记录在册上的’，都必得拯救。”，而这又再度呼应《出埃及记》第 32 章第 33 节：“谁得罪了我，我就要‘从我的册上把谁涂抹’。”谁的名字写在神的册子上，谁就被“拯救”，这种观念深植于古代近东行之多年的感应巫术，以及书写的超自然（神圣）力量。[8]

除了埃及咒诅文，《圣经》以外的文献也曾提到耶路撒冷。公元前 1400 年左右的阿马尔奈文书把耶路撒冷称为“乌鲁萨林”（U-ru-sha-lim）。[9]因此，早在希伯来人或以色列人来此定居之前，这里使是一个已有人烟的城市，其名称类似于耶路撒冷。至于以色列人如何来到耶路撒冷，这个问题困扰过学者们。然而，最重要的是，大卫如何与耶路撒冷建立亲密的关系，以至于圣城会称为“大卫之城”（City of David），下一个章节将会讨论这点。

4　请参阅：Armstrong, *Jerusalem*, 6。

5　若想知道更多关于埃及咒诅文的信息，请参阅：Ritner, *Mechanics of Ancient Egyptian Magical Practice*, 136～53。

6　耐人寻味的是，《圣经》也有感应巫术。《民数记》第 5 章 11～31 节记载一则古怪的故事，讲述以色列人如何确定某个女人是否通奸。方法是（祭司）先写下咒诅，将所写的字抹在苦水里，而苦水包含帐幕地上的尘土，最后叫女人喝下那诅咒的苦水。写下咒诅就犹如咒诅文：咒诅的力量暗藏于书写文字，字墨被洗入药水之后，诅咒便成形。

7　《启示录》第 3 章第 5 节、第 13 章第 8 节、第 17 章第 8 节、第 20 章第 12 节与第 15 节、第 21 章第 27 节。

8　有人写过精彩的文章来讨论书写的超自然力量，请参阅：Schniedewind, *How the Bible Became a Book*, chap. 2。

9　*EA* 287, 290。请注意，*EA* 287 与 *EA* 289 也出现这个名称，只是 sh 音被替换成 s 音，因此写成 U-ru-śa-lim。

大卫征服耶路撒冷

以色列人到底如何移居到耶路撒冷？根据《塞缪尔记下》第5章以及内容雷同的《历代志上》第11章，大卫征服了耶布斯人的城（Jebusite city；大卫征服此城之前，《圣经》便如此称呼它）。简言之，大卫征服了圣城，然后以它为首府。

话虽如此，学者早就看出《圣经》描述早期以色列人与耶路撒冷互动时的自相矛盾。《塞缪尔记下》第5章6～9节与《历代志上》第11章4～8节便有落差，这两处经文记载“谁”占领耶路撒冷时说法不一。《塞缪尔记下》第5章第7节指出“大卫”攻取了锡安的保垒，但《历代志上》第11章第6节却记载约押（Yo’av/Joab）占领了锡安，然后大卫为了奖励他的胆识与功绩，便命他为军队元帅。这个落差很容易解释：大卫是领袖，约押是奉命占领耶路撒冷的士兵。然而，这并非“实质的”问题。

更大的问题在于，《圣经》记载谁占领圣城时有多处自相矛盾之处，到底是乔舒亚（Yehoshu‘a /Joshua）或大卫。《圣经》有多处相关经文兜不拢，而我们又缺乏说明古代“以色列人统治”耶路撒冷的考古实证，因此圣城的早期历史依旧扑朔迷离。学者从自相矛盾的经文推断，《圣经》后期作者记载的许多关于耶路撒冷成为古代以色列人首府的故事，乃是为了证明公元前722年北国首府撒玛利亚陷落之前，耶路撒冷已是举足轻重的城市。《圣经》对圣城如何被占领的经文彼此矛盾，极难自圆其说。下面让我们概括说明。

耶路撒冷如何奠基

犹太教是基于圣城发展的信仰，但《摩西五经》（Pentateuch；亦即《圣经》的前五部书）却未曾提过耶路撒冷，这点着实令人意外。此外，在以色列男性主宰的历史中，亚伯拉罕（Abraham）、艾萨克（Isaac）与雅各布（Jacob）多数时在撒玛利亚、示剑与示罗（Shiloh）等地活动（这些地区后来成为犹大“南国”敌人以色列“北国”的中心），甚至远至耶路撒冷南方的希伯仑（Hebron）。因此，被掳与回归时期编纂《圣经》的作者必须提出耶路撒冷奠基的故事，才能让圣城与其他以色列的信仰中心（尤其是撒玛利亚）平起平坐。

编纂《圣经》的文士首先宣称，《创世纪》第14章第18节提到的撒冷（Shalem）便是耶路撒冷，即便从未有人使用耶路撒冷的简称，总以冗长的Ru-sha-li-mum或U-ru-sha-lim来称呼圣城。然而，《圣经》编纂者坚称麦基洗德（Melki-Ṣedeq/Melchizedek）的撒冷就是耶路撒冷，以便宣称埃布尔兰（Abram；译注：以色列先祖亚伯拉罕的原名）亲自认可了古代的耶路撒冷。[10]

其次，他们编纂耶路撒冷奠基的故事，诉说它如何成为大卫（上帝选召的领袖）之城。下面章节将简短讨论自相矛盾的《圣经》经文。

记载耶路撒冷如何被征服的矛盾经文

《乔舒亚记》第10章第1节首度提到耶路撒冷。以色列攻占此地之前的耶路撒冷王亚多尼·洗德（'Adoni-Ṣedeq/Adoni-zedek）与其他城市结盟，连手对抗刚刚侵略迦南的乔舒亚与希伯来人。第15章第8节又再度提到耶路撒冷，说它被大卫王占领之前称为耶布斯人的城。

根据《乔舒亚记》第10章23～27节，乔舒亚杀了耶路撒冷王亚多尼·洗德，第40节做出总结，记载乔舒亚"击杀了全地的人"，"不容'一人'逃脱，照着耶和华以色列的神的吩咐，把有气息的都'完全'毁灭了。"《乔舒亚记》第21章第44节强调这点："耶和华照着他向他们列祖起誓所说的一切话，使他们四境平静；他们所有的仇敌，'没有一人能在他们面前站立得住'。"第12章第10节明确指出耶路撒冷王已被杀死，而第24章第11节也明文记载，乔舒亚与以色列人击败了耶布斯人，后来占领了耶路撒冷。

然而，《圣经》却说以色列人"没有"征服耶路撒冷。《乔舒亚记》第15章列出以色列人承继的城市与土地之后，接着在第63节记载："至于住在耶路撒冷的耶布斯人，犹大人不能把他们赶走，所以耶布斯人在耶路撒冷与犹大人同住，直到今日。"因此，即便《圣经》说乔舒亚与以色列军队摧毁了周围的所有土地，并杀死了所有的国王，更有多处经文记载以色列人击败了耶布斯人，但是《乔舒

10　后来，公元前第三与第二世纪的犹太人著作（譬如，《创世纪外传》（*Genesis Apocryphon*）与更后期的塔古姆（译注：《希伯来圣经》的亚兰文译本）都指出第二圣殿期后期的人经常把撒冷视为耶路撒冷。《希伯来书》（6～7章）也传达这项传统。我即将出版一本名叫 *Melki-Ṣedeq, King of Sodom*（暂译：《撒冷王麦基洗德》）的书籍，内容主要研究麦基洗德以及第二圣殿期后期的人为何会把撒冷视为耶路撒冷。

亚记》第15章第63节说，以色列人“没有”征服耶路撒冷。问题出现了：为何《圣经》要保留这些彼此矛盾的经文呢？

《士师记》第1章第8节让耶路撒冷的早期历史更为扑朔迷离，因为它明确记载：“犹大人攻打耶路撒冷，把城占领，用刀击杀了城中的居民，又放火烧城。”而第1章第7节提到的国王名叫“亚多尼比色”（'Adoni-bezeq，可能是误载，或者是《乔舒亚记》第10章第1节提到的亚多尼·洗德），但结果依旧不变：犹大掠夺了耶路撒冷，然后将其烧毁殆尽。可是《士师记》第1章第21节紧接着又指出，便雅悯人（Benjaminite；译注：雅各布儿子便雅悯衍生的部族）“没有”将耶布斯人从他们刚烧毁的耶路撒冷赶走。因此，耶路撒冷有没有被毁灭，有“两种”说法；耶布斯人还有没有群聚在耶路撒冷，也有“两种”相互冲突的讲法。

大卫与歌利亚的故事也有问题。《塞缪尔记上》第17章第54节宣称，大卫替扫罗王杀死歌利亚之后，“拿起那非利士人的头，把它带到耶路撒冷去。”这里显然出了问题：扫罗还是国王，统治着基比亚（Giv'ah/Gibeah）；即将成为国王的大卫也尚未征服耶路撒冷（《塞缪尔记下》第5章才提到这点！）经文为何记载大卫将歌利亚的头带到耶路撒冷？詹姆斯·贺夫梅尔（James Hoffmeier）等学者认为，大卫把歌利亚的头带到耶路撒冷是预示“后续事件”，[11]但多数学者认为这是年代误植的错误，因为作者误以为大卫把歌利亚的头带回他的首府耶路撒冷当作战利品（类似古代近东诸国征战后的作为），浑然不知大卫当时还没有征服耶路撒冷。

因此，我们可以看出，《乔舒亚记》《士师记》《塞缪尔记上》与《塞缪尔记下》出现自相矛盾的经文。学者不是要问“有矛盾之处吗？”而是要问“为何要保留这些有出入的经文？”《乔舒亚记》第10章第40节宣称：“乔舒亚击杀了‘全地的人’”、“不容‘一人’逃脱”，以及“把有气息的都‘完全’毁灭了”，但是乔舒亚如果没有攻占耶布斯人的城（耶路撒冷），这段经文就有错误。还有一种可能，就是乔舒亚确实攻克了耶路撒冷，但碍于某些因素，《圣经》作者不想

11 请参阅：James Hoffmeier, “Exploring David's Strange Antics After Defeating Goliath,” Biblical Archaeology Society's *Bible and Archaeology Fest* Lecture, 2009。也请参阅：James Hoffmeier, “The Aftermath of David's Triumph over Goliath”。

让圣城受侵害。

由于后续还要讲述大卫的故事，我先下结论：《塞缪尔记下》第 5 章（还有《历代志上》第 11 章）记载的耶路撒冷被攻占之事，乃是圣城的奠基传言，犹如罗马诗人弗吉尔（Virgil）通过传奇故事，描述罗穆卢斯（Romulus）与瑞摩斯（Remus）这两位孪生兄弟建立了罗马（请参阅第十一章）一样。后期的《圣经》编纂者知道乔舒亚占领了耶路撒冷，也得知《士师记》有相关的记载，但是想让占领圣城的功绩归于“大卫”（《塞缪尔记下》第 5 章），让“大卫之城”可以成为上帝挑选的城市，同时让大卫这位“合上帝心意的人”（《塞缪尔记上》第 13 章第 14 节；《使徒行传》第 13 章第 22 节）成为耶和华挑选的君王。

现在让我们讨论被占领的耶路撒冷如何变成上帝之城。

耶路撒冷如何成为以色列人的圣城

约柜

《圣经》指出，大卫快乐安居于新首府耶路撒冷之后，便想把约柜迎到耶路撒冷。约柜之前一直安置于示罗，因此该城到当时为止是以色列的敬拜中心。奇怪的是，大卫率众将约柜运到耶路撒冷，但事情从头开始就不顺利。首先，《塞缪尔记下》第 6 章记载，当他们运送约柜时，“大卫和以色列全家在耶和华面前卖力作乐跳舞”（第 5 节）。运载约柜的牛失了前蹄，约柜眼看就要倾倒，牛车驾驶乌撒（‘Uzza’ /Uzzah）伸手去扶约柜，但耶和华发怒而当场击杀他（第 7 节），因为他违反不可触碰约柜的诫命（《民数记》第 4 章第 15 节）。大卫感到愤怒与恐惧，害怕约柜也会伤害他，便让约柜在迦特人俄别·以东（‘Obed’ Edom the Gittite）的家停留了三个月（第 11 节）。

后来，大卫看到俄别·以东因约柜蒙福，便编了列队去将约柜迎到耶路撒冷。那些抬约柜的人每走六步，大卫就献一头公牛和一只肥畜为祭，免得耶和华发怒（第 13 节）。约柜进入大卫在圣城所搭的帐幕时，大卫便献祭，让在场的群众联欢（18～19 节）。

将约柜迎进耶路撒冷极为重要，因为这象征圣城成为“神的城市”，此后就比其他以色列城市（尤其示罗、示剑与撒玛利亚）享有更崇高的地位。当文士收集资料来编纂《圣经》时，前述城市一直是耶路撒冷在争夺敬拜中心的主要敌手。换句话说，约柜在大卫统治时期被迎到圣城之后，《圣经》便说“真正的”敬拜之地或“真正”的上帝之城是“耶路撒冷”，并非撒玛利亚及其位于基利心山（Mt. Gerizim；请参阅《约翰福音》第 4 章第 20 节）的撒玛利亚圣殿。

圣殿

耶路撒冷的圣殿安置着约柜，最终便取代了它。第一章讲述过建造圣殿的故事。至于大卫占领耶路撒冷之前当地有没有圣殿，这点仍有争议。根据记载耶布斯人的城（亦即耶路撒冷）的文献，当时多数城市都设置敬拜上帝的神庙，因此这个城市很可能早就有神庙。我们疑惑的是：大卫占领耶路撒冷之后，是否便掌控一座已兴建好的神庙，而继位的所罗门王可能把它翻修后重新献给上帝，[12] 或者所罗门王确实兴建了“上帝之家”（《列王纪上》第 6 章）。

无论如何，根据《列王纪上》6～7 章的记载，圣殿的规划犹如其他的地区性神庙，譬如公元前第十世纪的安达拉（‘Ain Dāra）神庙（位于现今叙利亚的西北隅）、邻近的公元前第九世纪神庙（位于现今土耳其东南端的坦亦单“Ta‘yinat/Tayinat”土墩遗址），以及公元前第七世纪中期的“耶和华之家”（House of YHWH，位于犹大南部、耶路撒冷南方的阿拉德“‘Arad”土墩遗址）。因此，无论谁建造圣殿，都是效法铁器时代迦南的诸多神庙来规划。

当以色列人在旷野漂流期间，权力都归于四处移动的约柜。然而，一旦约柜被安置于耶路撒冷圣殿的至圣所之后（《列王纪上》第 8 章第 21 节），所有权力都转移到固定的圣殿，以色列人便有土有根，不再四处游牧。此后，《圣经》就极少提及约柜。《耶利米书》第 3 章 16～17 节记载：

12　在所罗门的统治下，最终成为祭司长的人名叫撒督（Ṣadoq /Zadok；《塞缪尔记下》第 8 章第 17 节），这个名称类似于《圣经》宣称在以色列人征服耶路撒冷之前便已经住在圣城的祭司与君王麦基洗德（Melki-ṣedeq；我的君王是洗德“My king is Ṣedeq”）与亚多尼洗德（’Adoni-ṣedeq；我的主是洗德“My lord is Ṣedeq”）。洗德（Ṣedeq）是著名的腓尼基神祇，而前述三人的名字都带有表示神明的字眼，我们可以从中推断，以色列人占领耶路撒冷之前，当地人可能信奉洗德，或者曾建造供奉他的神庙。

人必不再提说耶和华的约柜，不把它放在心上，不思念它，不觉得缺少，也不再制造。那时，人必称耶路撒冷为耶和华的宝座，万国要聚集到那里，因耶和华名的缘故来到耶路撒冷；他们必不再随从自己顽梗的恶心行事。

这段经文的作者暗示，对他的人民而言，约柜不再代表上帝；耶路撒冷反而成了上帝的宝座，为世上一无所有的民族提供希望。这种理想（耶路撒冷象征上帝与人类的希望）比约柜与圣殿更能流传百世。

《以斯拉记》《尼赫迈亚记》与重建圣殿

先前讨论过（请参阅第四章），耶路撒冷与圣殿在公元前587年毁于巴比伦王尼布甲尼撒二世之手。那是犹太人的低潮期，许多皇室贵族被迫流亡巴比伦。耶路撒冷居民认为圣殿有极高的象征意义，可见圣殿被毁是天大的灾难，以色列民族及其信仰都因此而彻底改变。

然而，阿契美尼德帝国的波斯人兴起后，于公元前540年征服巴比伦人，流亡的犹太人便产生新希望，认为统治者易位之后，有机会返回耶路撒冷重建圣殿。其实，波斯帝国不但支持这项举动，更提供了财务支助。

《以斯拉记》与《尼赫迈亚记》记载圣城的重建。《希伯来圣经》将这两部典籍视为“一”部经书，不像基督教《圣经》将其独立出来。这两部书通常写在同一份轴卷，因为它讨论相同的主题：耶路撒冷圣殿的重建以及波斯如何掌管新成立的耶胡德省（后来变成犹大省）。

古列饬令（《以斯拉记》第1章第2节记载：波斯王古列这样说：“耶和华天上的神……指派我在犹大的耶路撒冷为他建造殿宇。）颁布之后，以斯拉讲述回归的犹太人被遗留在耶路撒冷的犹太人仇视。遗留的犹太人希望协助建造圣殿（第4章1～2节），但从波斯回归的众人回答：你们不能与我们一同建筑神的殿，因为波斯王古列王吩咐我们自己为耶和华以色列的神建殿（第3节）。

如此一来，双方便彼此敌对。原本耶路撒冷的居民从中作梗，甚至以亚兰文给波斯王写信，请求他停止资助圣殿的重建。因此，《以斯拉记》第4章第8节到第6章第18节以及第7章12～26节是以亚兰文书写：这些经文保留了圣城与波斯书信往来的原本样貌。

波斯王亚达薛西（Artaxerxes）的酒政（cupbearer）尼赫迈亚请求国王允许他返回耶路撒冷（《尼赫迈亚记》第2章第5节），受到恩准后回到圣城。他告诉众人：让我们重建耶路撒冷的城墙，免得我们再受凌辱（第17节）。当然，原本留在犹大的居民不从，因为他们不想重建城墙，免得回归的犹太人重新掌控耶路撒冷。

有趣的是，我们几乎找不到耶路撒冷在波斯时期的考古证据。以色列现在进行的考古挖掘开始揭露这段不为人知的耶路撒冷历史。然而，目前已有很棒的考古发现，足以证明耶路撒冷的居民早就信仰上帝并对他怀抱希望，其中最著名的是欣嫩谷斜坡（Ketef Hinnom）银箔卷，其上篆刻之文日后成为《圣经》的重要经文，代表耶和华的祝福。

现存刻有《圣经》经文的最古老文献

欣嫩谷斜坡银箔卷正在耶路撒冷的以色列博物馆展出。1979年，匈牙利出生的资深以色列考古学家加布里埃尔·巴尔开（Gabriel Barkay）发现了这项文物。Ketef Hinnom（希伯来文，表示欣嫩谷山肩“shoulder of Hinnom”）是耶路撒冷旧城西南方的一处考古地点，位于欣嫩谷（Hinnom Valley，表示地狱“Gehenna”）与利乏音谷（Valley of Repha'im；请参阅《乔舒亚记》第15章第8节与第18章第16节）的交界处。

这两片精巧的银制卷轴刻着《民数记》第6章24～26节的著名祭司祝福（我女儿塔莉莎“Talitha”还小时，我每晚哄她睡觉时都会诵读它）。这篇祝祷文如下：愿耶和华赐福你，保护你；愿耶和华使他的脸光照你，赐恩给你；愿耶和华华敞脸垂顾你，赐你平安。

第一卷银箔如此记载。

> 耶和华是我们的恢复者（与）磐石。愿耶和华赐福你，（愿他）保护你。（愿）耶和华使（他的脸）光照。[13]

---

13 英文翻译出自：Barkay et al., “Amulets from Ketef Hinnom”。

欣嫩谷斜坡银箔卷可以追溯至公元前七世纪中期与公元前六世纪初期。它可当成护身符配戴，上头篆刻的文字类似于《民数记》第 6 章 24～26 节的祭司亚伦祝福。本图片由以色列博物馆提供。

第二卷银箔犹如第一卷，在收尾处记载上述著名的祭司亚伦祝福（Aaronic blessing）。

> 愿他/她蒙耶和（华）—那位战士/帮助者与（邪）恶驱逐者—赐福。愿耶和华赐福你，保护你。愿耶和华使他的脸光照你，赐恩给你；愿耶和华敞脸垂顾你，赐你（平）安。[14]

希伯来圣经与近东历史专家杰里米·史默克（Jeremy Smoak）在其著作《碑文与圣经的祭司祝福》（*The Priestly Blessing in Inscription and Scripture*）[15]中指出，这两小片银箔卷可以追溯至公元前七世纪中期与公元前六世纪初期（不久之后，耶路撒冷便陷落），穿戴在身上可避邪。其中一片银箔卷（KH2，4～5行）甚至称耶和华为“邪恶驱逐者”（Rebuker of Evil），因此它曾是配戴的珠宝，用来趋吉避凶。[16]

我们应该谨慎，别误以为银箔卷足以证明《圣经》在公元前六世纪便早已成书，实情或许刚好相反。史默克等诸位学者认为，银箔卷记载的诸多文字后来才被收录到《民数记》。这表示《圣经》收录古人对耶和华的早期思想与敬拜行为，然后将其编纂保存，供后世信仰者阅读。从银箔卷可以看出，早期以色列人与犹太人虔诚敬拜上帝，于是在脖子上配戴“篆刻”经文的物品，这些经文后来才纳入《圣经》。

因此，在波斯统治时期，相关文字被收集、撰写与编辑之后成为最早的《希伯来圣经》版本。现代犹太教可追溯至这段波斯时期，当时耶路撒冷圣殿已被重建，而且祭司在波斯的支持下成为独尊的宗教权威。属于大卫后裔的君王早已被波斯任命的省长取代，但是犹太人依旧缅怀古代君王（大卫、所罗门、希西家与约西亚），受膏君王统治下的以色列与犹大散发的光荣，以及期盼犹太弥赛亚的降临。然而，受膏的大卫后裔君王却迟迟不出现，犹太人便向上苍寻求“新”的

---

14 英文翻译出自：Barkay et al.,“Amulets from Ketef Hinnom”。

15 请参阅：Smoak, *Priestly Blessing in Inscription and Scripture*, 80～83。

16 《箴言》第3章1～14节与第6章20～22节提出佐证，证明古代以色列人确实会配戴辟邪物，教导幼儿要将父母亲的诫命与教诲“绑在你的颈项上”。

弥赛亚（救世主），期望他来恢复以色列的荣耀。

塑造（众）弥赛亚

圣经明确指出，大卫建立耶路撒冷之后，所罗门与后来的每位犹大国王都会在汲沦山谷（Qidron/Kidron Valley，构成大卫之城的东侧）的基训泉（Giḥon Spring）受膏。因此，耶路撒冷崇高的地位扮演了重要角色，让所有犹大的新王都在此受膏，成为上帝挑选的君王。

《列王纪上》第1章32～39节建立了这种传统。

> 大卫王又说："召撒督祭司、拿单先知和耶何耶大的儿子比拿雅到我这里来。"他们都来到王面前。王就对他们说："你们要带着你们主人的仆人，使我的儿子所罗门骑上我的骡子，送他下到基训去。在那里撒督祭司和拿单先知要膏立他作以色列的王。你们要吹角说：'所罗门王万岁！'……于是撒督祭司、拿单先知和耶何耶大的儿子比拿雅，以及基利提人和比利提人都下去，使所罗门骑上大卫王的骡子，送他到基训去。撒督祭司从帐幕里拿出那盛膏油的角，膏立所罗门，然后有人吹角，众民就说：所罗门王万岁！

在这个登基仪式中，所罗门骑着皇室骡子前往耶路撒冷东方的基训泉受膏为王。然后，有人吹角，众民也欢呼，高喊："让所罗门王活下去！"（新标准修订译本翻译得非常口语：Long live King Solomon"所罗门王万岁"。钦定本圣经则译得颇有英国人的味道：God save King Solomon!"上帝拯救所罗门王"！）

《撒迦利亚书》第9章第9节也提到相同的传统："锡安的居民哪！要大大喜乐。耶路撒冷的居民（"居民"原文作"女子"）哪！应当欢呼。看哪！你的王来到你这里了，他是公义的，是得胜的（字面意思：已被拯救）。他又是温柔的（和合本翻译：谦谦和和），他骑着驴，骑的是小驴。"因此，以色列国王与后来的犹大王都遵循同样的模式来加冕：国王要骑着皇室的骡子，从基训泉向西往上骑进耶路撒冷，有人要吹羊角号（shofar），众民则要高喊“拯救国王”与“国王万岁”。

当然，我们还知道另一个加冕仪式；拿撒勒人耶稣重演过这项仪式，他进入耶路撒冷的姿态通常被称为“凯旋进京”（triumphal entry）。《马可福音》第11章1～11节与其他的福音书[17]都记载，耶稣刻意仿效古代以色列王，预先安排这场加冕仪式。每部对观（Synoptic）福音书（《马可福音》《马太福音》与《路加福音》）的前半部都记载，耶稣叫两个门徒进到村子去牵一匹没有人骑过的小驴（第11章第2节）。如果有人问起，门徒便要说：“主要用它。”驴子的主人就会任凭他们把驴子牵走（第11章第3节）。[18]有鉴于此，我才会说耶稣是“重演”与“预先安排”。

《马可福音》第11章7～10节继续说道：

> 门徒把小驴牵到耶稣那里，把自己的衣服搭在上面，耶稣就骑了上去。许多人把衣服铺在路上，还有人从田野里砍了些树枝也铺在路上。前行后随的人都喊着说：“‘和散那’，奉主名来的是应当称颂的！那将要来临的，我们祖先大卫的国是应当称颂的！高天之上当唱‘和散那’！”

若想了解这段经文，我们必须知道耶路撒冷的地形：汲沦山谷与基训泉的东边是橄榄山，西边是耶路撒冷圣殿。故事一开始，耶稣与门徒是从橄榄山（Mount of Olives）前往耶路撒冷。因此，耶稣必须先骑着驴子下到基训泉，然后再往上进入耶路撒冷，这条路类似于古代以色列王加冕时所走的路径。

耶稣骑驴进入圣城时绝非“谦谦和和”！他预作安排，演出一场犹太王的加

17　请参阅：《马太福音》第21章1～11节；《路加福音》第19章29～40节；《约翰福音》第12章12～18节。

18　请注意，《马太福音》记载，门徒其实牵了“两只”动物（一只小驴，一只雄驹），然后让耶稣“同时”骑着它们（犹如竞技比赛的牛仔），但是《马可福音》第11章第2节与《路加福音》第19章第31节与第35节却说只有一只动物。为何会有这般落差，因为马太误解了《撒迦利亚书》第9章第9节充满诗意的希伯来经文，该处记载耶稣“骑着驴，骑着驹，就是骑着驴的驹子”。马可与路加没有误解这段经文，知道那是指“同一只”动物，但是马太却误以为有“两只”动物，才会妄称耶稣同时骑着驴与驹。我也遇过类似的情况：我太太萝丝琳为我写过一首情诗：“我爱我丈夫，我爱我肩膀宽阔、英俊迷人的男人。”有位朋友看了之后一头雾水，问道：我知道你老婆爱“你”，但谁是“另一个”你老婆“也”爱的英俊男人？

冕仪式，先从橄榄山下到汲沦山谷，通过基训泉之后，往上进入耶路撒冷。他一边骑着象征性的小驴，一边让众人在两旁颂赞："和散那（Hosanna；译注：有求救之意），大卫的儿子！"耶稣把自己描绘成犹太人的新王！

《新约》的耶稣与耶路撒冷

很多人都忘了，耶稣"不是"来自耶路撒冷，而是来自拿撒勒（或伯利恒，这要看你读哪一部福音书。第十章会讨论这点）。然而，所有福音书都异口同声，指出耶稣遭到审判，然后在耶路撒冷被钉在十字架上。根据《路加福音》，耶稣长大后就未曾进入耶路撒冷，直到他在世的最后几个星期才到圣城。[19] 但是，《约翰福音》指出耶稣曾经数次进出圣城，这两部书的内容显然有落差。

对观福音书与《约翰福音》还有另一项差别：《约翰福音》指出耶稣是在预备日被钉在十字架上，亦即逾越节的"前一天"，因为约翰想将耶稣描绘成替人类赎罪的牺牲羔羊（《约翰福音》第 19 章第 31 节）。对观福音书却指出耶稣与门徒一起吃逾越节的筵席（《路加福音》第 22 章第 15 节），第二天早上才被钉在十字架上（《马可福音》第 15 章第 25 节）。福音书对于耶稣是在哪天受死说法不一，但是都异口同声指出他在耶路撒冷受审，然后被钉在十字架上。

对于基督徒来说，耶稣死里复活的奇迹让耶路撒冷巩固了世界中心的地位，世人的命运也因圣城而改变。耶稣在耶路撒冷复活与升天，更让这个古城成为基督教的中心。

随耶稣传道的门徒成为使徒之后，一直领导着耶路撒冷的教会。后来，使徒保罗（他"没有"跟随耶稣传道）开始在罗马帝国全境对外邦人宣扬福音。耶稣的道原本只在犹太人之间流传，但保罗努力宣扬福音，吸引外邦人去信靠耶稣。

19　路加宣称，童子耶稣出生后满八天就被带去耶路撒冷，因为那是替新生犹太男婴定下的习俗（《路加福音》第 2 章第 22 节）。耶稣在十二岁过了青春期之后，他的父母发现他在圣殿中坐在一群教师中间（第 2 章 41～50 节）。

犹太起义与耶路撒冷被毁

犹太人起义反抗罗马帝国之后4年，亦即公元70年，提多（Titus）将军便率军毁灭耶路撒冷。犹太历史学家约瑟夫斯在《犹太战争》（*The Jewish War*）中说明这场冲突的来龙去脉。古罗马广场（Roman Forum）矗立着提多凯旋门（Arch of Titus），其上牌匾纪念耶路撒冷圣殿被毁，同时描绘从圣城带回罗马的大灯台（menorah；犹太人的传统烛台，可插七根蜡烛）与其他战利品。

我与女儿塔莉莎站在提多凯旋门底下，观看描绘耶路撒冷被毁的雕刻图案，不禁想起圣殿山的南端如今被规划成公园，用来纪念罗马摧毁耶路撒冷。我仰望凯旋门雕刻的大灯台，忆起曾经矗立于圣殿地基上的巨石。我发觉自己似乎同时置身罗马与耶路撒冷，试图从两种迥异的观点去看待这场灾难。当那个特殊的历史时刻（圣殿第二次被毁）降临时，风云变色，一切都为之改变。

圣殿于公元70年被毁之后，犹太教与基督教便起了地翻天覆的变化。强调圣殿献祭的犹太教派便因此没落。举例来说，公元70年之后，耶路撒冷祭司与

古罗马广场东南方神圣大道（Via Sacra：古罗马的主要干道）上的提多凯旋门。罗马皇帝图密善（Domitian）大约于公元82年建造这座拱门，用来纪念兄长提多的胜利。

撒都该人（the Sadducees；译注：古时犹太教以祭司长为中心的教派）便不见于史册。然而，某些犹太人教派已经从圣殿崇拜转到其他信奉形式（譬如祷告与研经），甚至改在犹太会堂进行小型聚会，于是能在圣殿被毁之后存活下来，其中最引人注目的是法利赛人（the Pharisees），如今变成“拉比犹太教”（Rabbinic Judaism），另一个知名的幸存犹太教派则相信，某位拿撒勒先知就是上帝应许的犹太弥赛亚，这个教派就是基督徒。

法利赛人与基督徒并未局限于耶路撒冷，而且广受下层犹太人民的欢迎，因此得以在圣殿被毁后幸存下来。圣城被毁之后，许多犹太人与基督徒逃往他处，无意间把拉比犹太教与基督教传扬四方。如同流亡犹大人于六个世纪之前所做的事，这两个团体纷纷记载其领袖的经历与教诲，然后除了研读《希伯来圣经》，还研究他们的“新”著作，从中寻找权威与启发。如同所罗门圣殿被毁之后发生之事，这两个团体在第二圣殿遭到毁灭之后，各自编纂宗教信仰文献，拉比犹太教提出了米书拿与塔木德，基督徒则撰写了《新约》。由此观之，圣殿虽毁于公元 70 年，却促成了《圣经》成书。

圣海伦纳寻求耶稣存在的证据

耶路撒冷久负盛名，耶稣在此被审判与钉十字架，埋葬之后又死里复活，此乃基督教的信仰核心。四福音书无不指出，耶稣被钉死在十字架上与死后复活乃是他生命中的高潮。从古至今，耶稣的生存、死亡或复活最常被人引述与报导，但是没有任何考古实证足以佐证这点，根本没有。不过，确实有“书面”文献足以证明耶稣追随者“相信”他曾经降世、受死与战胜死亡。后来也有非基督教的文献提到基督徒与耶稣，但没有任何考古实证可以证明耶稣的存在，除了耶路撒冷的某些遗址可以佐证耶稣当年传道的“环境”。

缺乏耶稣存在的证据，不仅让现代基督徒与学者头痛，对古代人也是一个大问题。早期教会需要耶稣生存、死亡或复活的“证据”，而最认真寻找这项证据的，莫过于罗马皇帝君士坦丁大帝（公元 272 年～337 年）的母亲圣海伦纳（Empress Helena；250～330 年）。

罗马基督教与（所谓）耶稣存在的证据

圣海伦纳于公元 324 年前往耶路撒冷，寻找耶稣生平事件的发生地点，然后建碑来纪念。她认为如此可提供确凿的证据，证明《圣经》对耶稣的记载属实。当圣海伦纳待在罗马帝国巴勒斯坦省时，她在伯利恒建造圣诞教堂（Church of Nativity）、在橄榄山兴建升天教堂（Church of the Ascension），并且监督圣墓教堂（Church of the Holy Sepulchre）的兴建工程。据说圣海伦纳曾在圣墓教堂的场址发现耶稣受难的十字架（True Cross）。圣海伦纳"如何"找到这些圣地，众说纷纭，有些言之凿凿，有些荒诞无稽。找到耶稣受难十字架的传闻尤其值得探讨。

基督教历史之父该撒利亚的优西比乌指出，[20] 罗马皇帝哈德良（Hadrian）于公元 135 年镇压犹太行省爆发的巴尔科赫巴起义（Bar-Kokhba Revolt）之后，便在耶稣钉十字架之处建造一座敬拜罗马女神维纳斯（Venus）的神庙，然后禁止犹太人进入耶路撒冷，并将其重新命名为爱利亚加比多连（Aelia Capitolina），以便让圣城变得更像标准的罗马城市。优西比乌说道，后来信奉基督教的君士坦丁大帝下令将神庙拆毁，找出耶稣的坟墓，并于公元 325 年在该处建造一座教堂（今称圣墓教堂），用来纪念耶稣受难与埋葬之地。

教会历史学家君士坦丁堡苏格拉底补充说道，圣海伦纳其实找到"三个"十字架（分别是钉耶稣与其他两位窃贼的十字架），还发现罪状（titulus），亦即钉在耶稣头顶上方的木牌，上头写着"犹太人的王"，[21] 这些对象原本埋藏在被毁的维纳斯神庙之下。[22] 他接着指出，圣海伦纳还做了一项实验，找出了哪一个是耶稣被钉死的十字架。不过，马克·吐温（Mark Twain）却在其圣地旅游指南《傻子旅行记》（*Innocents Abroad*）中对此冷嘲热讽、挖苦一番。我想跳过君士坦丁堡苏格拉底的记载，因为各位可能比较想知道马克·吐温如何描述这项早期的"科学"实验。

---

20 请参阅：Eusebius of Caesarea, *Life of Constantine* 3:25～41。

21 请参阅：《马可福音》第 15 章第 26 节；《马太福音》第 27 章第 37 节；《路加福音》第 28 章第 38 节；《约翰福音》第 19 章第 19 节。请注意，《约翰福音》第 19 章第 20 节指出，这名号"是用希伯来、罗马（拉丁文）、希腊三样文字写的。"拉丁文 INRI 其实是 Iesus Nazarenus, Rex Iudaeorum 的首字母缩写，意为"犹太人的王拿撒勒人耶稣"（Jesus the Nazarene, King of the Jews）。

22 请参阅：Socrates of Constantinople, *Ecclesiastical History* 1.17。

本图显示圣墓教堂入口。这座教堂建于耶稣墓地上方，用来纪念耶稣受难与埋葬之地。

圣墓教堂内的圣墓“小教堂”（Edicule；或称 Shrine，小龛或小房子）保存传统认为是埋葬拿撒勒耶稣（请参阅《马太福音》第 27 章 59～60 节）的坟墓石块。

> 耶路撒冷有位贵族小姐身染重疾、卧病在床。聪明的神父于是下令，将三个十字架分别带到她的床边。她看到第一个十字架时便大声尖叫，远在大马士革门（Damascus Gate），甚至橄榄山的人都可听见她凄厉的叫声。这位小姐据说尖叫后便昏厥。众人随后把她摇醒，让她看第二个十字架，不料她立即抽搐不已，景象异常骇人，六个壮汉使出吃奶之力才能压制她。众人极为害怕，却又把第三个十字架抬进房间。他们开始担心找到的都不是钉死耶稣的十字架。当时这位小姐仍在剧烈抽搐，三魂尽散、七魄离体，随时都会撒手人寰。众人无不认为，第三个十字架铁定会让她一命呜呼。然而，他们把十字架抬进去之后，奇迹顿时发生！她从床上一跃而起，面带笑容、欣喜快乐，霎时疾病全消、恢复健康。我们听到这项奇迹时，不得不相信它。心存怀疑的人，都该深感羞愧；就算怀疑有理有据，也该感到愧疚。我们可在耶路撒冷找到事发的每一处地点，所以根本没有怀疑的余地。[23]

马克·吐温言词幽默风趣，他跟许多学者一样，怀疑圣海伦纳提出的所谓证据。

君士坦丁堡苏格拉底更宣称，圣海伦纳发现了把耶稣钉在十字架上的圣钉（holy nails）。据说，圣海伦纳不断将古物圣器送给儿子君士坦丁大帝过目，而君士坦丁便将这些神奇的护身物打造成座骑的辔头与头盔，让他征战时不受伤害。如今，圣墓教堂下层的十二世纪“圣海伦纳亚美尼亚使徒教堂”（Armenian Chapel of St. Helena）的地基，就是十字军宣称圣海伦纳发现真十字架（True Cross）之处。

耶稣的圣物被“证实”具有法力，而且君士坦丁大帝的母亲又从旁背书（实话实说，谁敢招惹皇帝的亲娘？），罗马便“认可”耶稣存在的证据以及各种对他的宣称，于是耶路撒冷成为整个帝国基督徒的朝圣之地。罗马皇帝伽列里乌斯（Galerius）最早颁布《宽容诏书》（Edict of Toleration；公元 311 年），终止了罗马帝国自上而下对基督徒的迫害，其后的《米兰诏书》（Edict of Milan；公元

---

23 请参阅：Twain, *Innocents Abroad*, chap. 35。在线版本：https://www.gutenberg.org/files/3176/3176-h/3176-h.htm。

313 年）颁布之后，政府便将没收的财产归还教堂，等到圣海伦纳于公元 324 年造访耶路撒冷之后，罗马更是颁布《特沙龙尼卡诏书》（Edict of Thessalonica；公元 380 年），将基督教定为罗马帝国国教，全民都要拥护教宗达玛稣一世（Pope Damasus I；第十一章会讨论他）与亚历山大主教彼得二世（Peter II）信奉的《尼西亚信经》。

耶路撒冷的文化遗产

耶路撒冷是《圣经》的核心、《希伯来圣经》的焦点，更是以色列联合王国与后期犹大国的首府。它也是约柜安置之处以及犹太第一与第二圣殿矗立之地，这些圣物或建筑代表上帝与他的子民同在。犹太人认为，无论今昔，耶路撒冷一直是上帝之城，而圣城的兴衰跌宕更启发古人撰写《圣经》。

基督徒认为，虽然耶稣生前大多在加利利（Galilee）传道，耶路撒冷却与耶稣和基督信仰密不可分。耶稣在圣城受死与复活，地位显赫的使徒保罗与雅各布也在那里推动早期教会，因此耶路撒冷是上帝之城。

如今，耶路撒冷是各种教派的发祥地与据点，包括犹太教改革派（Reform）、保守派（Conservative）、正统派（Orthodox）与哈西迪派（Ḥasidic）；罗马天主教（Roman Catholic）、东正教（Orthodox）、亚美尼亚教会（Armenian）与各种新教（Protestant）教派以及什叶派（Shi‘a）、逊尼派（Sunni）与其他伊斯兰教团体。耶路撒冷包罗万象、亘古长存，必将永留于我的内心。它不仅是我的朋友与同事的家乡，更是“真正”创造《圣经》的圣地。替耶路撒冷祈祷还不够，更要替耶路撒冷维系和平。

第九章

昆　兰

在昆兰（Qumran）遗址附近的洞穴发现的《死海古卷》是20世纪最伟大的考古发现。《死海古卷》出土之后，震惊了圣经研究学界，因为它们不仅改变人们对《圣经》的看法，更撼动了《圣经》的内容！这些书卷影响深远且极具争议，它提供确凿的证据，指出《圣经》从很早以前就经常被更动内容。即便《圣经》未曾提过昆兰，但这些古卷却协助建造过我们今日阅读的《圣经》，因为《死海古卷》提供各种参考说法与增补内容，让我们得以像两千年前抄写古卷的犹太教派教徒一样，从中撷取有用的信息。

《死海古卷》是20世纪最伟大的考古发现。它们是在昆兰（Qumran）遗址附近的洞穴被人发现的。《圣经》未曾提过《死海古卷》，但昆兰与这些古代文献却改变了世人对《圣经》的看法。第一批古卷于1947年出土，率先打破许多人“圣经绝对正确”的观念。然而，这种看法根深蒂固，即便早已破除，如今仍挥之不去。所谓“圣经绝对正确”，就是《圣经》是上帝的话语，字字珠玑、完美无瑕，内容正确无误、毫无矛盾之处。然而，《死海古卷》白纸黑字指出：随着时间的递嬗，《希伯来圣经》不断变迁，早期经书也有不同（或彼此抗衡）的版本。

《死海古卷》包含比现存旧约经书更早一千年的《希伯来圣经》版本。这些古代经书记载的内容“不同于”现今《圣经》的经文，足以证明《圣经》（上帝的话语）在过去两千多年来已经有所改变。在“现代”《圣经》的发展上，昆兰扮演关键的角色，因为许多从20世纪50年代以来出版的经书都曾参照《死海古卷》；近期出版的《圣经》会在传统经书说法上有出入之处，附上参照的《死海古卷》经文。

近距离亲炙《死海古卷》

在2010年，我有幸主持国家地理频道《书写死海古卷》（*Writing the Dead Sea Scrolls*）纪录片，探讨谁“真正”撰写《死海古卷》。这批古代文献收藏并展示于以色列博物馆的地标建筑死海古卷博物馆（The Shrine of the Book）。我制作记录片时结识了策展人阿道夫·罗伊特曼（Adolfo Roitman）博士。我以前参观

《死海古卷》收藏于死海古卷博物馆的地下珍藏室。作者和策展人罗伊特曼博士在该处合影。

过死海古卷博物馆，但罗伊特曼博士却带我去浏览极少数人曾造访的地方：保存《死海古卷》的地下珍藏室。

死海古卷博物馆有一扇不起眼的门，门后是一道戒备森严的走廊，沿途设置许多扇保护门，其中一扇是厚实的防爆门，专门用来保护国宝免受炸弹袭击。这条高科技走道通往考古的至圣之地：《死海古卷》珍藏室。我跟随罗伊特曼博士穿越一道又一道防护门，不禁想起经典电视剧《糊涂侦探》（Get Smart）的片头（译注：影片一开始，糊涂侦探便通过许多道门），只不过要用钥匙与密码搭配罗伊特曼博士的暗码，才能开启此处的门。当我们跨进门之后，门会立即锁上，以免未经授权的人随便出入珍藏室。

我随着博士进入珍藏室时全身颤抖，不仅因为该处控制在低温，也是因为参观此处着实令我振奋。出现在眼前的乃是《死海古卷》"真迹"。后来，罗伊特曼博士要我帮他把《以赛亚大卷》（Great Isaiah Scroll；编号：1QIsaa）从珍藏室移到检查台上，我原本还在兴奋，顿时却感到微晕。我谨慎地轻轻触放着

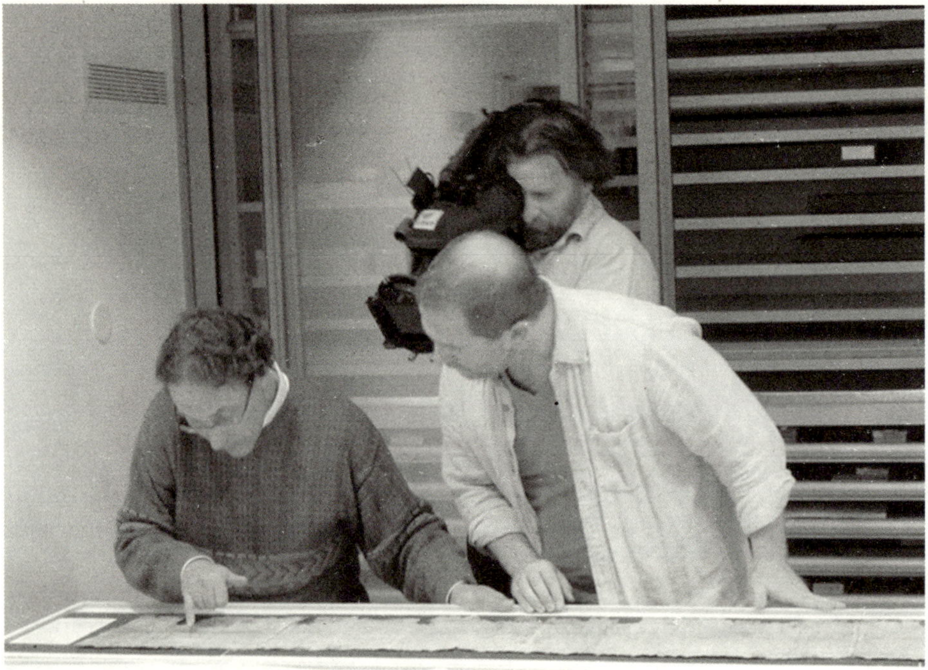

作者和罗伊特曼博士一起诵读《以赛亚书卷》(编号：1QIsaa)。

无价书卷的展板，当时目眩神迷，彷佛自己在搬动约柜。拿约柜作比喻很恰当，任何人若敢用手去触碰书卷，便会被判处死刑(我从博士的眼神推测这点；译注：牛车驾驶乌撒曾伸手扶约柜，结果被耶和华当场击毙，因为他违反不可触碰约柜的诫命)。

当时，摄影师在旁边拍摄我们，罗伊特曼博士为了让我成就自己的幻想，便邀我一起诵读《以赛亚大卷》。他问我是否能够辨认书卷开头的字母，当时我顺着他手指之处，大声朗诵经文，竟然发现我在读《以赛亚书》第 2 章第 4 节：他们必把刀打成犁头，把矛枪打成镰刀。这国不举刀攻击那国，他们也不再学习战争。我感到毛骨悚然，因为我才刚看着最古老的圣经手稿，念出希伯来经文。影片拍摄完毕，摄影师劳伦斯放下了镜头，我才吐了一口气，仍因震慑而强忍着泪水。罗伊特曼博士看着我，说道："念得不错。"我回答："那是一段重要经文。你认为我们会看到经文描述的情况吗？"

他面露希望，看着我的眼睛，说道："替耶路撒冷祈求和平。"

当我们离开珍藏室时，我完全没注意自己又经过一道道的保护门。我不久前才跟《死海古卷》的“大祭司”同在著名的帐幕后方，看着两千两百多年的《以赛亚书》手稿念出经文。这一经历让我久久无法难忘。

《死海古卷》让我们更了解《圣经》的起源。我们后续会探讨古卷出土之后，如何影响我们对现代《圣经》的看法（或者现代《圣经》“实际说了什么”），但是先让我们检视发现《死海古卷》的有趣故事，以及考古学家对于昆兰的争议。

发现《死海古卷》

据说有一位贝都因（Bedouin）牧羊人，名叫穆罕默德·艾哈迈德·艾尔哈迈德（Muḥammad Aḥmed el-Ḥāmed），绰号“柴狼”（edh-Dhib/the Wolf），发现了《死海古卷》。贝都因人是阿拉伯半岛的阿拉伯（半）游牧民族。我与贝都因人互动之后，发现他们不爱都市生活，但热情好客，对传统文化与部落习俗深感骄傲。

耶路撒冷东方有各种贝都因人部落，而以色列有个名叫马阿勒阿杜明（Ma‘ale’ Adumim）的城市，它沿着连通耶路撒冷东侧与死海的一号公路兴建，你只要驱车从公路下到该市，便可看到贝都因人的帐篷。有些贝都因家庭也在介于约旦佩特拉（Petra）到阿迦特巴（‘Aqaba）的瓦地伦（Wadi Rum）经营旅游业。我曾在亚西加土墩遗址挖掘一季之后，与爱荷华的学生参加贝都因人带领的瓦地伦之旅。我们当时白天在约旦沙漠徒步旅行、攀爬惊心动魄的岩层，以及穿越深邃的沙漠峡谷，晚上则在贝都因人的帐篷跳舞寻欢，大啖美味羊肉与蔬菜，这些佳肴乃是用扎巴（zarb）传统方式焖熟。最后，我们在传统的贝都因人圈地就寝，躺在温暖的沙漠地面上，于繁星闪烁的夜空下进入梦乡。这趟旅程很棒，各位至少一生要来体验一次。

言归正传，让我们来谈《死海古卷》如何被人发现。据说1946年冬天或1947年初期，“柴狼”穆罕默德某天与好友外出放牧，让羊群在泥灰岩悬崖（富含石灰的泥岩，表示悬崖曾位于水底）下方的土地吃草，而悬崖内有如今称为一

所谓扎巴（zarb），就是利用温暖的沙漠沙子来焖熟食物。图中的贝都因厨师正利用扎巴于瓦地伦的莱姆繁星营地（Rum Stars Camp）准备晚餐。

号洞穴（Cave 1）的山洞。就在那惊天动地的日子，穆罕默德有一只喜爱冒险的小羊竟然爬进洞穴里。穆罕默德随即也攀爬通向洞穴的险峻陡坡，然后朝洞里丢了一块石头，企图吓唬那只恣意妄为的羊，让它跑出洞穴。没想到，他竟然听到打破器皿的声音。穆罕默德心生好奇，便想一探究竟，于是爬进洞穴，结果发现自己不小心打破了一个陶瓷罐子。这个罐子裸露在外，两千多年来竟然没被人打破（颇起人疑窦），甚至也没人发现它。

有人认为，《死海古卷》的出土故事有一部分是捏造的，目的是想遮掩贝都因人四处劫掠的实情。他们经常寻找（劫掠）山洞、古人定居地与挖掘遗址，想找到值钱古物，卖给（有牌照或黑市）古董商大赚一笔。如今，这种情况依旧存在，甚至比数十年前更为猖獗。我与学生在亚西加挖掘时，会雇用警卫在夜晚看守遗址，免得劫掠者偷取挖到一半而裸露在外的古物。有一天晚上，警卫没有到场，结果劫掠者便潜到遗址，从某个文物丰富的挖掘处窃走了一些裸露的古物。我们隔天早上发现，该处布满小小的坑洞，因为劫掠者前晚用金属探测器与手铲去搜寻古硬币，然后在易贝网（eBay）标售或在黑市贩卖。

这种情况在每个挖掘遗址屡见不鲜。因此，牧羊人“意外”在洞穴发现陶瓷罐与古卷的故事有可能是编造的。说穿了，第一批《死海古卷》是被人掠劫的。[1]

贝都因牧人继续搜寻后，发现了十个陶瓷罐，有几罐装着羊皮书卷。“柴狼”穆罕默德将书卷交给名叫易卜拉欣·易哈（Ibrahim ‘Ijha）的伯利恒古董商，结果易哈担心这些书卷是从犹太教堂窃取而拒收。

“柴狼”穆罕默德又将书卷拿给一名伯利恒修鞋匠，名叫哈利勒·伊斯坎德尔·沙欣（Khalil Eskander Shahin），绰号康杜（Kando）。康杜也兼营古物买卖，一看到书卷的闪语文字，便立即向“柴狼”穆罕默德收购。

康杜担心购买的书卷是非法品，便委托同事替他贩卖。有四卷书卷很快就被当地的叙利亚东正教教堂领袖以 24 英镑（当时相当于 97 块美元）收购，亦即大主教亚他拿修·耶书·塞缪尔（Athanasius Yeshue Samuel），外号马尔·塞缪尔（Mar Samuel）。然而，马尔·塞缪尔无法辨认书卷的全部文字，便在 1947 年 11 月邀请希伯来大学的考古学教授埃莱亚萨·苏育尼克（Eleazar Sukenik）前往耶路撒冷检视书卷，希望他能解读文献，同时确认其真实性与价值。马尔·塞缪尔希望能出售这些书卷，把收益奉献给教会。

苏育尼克着迷于这些书卷，也意识到它们极其重要。当时，许多古董商代表刚成立的以色列四处兜售另外三卷书卷，苏育尼克教授便购买了其中两卷（编号 1QH 的《诗卷》“*Hymns Scroll*；希伯来文：*Hodayot*”与编号 1QM 的《战卷》“*War Scroll*；希伯来文：*Milḥamah*”）。购买这些新出土书卷的时间是 1947 年 11 月 29 日，当天正是联合国大会通过第 181(II) 号决议，要在巴勒斯坦托管地推行分治方案，让犹太人建立现代的以色列国。因此，许多犹太人认为，购买书卷的时机象征重大的意义。[2]

---

1 若想概略了解《死海古卷》如何被人发现，请参阅：Davies, Brooke, and Callaway, *Complete World of the Dead Sea Scrolls*。也请参阅“莱昂利维死海古卷数字化图书馆”探讨发现古卷的网页：http:// www.deadseascrolls.org.il/learnabout-the-scrolls/discovery-andpublication?locale=en_US。

2 当然，联合国投票通过决议之后，巴勒斯坦托管地（Mandatory Palestine）从 1947 年～1948 年便立即爆发内战。1948 年 5 月 15 日，英国结束对巴勒斯坦的统治，隔天便爆发阿拉伯人与以色列人的全面战争（译注：史称第一次中东战争），以色列人将这场战役称为“独立战争”，巴勒斯坦人则称为“大灾难”（alNakba）。

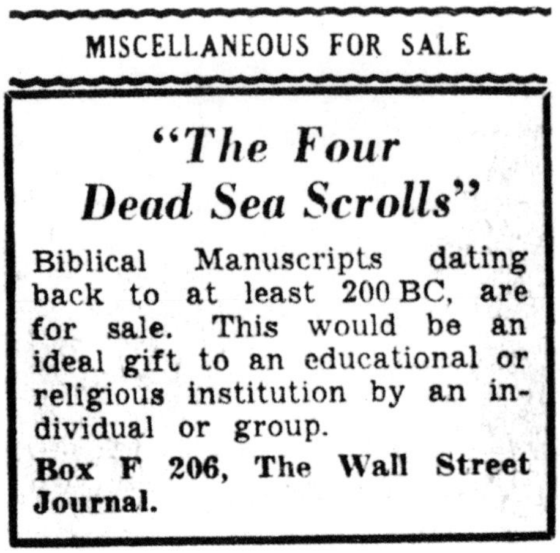

马尔·塞缪尔为了贩卖《死海古卷》而在《华尔街日报》刊登广告。

除了学术价值，《死海古卷》对以色列有崇高的国家价值，象征犹太人的建国文献。最早的《死海古卷》是在独立的以色列国前一次存在期间成书（始于公元前 141 年的哈希芒王朝），而对许多犹太人而言，发现与重获《死海古卷》的时间刚好是犹太人重新建国的日子。

联合国决定分治巴勒斯坦一个月之后，苏育尼克收购了最后的第三卷书，那是第二部以赛亚书抄本（编号：1QIsa）。同时，马尔·塞缪尔害怕巴勒斯坦会发生战争，让欧美愿意出最高价购买书卷的收藏者却步，于是将书卷偷渡到黎巴嫩的贝鲁特（Beirut），以便将书卷以高价出售。[3] 然而，马尔·塞缪尔不满意外界在贝鲁特的出价，又将书卷偷运到马萨诸塞州（Massachusetts）的伍斯特市（Worcester）安放，最后运到华盛顿特区，将书卷展示于国会图书馆待价而沽。

然而，马尔·塞缪尔还是不满意外界出价，便效法 1950 年代常用的推销手法，在报纸上打广告。1954 年 6 月 1 日，《华尔街日报》刊登了广告。

刊登这则广告到底是疯狂愚蠢还是神来一笔，至今仍然众说纷纭、莫衷一是。不过，马尔·塞缪尔确实吸引了外界的目光。苏育尼克教授的儿子耶哥·耶登（Yigael Yadin）当时刚从以色列国防军官拜将军退役，已经运用本身对以色列国土的丰富知识去当考古学家，借此开创人生第二春。耶登想要收购马尔·塞缪尔的古卷，但不能贸然出价，因为塞缪尔若知道新成立的以色列政府想竞标这批文献，铁定会狮子大开口。

耶登委托中间人替他以私人收藏家的名义和马尔·塞缪尔讨价还价。他也

3　别忘了，昆兰四周的洞穴当时是属于外约旦王国（Kingdom of Transjordan）的领土，因为它在 1948 年的中东战争中占领了约旦河西岸。因为约旦古迹文物局主导第一次的首度昆兰的挖掘工作，马尔·塞缪尔害怕约旦政府可能会从中干涉。

委托朋友哈里·欧林斯基（Harry Orlinsky）化名“格林先生”（Mr. Green），确认耶登提出的价格足以收购书卷。这场自导自演的戏落幕之后，耶登顺利购得塞缪尔的四部书卷：编号 1QIsaa 的《以赛亚大卷》，此乃完整的以赛亚书抄本；编号 1QpHab 的《哈巴谷书评注抄本》（*Commentary on Habakkuk*）；编号 1QS 的《纪律手册》（*Manual of Discipline*），亦称《社群纪律抄本》（Community Rule）；以及编号 1QapGen 的《创世纪外传》（*Genesis Apocryphon*），此乃以亚兰文重新撰写的创世纪原古与父权（男性为主的家长制）故事，内容精彩万分。耶登以 25 万美元购得这批书卷，其中大部分资金来自于犹太慈善家大卫·塞缪尔·戈特斯曼（David Samuel Gottesman）。后来，戈特斯曼被任命为死海古卷博物馆的董事之一。

我要讲述的故事正要开始。不久之后，众人的目光便转向名为基伯·昆兰（Khirbet Qumran）的古代遗址，它位于古卷洞穴群旁边的一处高原之上。接下来就要讨论这个小型遗址。

这是访客从昆兰遗址南部眺望的视野，图中是著名的四号洞穴（Cave 4）

挖掘昆兰遗址

基伯·昆兰被保存古卷的洞穴围绕着，不久之后该遗址的挖掘工作便正式启动，看看是否能从中找到任何蛛丝马迹。昆兰位于死海（Dead Sea）西北方的一处高原之上，它引发圣经学者有史以来最激烈争论，而这些昆兰考古的争论核心是：谁撰写了《死海古卷》？

昆兰的首度挖掘工作始于1951年12月，领导者包括杰拉尔德·兰克斯特·哈丁（Gerald Lankester Harding），他是英国考古学家，于1936年～1956年担任约旦古迹文物局局长，以及罗兰·德·沃克斯（Roland de Vaux）神父，他是耶路撒冷的法国圣经及考古学院院长（director of the French Dominican École Biblique et Archéologique Francaise）。他们挖掘这个遗址有五个理由，而哈丁与沃克斯不久便对昆兰古物取得了共识。

埃莱亚萨·苏育尼克教授在挖掘动工之前提出了一个理论，而沃克斯神父后来在1956年根据这个理论提出昆兰—爱色尼派假设（Qumran-Essene Hypothesis），认为某个不为人知的犹太教派爱色尼派（the Essenes）曾居住于耶路撒冷与死海之间，他们建造了昆兰遗址的现址，同时撰写埋藏于外围洞穴的古卷。沃克斯神父认为，他在被他称为写字间（Scriptorium）的房间发现两个墨水池，同时在隔壁房间发现另一个墨水池，所以昆兰的居民确实撰写了《死海古卷》。因此，沃克斯推论，公元前二世纪居住于昆兰的是一个犹太教派，这群极为虔诚的犹太人过着集体操练与自给自足的生活，为了自我学习与管理而抄写古卷。他认为，罗马人于公元66年入侵时，这个教派便把古卷藏在附近的山洞。罗马人进攻昆兰之后，这批犹太教徒就未曾返回该地取出书卷。这批经书随后便一直埋藏地底，直到“柴狼”穆罕默德在1947年才让它们重见天日（后续的考古学家、洞穴探险者、搜索者与拾荒者也出了不少力气）。

然而，包括我在内的某些学者不认同昆兰—爱色尼派假设。有些人指出，尽管犹太教派的信徒曾住在昆兰，他们可能不像沃克斯神父认为的那样“清心寡欲”。我和某些学者认为，昆兰最初是基于一个完全不同的理由而建造，亦即当作哈希芒王朝的军事要塞或瞭望点。当昆兰被遗弃之后，某个可能是爱色尼派的犹太教派占据了这里，而这些修道人可能撰写或抄写了部分古卷。

访客从四号洞穴向外眺望昆兰高原的视野。

另一批学者甚至认为，昆兰与《死海古卷》毫不相关，这里当年只是世俗平民居住之地，并非教派聚集修行之处。他们指出，耶路撒冷被毁之后，许多犹太人逃离圣城，然后纷纷把书卷藏在死海沿岸的山洞里，而昆兰跟本牵扯不上这些古卷。

谁撰写了《死海古卷》这个问题（学术界争论得沸沸扬扬的议题）总结如下：《死海古卷》是在昆兰撰写、抄写或汇整的吗？与昆兰毫无相关的犹太人把古卷藏在各个洞穴吗？这个问题被激烈争论，某位参与其中的人甚至从事网络犯罪。

《死海古卷》的诅咒

关于昆兰的学术纷争正血淋淋地上演，足可比喻为《死海古卷》的诅咒。最近有一起牵扯古卷的刑事案，某位学者的儿子因为批判《死海古卷》学者而可能锒铛入狱！

我曾涉入拉斐尔·高伯（Raphael Golb）博士的刑事案。他是一位律师，父亲诺曼·高伯（Norman Golb）是芝加哥大学的中世纪犹太教专家，曾经出版《谁撰写了死海古卷》（*Who Wrote the Dead Sea Scrolls?*）。诺曼·高伯跟其他学者一样，在该书中提出论述，驳斥目前当道的昆兰— 爱色尼派假设。[4] 当时，多数的昆兰与死海古卷学者对这本书嗤之以鼻，这让诺曼与他儿子拉斐尔颇感不悦。

随着网络兴起，拉斐尔开始用查尔斯·耶达（Charles Gadda）与其他别名发文，暗中替他父亲撑腰。当时，有些学者协助筹办《死海古卷》的全美博物馆巡回展，拉斐尔便以别名建立了数个博客，大肆批评这些学者。他新成立一个博客之后，都会寄一大堆匿名的电子邮件，右批主持古卷巡回展的博物馆，左打派遣教职员参与展览的大学。这些电子邮件被寄到前述学术机构的主管人员，批评参与学者对于昆兰的看法有误（因为他们没有接受诺曼·高伯的理论），同时指责博物馆没有邀请诺曼发表演讲。

警方调查本案时，发现拉斐尔的计算机中有他父亲诺曼与母亲的电子邮件，这些邮件都在提供建议，告诉拉斐尔如何进行才不会被抓到。拉斐尔给他母亲写

4　请参阅：Robert Cargill, “The Fortress at Qumran: A History of Interpretation”。

过一封电子邮件："如果老爸对最近的查尔斯·耶达评论有任何意见，请他通过你的账号发信，这样就不会留下任何蛛丝马迹。"[5] 他的母亲如此回复："我们不能通过你父亲的邮件账号发信，只能通过我的账号来联络。"[6] 无论拉斐尔的行为有多么挑衅，他却不能替他父亲宣扬理念，反而犯下网络犯罪。[7]

拉斐尔曾用一个别名寄发匿名的电子邮件，批评他父亲的学术宿敌纽约大学的劳伦斯·希夫曼（Lawrence Schiffman），指控他剽窃诺曼·高伯的著作。后来，拉斐尔犯下纽约州视为犯罪的行为，所以被起诉、逮捕并定罪。[8]

在 2009 年 3 月 5 号早晨，拉斐尔被纽约市警察局（New York City Police Department，缩写为 NYPD）逮捕，以 51 项轻重罪名遭到起诉，如盗窃身分、伪造文书、假冒身分、严重骚扰，以及非法运用未经授权使用的计算机去批判《死海古卷》学者，包括希夫曼教授与我本人。[9]

我曾在加州大学洛杉矶分校的论文（高伯博士与拉斐尔不认同这篇论文）中重建过昆兰的三维虚拟现实，因此某些主办古卷展览的博物馆请我提供重建的影像与影片。

当拉斐尔开始通过网络对我进行人身攻击时，我运用自身的技术去追踪他用来攻击古卷学者的大量别名、电子邮件账号与 IP 地址。我把收集到的信息递交给纽约市警察局，然后在 2010 年 9 月 24 号，我在拉斐尔的审讯中担任证人去指控他，会中被民权辩护律师罗恩·科比（Ron Kuby；电影《谋杀绿脚趾》

---

5 请参阅：page 35 of New York District Attorney, The People of the State of New York v. Raphael Golb, Indictment No. 2721/2009, "Affirmation in Response to the Defendant' s Motions to Dismiss, Motion to Suppress Evidence Recovered via Search Warrant, and Request for an Advisory Opinion, Exhibit C: Summary of, and Excerpts of, Certain Email Communications," Jan. 19, 2010。

6 请参阅：New York District Attorney, The People of the State of New York v. Raphael Golb, Indictment No. 2721/2009, 35。

7 请参阅：Leland, "Online Battle Over Sacred Scrolls"。

8 请参阅：Steve Kolowich, "Harassment of Dead Sea Scroll Scholars Leads to Arrest of Professor' s Son" 以及 "The Fall of an Academic Cyberbully"。

9 拉斐尔·高伯（化名 Robert Dworkin）与哥哥乔尔·高伯（Joel Golb）互通过一封电子邮件，邮件中谈论到我。乔尔·高伯写道："谁读到这个东西，都会知道 Dworkin 写诽谤信的目的，就是想毁灭一位好人的前途。" 请参阅：page 17, § 78 of New York District Attorney, The People of the State of New York v. Raphael Golb, Indictment No. 2721/2009, "Affirmation in Response to the Defendant' s Motions to Dismiss, Motion to Suppress Evidence Recovered via Search Warrant, and Request for an Advisory Opinion, Exhibit C: Summary of, and Excerpts of, Certain Email Communications," Jan. 19, 2010。

（*The Big Lebowski*）男主角被抓到警局时要求的辩护律师）盘问，甚至数度遭他当庭咆哮。

2010年9月30日，拉斐尔被定罪，包括两件重罪与28件轻罪。他被判刑六个月，也立即被纽约州律师协会除名。后来，某些指控被上诉后推翻，拉斐尔又被改判为两个月，缓刑三年，罪名包括19项身份盗窃与假冒身份。本书出版之时，拉斐尔还在上诉，尚未入狱服刑。

到底谁撰写了《死海古卷》，学界仍争论不休，但拉斐尔却因为批判其他学者而犯罪。研究古卷竟然会闹出这种风波，简直令人不敢置信。然而，这也表示，古卷对于某些人来说极为重要，不仅因为那些纷乱的考古争论，也因为《死海古卷》出土之后，彻底改变了人们对于《圣经》如何成书的看法。下个章节将会讨论这点。

《死海古卷》如何影响圣经

《死海古卷》出土之后，震惊了圣经研究学界，因为它们不仅改变人们对《圣经》的看法，更撼动了《圣经》的内容！这些书卷影响深远且极具争议，提供确凿的证据，指出《圣经》从很早以前就经常被更动内容。许多人宣称，《死海古卷》被发现之后，证实了《圣经》很可靠，因为九成以上的古卷内容类似于今日流通的各种《圣经》版本，然而，正因为这两者并非一致，才足以证明《圣经》是随着时代变化而改变内容的。

《死海古卷》告诉我们:《圣经》是以文学手法撰写，试图传达对于上帝及其历史行为的看法，而不同手稿会用不同的文字来表达这些看法，这是可以接受的！

重要的是，更正或修改经文的人，不是怀疑或痛恨《圣经》的人士，而是奉献生命去保存《圣经》的文士。他们是虔诚的犹太人。抄写员与编纂者是根据个人喜好或为了更正先前错误而更动经文，目的是要让《圣经》内文与其作者的观点契合。《死海古卷》透露早期的《圣经》不断修改内容，但这点并不会撼动犹太人与基督徒的信仰，他们依旧相信《圣经》是记录上帝在历史上的一举一动。

然而，《死海古卷》却破除人们存在已久的原教旨观念（fundamentalist notion），误以为今日的《圣经》是“绝对正确”或“亘古不变”。下面会讨论这点。

在圣经研究的领域中，确认复制与翻译文本更改之处，从而找出更动文本的背后动机是所谓的“编辑批判”（redaction criticism）。后续会说明《死海古卷》与现代《圣经》出入之处。

不同《圣经》文本都会有落差，《死海古卷》便可让我们判断哪个版本较好。举例而言，经文对非利士巨人歌利亚身高的说法不一。“马索拉文本”的《塞缪尔记上》第 17 章第 4 节写道：从非利士营中出来一个讨战的人，名叫歌利亚，是迦特人，身高六肘零一虎口。一肘（cubit）大约为 18 英寸或 1.5 英尺，一虎口（span）是半肘，所以六肘零一虎口约等于 9.75 英尺（约 2.972 米）。人要是这么高，头顶几乎可以碰到 NBA 比赛用篮框。歌利亚可真是个巨人，比侠客欧尼尔更壮，也比法国职业摔角选手安德烈（Andre）还高大！总之，《希伯来圣经》说歌利亚是九英尺九英寸高。

然而，《七十士译本》的同一段经文却指出，歌利亚的身高为四（希腊文：tessarōn/τεσσάρων）肘零一虎口，亦即六英尺九英寸（约 2 米）。没错，有这身高的人确实可以在非利士篮球联盟打中锋，但是这毕竟少于《希伯来圣经》宣称的九英尺九英寸。先别急着说《七十士译本》有误，别忘了《新约》作者引述它的次数，远多于他们引述《希伯来圣经》的次数。此外，约瑟夫斯在《犹太古史记》6.9.1(6:171) 中附和《七十士译本》：迦特市的巨人歌利亚身高为四肘零一虎口。他支持《七十士译本》，而不理睬《希伯来圣经》。

实情到底为何？歌利亚是六肘零一虎口（九英尺九英寸），或者四肘零一虎口（六英尺九英寸）？

此时，《死海古卷》便可用来比对有出入的经文。昆兰四号洞穴出土的《塞缪尔记上》（4QSama）记载：他的身高是四（希伯来文：’arba‘/עברא）肘零一虎口。有了《死海古卷》，我们便可化解疑惑，得知歌利亚的真实身高：他是六英尺九英寸的男人。NBA 球员的平均身高是六英尺七英寸（1.9 米），所以歌利亚确实足以称为巨人，但并非跟《希伯来圣经》宣称的一样，是个接近十英尺（约 3.048 米）高的家伙。

《申命记》第 32 章第 8 节也有各种版本的落差：“马索拉文本”指出上帝按

照“以色列的孩子”将各国分开，但《七十士译本》却说依照“上帝的天使”，而《死海古卷》4Q37 则记载上帝按照“上帝的孩子”。《死海古卷》(11QPsa，《诗篇经卷》(*Psalms Scroll*)) 与《七十士译本》在诗篇第 145 篇的第 13 与 14 节经文之间还记载了一整段完整的经文。然而，“马索拉文本”却没有任何记载。这些都显示，在公元前第一世纪与公元第一世纪期间，流传着各种《圣经》手稿，各位今日读到的《圣经》当时或许是小众文本，甚至是错误的版本。

因此，《死海古卷》告诉我们，抄写古卷的文士若非依照不同的圣经版本来抄写，就是觉得自己可以随意更改某些字词。无论如何，在公元前一世纪与公元一世纪期间，记载“上帝话语”的经文会随时更动，这点有别于某些人的看法。

小结

《死海古卷》比现存最古早的圣经抄本更早一千多年，乃是目前所知最古老的《希伯来圣经》抄本，因此极为重要。它也带有重要的政治意涵，因为它被人发现与收购的时间恰好是现代以色列国建国的日子。[10]《死海古卷》甚至在学术界掀起纷争，有人还因此而犯罪！

《死海古卷》证明《圣经》以前在抄写时经常被更动内容，而各种版本也经常衍生出自己的传统。因此，即便《圣经》未曾提过昆兰，昆兰外围洞穴出土的古卷却协助建造过我们今日阅读的《圣经》，因为《死海古卷》提供各种参考说法与增补内容，让我们得以像两千年前抄写古卷的犹太教派教徒一样，从中撷取有用的信息。

10　以色列文物局最近把数卷主要的《死海古卷》扫描成高分辨率的互动数字档案，你可前往该局的网站免费浏览内容：http://www.deadseascrolls.org.il/。皮尼纳·肖尔（Pnina Shor）与夏·哈拉维（Shai Halevi）的工作出色，让大众能够研究古卷的图片。

第十章

伯利恒与拿撒勒

伯利恒与拿撒勒昔日的地位没有特别显赫，但对基督徒来说，它们如今却象征基督。根据基督教信仰与《圣经》记载，这两个城市是耶稣诞生与成长之地，于是被尊奉为朝圣之地。伯利恒将耶稣与大卫家谱紧密相连，借此落实许多人笃信的预言（或各种预言的组合）："受膏者"必定来自伯利恒。有鉴于此，即便没有考古证据足以证明伯利恒是耶稣的诞生地，这座小型的犹太农业古城在创造《圣经》时依旧扮演着重要的角色。

提到伯利恒（Bethlehem）与拿撒勒（Nazareth），总令人联想到耶稣。圣诞节降临时，连最不信教的人都会高唱："美哉圣城，小伯利恒（O Little Town of Bethlehem）。"这两个古城并非早期基督徒传教弘道的中心，而许多人得知这点时，经常面露惊讶。伯利恒与拿撒勒昔日的地位没有特别显赫，但对基督徒来说，它们如今却象征基督。根据基督教信仰与《圣经》记载，这两个城市是耶稣诞生与成长之地，于是被尊奉为朝圣之地，但本书先前讨论的古城与它们相比却更为重要。话虽如此，伯利恒与拿撒勒有段令人惊讶的历史，让我们来详加探讨。

发掘现代伯利恒之美

2006 年，以色列与约旦河西岸之间正在兴建高耸的隔离墙，我当时前往以色列，打算先在耶路撒冷停留几日，然后再去夏琐（Hasor/Hazor/Hatzor）遗址挖掘。我的巴勒斯坦朋友得知我的计划，便邀请我到伯利恒和他的母亲与家人共进晚餐。我也请了同事凯尔·凯莫（Kyle Keimer）随我前去赴宴。我的朋友安排接送事宜，但我立刻察觉事有蹊跷，因为碍于复杂的政治形势，我们不是搭上出租车便可直奔他家。赴宴当晚，我们搭了一辆出租车，车子开到还没有建好边界围墙的地区，那里堆满了巨石。朋友告诉我们要先越过巨石堆，然后搭上在那里等待的出租车，因为司机不能把车开进约旦河西岸。

凯尔与我彼此对望了一下，然后慢慢下了车。我们爬过巨石堆，到了边界的另一端，果然看到有辆出租车在等我们。我们上了车，车子随后开到一间民房。然后，房子的车库门便打开，司机就把车开进去。奇怪的是，当我们还在车子里面时，车库门就关上了。

我们坐着，大家都静默无声。

我开口问道：“嗯，请问司机，我们待在这干嘛？”

司机笑着说：“别担心。我没有要绑架你们。我们要换汽车。”随即用手机输入信息。

我问道：“为什么呢？”

司机低头看着手机，头都没抬起来便回答：“有人在监视我们。”

然后，有人告诉我们可以离开车子，改搭停在旁边的奔驰轿车。我们依照指示进行。等我们就位之后，司机便打开车库门，说道：“好的，现在可以走了。”

车子倒车出库之后，便开往我朋友母亲的家。后来我才知道，就算你没有从以色列与约旦河西岸的边界检查站过境，以色列人依旧可以从瞭望塔监视你（譬如用摄影机或卫星以及靠驻扎人员进行监控）。因此，巴勒斯坦人经常把车开进关闭的车库，然后改搭其他汽车来掩人耳目，借此混淆监控人员，使其掌握不住攀爬石堆非法过境人士的行踪。我不确定这种做法能否奏效，但当晚确实没有人来骚扰我们。

我们终于抵达目地的。朋友的家人宰了一头肥牛来款待我们。嗯，那其实是一只羔羊，正在烤肉杆上烤着。旁边摆放各种美食，包括皮塔口袋饼（pita bread）、鹰嘴豆泥、烤西红柿、黄瓜、洋葱、一盘碎羊肉面饼（kibbeh；我把它称为肉制手榴弹），以及许多色拉。

司机领我们进屋，我朋友的母亲在等着我们，旁边站着两名巴勒斯坦男子。他母亲老迈矮小，面露风霜，透露出她在 20 世纪扶养一个巴勒斯坦家庭所经历的欢乐与艰辛。她凑近凯尔与我，面带微笑，用她最标准的英语说道：“欢迎大驾光临。”

我们点头表达感激之意，然后我回答：“感谢您的盛情款待。”

其中一位男士用标准英语说道：“很高兴你们来了。”

然后，他拿起握在左手的手机，把它递给我，说道：“他要跟你说话。”

我有点迟疑，但还是接了手机，先看了凯尔一眼，再看看手机，说道：“喂？”浑然不知对方是谁。

对话那头吼叫着：“鲍伯，你总算到了！”我立即听出是我朋友的声音。他一直通过电话来确定我有没有在途中遇到任何“麻烦”。

那天晚上共有二十多人一起用餐，包括凯尔、我朋友的母亲、她的儿子与孙子，我才当时首度体会，巴勒斯坦人虽然身处战事频仍的乱世，却能与家人分享快乐。我们谈论了政治，但多数时候都在开玩笑。凯尔与我聊到我们在以色列与巴勒斯坦的旅游经验，他们则谈论他们到美国游玩的经验。我们甚至聊到首次遇到外国人时会对他们说的陈腐笑话。然后，我观察到某件意义深刻的事情：这个巴勒斯坦家庭跟新闻描述的不同，他们就像“我”的家庭。我们都不富有，但认真工作、热爱家人、远离坏人、不让小孩接触帮派、坚持信念、喜好美食、爱说笑话、尽情欢笑、批判政府，以及享受美好事物。

我在伯利恒发现巴勒斯坦人的美。那里不是圣诞教堂或马槽广场（Manger Square）之类的旅游胜地，我是在一位素未谋面的女人家中吃美味烤羊肉与蔬菜而发现这点。这位女士的儿子远在 7500 英里（约 12070 千米）以外与我结交为友。巴勒斯坦人诚实自豪、工作勤奋，我深刻体会到他们的挣扎奋斗，先前偷天换日、躲避监视的惊险历程早已被我抛诸脑后。

未曾证实的考古遗迹

伯利恒最受瞩目之处就是圣诞教堂，这间教堂建在传统上认为是耶稣诞生之处。访客入内时要先通过“谦卑之门”（Door of Humility），进门时得弯腰躬身，才能进入耶稣诞生之地。

朝圣者入内后会发现上头悬挂装饰灯与香炉，然后可沿着路径走到祭坛右边，随即可走到一段楼梯前，往下走便可抵达祭坛正下方。该处有一个被陈旧挂毯覆盖的洞穴，大理石地板中央有一个孔洞，边缘镶嵌十四角银星，周围则吊挂各种油灯与圣徒画像，护佑着耶稣诞生之处。我曾看到学生在参观此处时发出感叹、低头哭泣，甚至欣喜若狂、激动不已。

然而，历史学家认为，没有考古证据可证明这是耶稣的诞生地。我要强调一点，就是传统的朝圣之地与考古遗址有很重要的区别（尽管某些考古遗址也是朝圣之地）。某些场址公认为与圣经人物或事件有关，却没有考古证据可以佐证。

不过，某个场址虽然没有可兹佐证的考古实证，却不表示它无法感动信徒。被尊奉的传统宗教场址可激发信众的信心、希望与认同，正犹如考古与历史遗址

圣诞教堂位于约旦河西岸的伯利恒，图中显示其入口“谦卑之门”。这座教堂纪念拿撒勒人耶稣的诞生地。

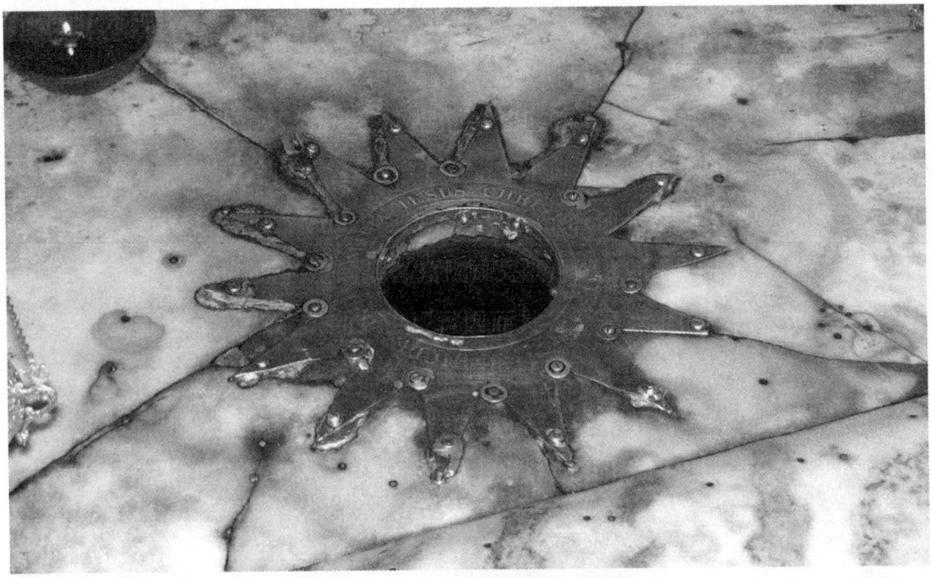

圣诞教堂“圣孔”（Holy Cave）的十四角银星，表示耶稣诞生之地。其上的拉丁文写道：HIC DE VIRGINE MARIA IESUS CHRISTUS NATUS EST，意指“这是圣母玛利亚生下耶稣基督之地”。

能感动考古学家、科学家与历史学家一样。换句话说，牵涉圣经人物的场址即使缺乏考古证据以兹佐证，也能让信徒经历属灵的洗礼。涉及宗教体验时，即使是一面简朴的墙壁，都能被信众视为意义非凡之物。

没有考古实证可证明“圣孔”是耶稣的诞生处，连《圣经》都没有明确指出它是耶稣降世之地。那么，这个孔洞的故事源自何处？

我们检视次要文献后发现，基督教的护教士“殉道者”游斯丁（Justin Martyr；100～165 年）率先记载“圣孔”的传说。他宣称约瑟与玛利亚发现“客店没有空房”后便躲在洞穴，耶稣便降生于马槽。游斯丁在《与特来弗对话录》中首度指出耶稣降生于洞穴，目地是要调和马太与路加对耶稣诞生的说法。游斯丁在第 78 章写道：

> 孩子即将降生于伯利恒时，约瑟无法在村庄找到落脚之处，便在附近山洞搭建住处，玛利亚便在那里生下耶稣。[1]

1 请参阅：Justin Martyr, “Dialogue of Justin,” 233–34。

游斯丁为何认为耶稣诞生于洞穴呢？这是因为误译。

他在第 70 章长篇引述《以赛亚书》第 33 章 13～19 节（尤其第 16 节），说道：他必居住在坚固磐石的高处洞穴。问题是《希伯来文圣经》第 16 节指出：对义人来说，meṣadot sela'im miśgabo（ובגשמ םיעלס תודצמ），意指“他的保障是磐石的坚垒”。希伯来原文“没有”提到洞穴，meṣadot（复数形式）其实跟马萨达（Masada）有同样的希伯来文字根，而马萨达就是以色列南部沙漠上一处无坚不摧的堡垒。它不是山洞，而是一处高地。此外，sela'（复数形式）这个希伯来文意指“岩石”，miśgav（所有格）表示“保障 / 庇护”。因此，希伯来文圣经的《以赛亚书》第 33 章第 16 节没有提到洞穴，只是说住在“坚固磐石”的“高处”。可是游斯丁为何会从这段经文联想到洞穴呢？

答案还是出在《七十士译本》，因为这个译本如此翻译：他必居住在坚固磐石的“高处洞穴”（high cave/σπήλαιον）。[2] 请注意，《七十士译本》把希伯来文 meṣadot（תודצמ；堡垒）翻译成希腊文 spēlaion（σπήλαιον；洞穴），原本希伯来经文“磐石的坚垒”就成为“磐石的洞穴”。

游斯丁显然只有参照当时盛行的《七十士译本》。他宣称，《七十士译本》的《以赛亚书》第 33 章第 16 节提到的“洞穴”不是密特拉之谜（Mithraic Mysteries；《与特来弗对话录》第 70 章探讨的神秘宗教）举行崇拜仪式的洞穴，而是耶稣降生的洞穴，因为以赛亚在下一节经文（第 33 章第 17 节）提到“王”，从中预示耶稣。尽管福音书的作者“未曾”提到以赛亚对耶稣的预言，游斯丁却看到两者的关联，于是在批判密特拉之谜时，不经意地指出耶稣是诞生于伯利恒的一处山洞。这项传说便由此诞生，所以你参观耶稣诞生之地时，会到一间教堂底下（装饰华丽）的洞穴，即便没有任何考古证据可以佐证这项因误译而衍生的传说。

当然，就算游斯丁以极具创意的角度来解经，也不能证明圣诞教堂下的洞穴就是耶稣的诞生地。有人为了提出证明，指出公元第二世纪的伪经《首卷福音书》（Protoevangelium of James）（18～21）的记载，或引述第三世纪希腊基督教神学家亚历山大的俄利根（Origen of Alexandria）的说法（184/5～253/4）。俄利

2 《七十士译本》的《以赛亚书》第 33 章第 16 节记载：ούτος οἰκήσει ἐν ὑψηλῳ σπηλαίῳ πέτρας ἰσχυρας（houtos oike¯sei en hupse¯lo¯ spe¯laio¯ petras ischuras），意思为：他必居住在坚固磐石的高处洞穴。

根在其著作《驳克里索》(*Against Celsus*)提过这个洞穴:

> 伯利恒有耶稣降生之洞穴，他出生后被布包裹，置于洞穴马槽。四方群众纷纷传扬此事。

连不信之人也议论纷纷。众人宣称，基督徒敬奉之耶稣诞生于这个洞穴。[3]

耶稣诞生“之后”两百多年，俄利根又在第三世纪初期重述耶稣诞生于洞穴的传说。然而，他只是重复游斯丁发明的洞穴传说。

然而，这个传说越传越广，伯利恒的洞穴就成了耶稣的诞生地。圣海伦纳曾四处寻找与耶稣有关的圣地，然后兴建建筑物加以纪念。327 年，她开始在伯利恒兴建第一座教堂，亦即圣诞教堂。这些圣殿表明罗马帝国(亦即教会)将这些圣地正式认可为《圣经》事件“实际”发生之地。圣诞教堂于 339 年落成完工，直到 529 年的撒玛利亚人起义(Samaritan Revolt)才被放火焚毁。[4]罗马皇帝查士丁尼一世(Emperor Justinian I)在位时，下令于原址重建更宏伟的教堂，纳入已毁教堂的诸多元素，包含洞穴的所在位置。[5]

这栋建于第六世纪的教堂就是现今的圣诞教堂。它虽然有很长的一段时间未曾修葺(特别是奥斯曼帝国“Ottoman”于 19 世纪中期统治该地时)，仍能抵挡岁月摧残而屹立不摇。圣诞教堂曾因地震严重受损，十字军与希腊东正教也曾为了掌控它而彼此争战，甚至连洞穴周围镶嵌的银星都曾被偷窃，即便如此，圣诞教堂这栋象征性建筑依旧屹立不摇，标示着耶稣诞生之地。

《旧约》中的伯利恒

许多读者可能不知道，在耶稣降生之前，伯利恒(Bethleḥem；希伯来文：Beit Leḥem/תיב מחל)有曲折多变的悠久历史。希伯来文的 Beit Leḥem 表示“粮

3 请参阅：Origen of Alexandria, *Contra Celsum* 1:51 (Origen, “Contra Celsus,” 395～669 [418～19])。

4 请参阅：Pummer, *Early Christian Authors on Samaritans and Samaritanism*, 431。

5 请参阅：Hamilton, *Church of the Nativity, Bethlehem*。

食之家”（house of bread），因为它以拥有肥沃的农地而闻名。[6]我以前住在加州时，经常把伯利恒称为“古代以色列的弗雷斯诺”，因为我当时的家乡弗雷斯诺（Fresno）素以生产农作物（尤其加州葡萄干）而举世闻名。我目前以身为鹰眼州人为荣（“鹰眼州”“Hawkeye State”是艾奥瓦州别名），所以将伯利恒改称为“古代以色列的爱荷华”。

伯利恒是个农村，位于耶路撒冷南方，它因与拿撒勒人耶稣有关联而远近驰名。然而，这个圣城南边的古城如何与来自北边加利利的耶稣扯上关系呢？学者认为，伯利恒与古代以色列和犹大君王有关，福音书才会强调它是耶稣的诞生地。在我们讨论记载耶稣诞生的文献之前，先让我们看看《希伯来圣经》如何预示某位大卫后裔的弥赛亚将诞生于伯利恒。

✠《路得记》

这部书开头就指出伯利恒是创造以色列君主政体之地。以利米勒（’Elimelek）与妻子内奥米（Na‘omi）和两个儿子玛伦（Maḥlon）与基连（Kilyon）从伯利恒前往摩押（Mo’ab）。以利米勒死在摩押之后，这两个儿子分别娶了路得（Ruth）与俄耳巴（‘Orpah）。后来，玛伦与基连也过世，内奥米便想返回伯利恒，而路得决定与她同行。

她们回到伯利恒之后，路得便拾取麦穗，期间听闻工作田地的主人波阿斯（Bo‘az）是亡夫亲戚。根据当时犹太人的习俗，寡妇应与亡夫的兄弟或近亲结婚，以便能够生小孩来获得保障，也让亡夫延续血脉，因此波阿斯有资格去迎娶与“救赎”（redeem）路得。[7]后来，波阿斯与另一位比他和路得更近的亲属交锋（这个无名氏有个好笑的名称 peloni almoni，字面意思为“某某先生 / 某人”“Mr. So-

---

6　伯利恒也被称为以法他（Efrat），意思是“肥沃”（fertile）或“物产富饶”（fruitful）（请参阅《创世纪》第 35 章第 16 节与第 48 章第 7 节；《路得记》第 4 章第 11 节）。著名的考古学家阿尔拜特（W. F. Albright）认为，伯利恒这个名称源自于迦南丰收之神力牧（Lahmu）与力遐牧（Lahamu），他们的名字总是连在一起，也共同受人敬拜。因此，我们可以推测，在古代的迦南地区，力牧与力遐牧可能是在称为白冷（Bit-Laḥmi）的地方受人敬拜。当以色列与犹大逐渐信奉一神耶和华时，这个名称很可能就改成伯利恒（Bet Leḥem）了，以便断绝其于外邦神祇的关联。若想知道更多关于伯利恒名称的由来，请参阅：Cole, “Bethlehem” 与 Cazelles, “Bethlehem”。

7　根据叔娶嫂制的律法（《申命记》第 25 章 5～6 节），一个男人若死了，其兄弟（或亲戚）必须迎娶他膝下无子的寡妇，让她能生小孩延续夫家血脉。从律法来看，这个小孩属于去世的男人，不是“救赎者”。

and-So”)，然后娶了路得，从此过着幸福快乐的生活。

当众民祝福路得时，伯利恒便成了以色列家的诞生之地。

> 愿耶和华使进你家的这女人，像建立以色列家的拉结（Rachel）和利亚（Leah）二人一样。愿你在以法他（Ephrathah）显大，在伯利恒扬名。（第4章第11节）

此外，路得与波阿斯的儿子是俄备得（‘Obed），俄备得是耶西（Yishai；第4章第17节称为Jesse）的父亲，而耶西又是大卫的父亲（第4章18～22节）。因此，伯利恒是大卫的出生地，更是先知塞缪尔（Shmu’el/Samuel）用圣膏油膏大卫，使其成为以色列国王之地（《塞缪尔记上》第16章1～13节），此后伯利恒便与大卫后裔的国王有所牵连。“真正”的大卫子孙、继承以色列王位的人以及犹太人的王，都必须在伯利恒受到讼赞。

便雅悯

路得的故事鼓舞人心，讲述大卫王家谱如何开端。然而，《士师记》的19～21章却先记载早年困扰以色列的部落与政治敌手，以及后来以色列如何建立君主体制。有一件恐怖事件发生于便雅悯的基比亚（Gibeah）。它至关重要，不仅因为这个故事巨细靡遗地描述土匪如何凌辱一位性奴隶，也告诉我们古代人款待来客，甚至讲述后续的一连串事件，使得便雅悯这个支派几乎灭亡。

《士师记》第19章讲述一位从伯利恒逃离的妾如何被人交到土匪手中来拯救他的利未主人，结果惨遭轮奸与杀害。眼尖的读者会发现，这个故事雷同于所多玛（Sedom/Sodom）与蛾摩拉（‘Amorah/Gomorrah）被毁灭之前的故事（《创世纪》第19章）[8]。讽刺的是，这个利未主人厌恶土匪的恶行恶状，竟然将已死妻妾的尸身切成十二块，遣人送给以色列的十二支派，以此抗议土匪对“他”所做的恶行。这个举动引发了基比亚的战斗，因为便雅悯想保护犯下恶行的土匪，以色

8 请参阅：Wright, “Establishing Hospitality in the Old Testament,” 177。也请参阅：Matthews, “Hospitality and Hostility”。

列其他十一个支派便联合起来攻打这个支派。其他支派为了替那位利未主人（与妾）报仇，几乎将便雅悯歼灭殆尽。

这就是便雅悯的故事。《圣经》记载，便雅悯几乎被消灭，同时被迫重新繁衍后代，而这就是利未人的妾被谋杀之后基比亚城遭遇的惨境。有人会狐疑：除了那位妾是来自伯利恒，这段故事到底跟伯利恒有何关系？且容我细说不迟。

没错，被谋杀的女人来自于伯利恒，但这段恐怖故事之所以被纳入《圣经》，乃是《塞缪尔记上》第9章1～2节告诉我们，以色列王扫罗属于便雅悯支派。扫罗是大卫的对手，因此《圣经》作者才要保留这段发生于他家乡的恐怖故事。扫罗来自于便雅悯的基比亚，大卫却来自于犹大的伯利恒。《圣经》记载扫罗与大卫的斗争，却属意古代以色列王国的权力从便雅悯支派（与扫罗王）转移到犹大支派（与大卫王）。这或许可以解释《圣经》的编撰者为何要保留《士师记》第19章的残忍故事，以及在其20～21章讲述便雅悯几乎被歼灭。他们想要提供"额外的"理由，解释耶和华为何属意大卫取代扫罗来继任为王。耶罗波安叛变（译注：成立北国）之后，这两个支派便被视为同一个国度（译注：南国），但《士师记》的19～21章试图引导读者去反对便雅悯并同情犹大。只要我们了解了扫罗与大卫的争战，便可知道《圣经》为何要收录这些丧尽天良、令人发指的故事。

此外，王权从扫罗（便雅悯的基比亚）转移到大卫（犹大的伯利恒）之后便奠定了传统，预示以色列应许的弥赛亚将来自于伯利恒。简言之，大卫是来自于伯利恒的首位弥赛亚，因此众先知认为，"所有"以色列后续的弥赛亚（亦即受膏君王，源自于 mashaḥ "משח"，意指"涂抹"（to smear），在君主体制中就是用圣油去"膏"君主）都必须诞生于大卫的家乡伯利恒。《弥迦书》著名的预言反映这种期待：伯利恒以法他啊！你在犹大诸城中虽然细小，必有一位从你那里出来，为我作以色列的统治者；他的根源从太初，从亘古就有了（第5章第2节；《希伯来圣经》第5章第1节）。

因此，伯利恒成为建构以色列君主体制的城市，至少在以色列与（后期）犹大仍是独立王国时，能够孕育出众民"期待的"君王。可惜，巴比伦王尼布甲尼撒二世（《列王纪下》第25章）消灭犹大并毁掉圣城之后，大卫家族便中断了。即便如此，伯利恒与大卫彼此牵连的传统仍旧传扬下去，因此福音书的作者坚信，以色列应许的弥赛亚将诞生于伯利恒，而最著名的伯利恒人就是拿撒勒人耶稣。

伯利恒、拿撒勒与耶稣

我们都曾被教导，认为伯利恒是耶稣的诞生地。然而，《马可福音》与《约翰福音》却不曾说耶稣与伯利恒有关，而且使徒保罗甚至只字未提伯利恒（连拿撒勒也没有）[9]。保罗称呼耶稣时，总是合并使用耶稣（Jesus）、基督（Christ）与我主（Lord），绝口不提伯利恒或拿撒勒。有一半的福音书没有将伯利恒与耶稣相提并论，连保罗书信与其他的《新约》经书也没提到这个古城，因此我们只能去探讨《马太福音》与《路加福音》。我们读了这两部经书之后发现，经文只有提到耶稣诞生时才提及伯利恒，别处经文提到耶稣时却没有称他为“伯利恒人耶稣”，而是叫他“拿撒勒人耶稣”。

因此，唯有《马太福音》与《路加福音》提到耶稣诞生时，才将他与伯利恒相提并论。虽然耶稣与伯利恒的特殊关系可能在此划下句点，但我们将这两处经文相互比较之后，马上会发觉另一个问题（数个世纪以来，圣经学者不断想解开这个谜题）：耶稣出生后住在哪里？

还有另一个指出拿撒勒与伯利恒格格不入的问题。简言之，耶稣有个“拿撒勒”的问题，就是：耶稣来自于拿撒勒。为何“耶稣出生后住在哪里”会长期困扰学者呢？因为马太与路加的说法有出入。让我们先来检视马太如何描述耶稣的诞生，看我们是否能先发现问题，然后找出答案。

马太的说法

《马太福音》开头便列出耶稣的家谱，指出耶稣是大卫的子孙，有资格受膏为王，成为以色列应许的弥赛亚。第 2 章第 1 节记载：希律王执政时期，耶稣诞生于犹大的伯利恒。那时，有几个智者（或译博士或星象家）从东方来到耶路撒冷。请注意，《马太福音》之前根本没有提到拿撒勒，首次提到的地点是“耶稣生在犹太的伯利恒”，暗示耶稣与家人“当时住在”伯利恒，耶稣是在家里出生的！这里没有提到拿撒勒，也没有提到他们前去耶路撒冷登记户口，甚至没有马

---

9 《约翰福音》第 7 章第 42 节提到伯利恒，不过这段经文却是“质疑”耶稣与伯利恒的关联，强调耶稣来自于拿撒勒，却不是按照经上所指，弥赛亚必须是从大卫本乡伯利恒出来的。

槽、谷仓或山洞！马太只有说，耶稣生在犹太的伯利恒。

我们仔细读《马太福音》，便会清楚耶稣与家人确实住在伯利恒。希律王曾询问祭司长与民间文士弥赛亚会诞生于哪里，各位请注意众人的回应。

> 他们回答："在犹太的伯利恒。因为有先知在经上这样说：'犹大地的伯利恒啊！你在犹大的领袖中，并不是最小的，因为必有一位领袖从你那里出来，牧养我的子民以色列。'"（第 2 章 5～6 节）

这段出自《弥迦书》第 5 章第 2 节的预言被解释为：以色列的弥赛亚君王将来自伯利恒。因此，《马太福音》的作者便信心满满，将这段预言纳入经文，以此描述耶稣是大卫的后裔，乃是上帝应许的弥赛亚。然而，你只要读了《马太福音》第 2 章第 6 节，很快就会发现这段说给希律王听的预言其实是从不同经文"拼凑而成"的。第一部分出自于《弥迦书》第 5 章第 2 节，第二部分节录自《塞缪尔记下》第 5 章第 2 节，该节指出以色列众支派前去希伯仑见大卫时，宣誓效忠于他，并且膏大卫作以色列的王。这两段经文之所以被合并，乃是因为它们表达同样的主题：以色列的领导者将出自于大卫家族，并且诞生于大卫本乡伯利恒。[10]

另一个线索也透露出耶稣出生时与家人住在伯利恒，一些智者曾前去敬拜耶稣《马太福音》第 2 章第 11 节明白记载：他们进了"房子"（希腊文 οἰκίαν/oikian），看见小孩。根据这段经文，耶稣"不是"降生于谷仓的马槽，而是诞生

10　第二圣殿期的犹太文献经常引述《希伯来圣经》的各处经文，然后将其合并成新的经文，犹太塔木德亦是如此。死海古卷的其中一卷 4QFlorilegium（4Q174，亦称"末日米德拉西"（Midrash on the Last Days）；译注：米德拉西"Midrash"是犹太教讲解《圣经》的布道书）就四处引述《希伯来圣经》，将其串连起来探讨末日的核心主题。这部古卷引述《塞缪尔记下》第 7 章；《诗篇》1～2 章、《出埃及记》第 15 章；《以西结书》第 37 章，以及《以赛亚书》第 7 章与第 65 章，将其串连之后预示末日情景。另一卷 4QTestimonia（4Q175，亦称"弥赛亚文选"（Messianic Anthology）也四处串连描述末日弥赛亚的经文。这部古卷引述《申命记》第 5 章 28～29 节与第 18 章 18～19 节（这两段经文讨论像摩西一样的先知）、《民数记》第 24 章 15～17 节（探讨巴兰"Bil 'am"预示一位类似于大卫的弥赛亚）、《申命记》第 33 章 8～11 节（对利未人的祝福，指出祭司兼弥赛亚的人将会像利未人一样承担教诲的职分）以及《乔舒亚记》第 6 章第 26 节，但又引述未纳入正典的《乔舒亚诗篇》（Psalms of Joshua；4Q379）来阐述前面这段经文。因此，串连《希伯来圣经》的不同经文并非错误或异常做法，在第二圣殿期与拉比时代（Rabbinic period）曾广泛使用这项手段。

于一户“住家”。因为耶稣与家人没有前去耶路撒冷登记户口，这个住家可能就是他们在伯利恒的住所。

根据《马太福音》，约瑟在睡梦中受到天使警告，要连夜带着玛利亚与耶稣逃往埃及，以躲避希律王的追杀。《路加福音》没有提到这段逃亡历程，但马太透过这段文字，进一步将耶稣描绘成“新摩西”，使其成为像摩西一样可颁布律法的犹太人。第 2 章第 15 节引述《何西阿书》第 11 章第 1 节，借此强调耶稣与摩西的关联：我从埃及召我的儿子出来。

《马太福音》第 2 章第 16 节最后又证明约瑟、玛利亚与耶稣一家三口住在伯利恒。当希律王发现自己被智者欺骗，便“照着他从智者所问得的日子，下令把伯利恒和附近地方两岁以下的小孩全都杀死。”虽然《路加福音》也没有记载类似的事件，这段经文却指出，希律王只有杀死两岁以下的小孩。“照着他从智者所问得的日子”则暗示一点：耶稣诞生与希律王“滥杀无辜”这两件事就算没有间隔两年，也至少相差一年。希律王想取耶稣性命，便将从耶稣诞生日到当时为止，年纪为两岁以下的婴孩全部杀死。因为当时从拿撒勒前往耶路撒冷登记户口的人（《路加福音》第 2 章第 4 节）通常不会停留“一到两年”，所以耶稣很可能诞生于伯利恒的家中。[11]

因此，有了逃往埃及的记载，马太便可将耶稣诞生于伯利恒家里的看法（所有属于大卫后裔的以色列王皆应如此）以及耶稣是在拿撒勒被抚养长大的说法相互融合。

《路加福音》的说法

这部福音书从另一种角度来解决拿撒勒与伯利恒相互抵触的问题。《路加福音》先长篇大论耶稣表哥施洗约翰（John the Baptist）的出生，然后在第 1 章 26~27 节指出天使加百列奉神差遣，“往加利利的拿撒勒城去”，为了告知玛利亚

---

11 只有《马太福音》提到弑婴的情节。不仅《路加福音》没提到这点，连约瑟夫斯的著作也没有论及它。因此，钻研基督教起源的英国学者格扎维尔麦希（Geza Vermes，著作 *Nativity*, 22）与精通新约的学者山德斯（E. P. Sanders，著作 *Historical Figure of Jesus*, 85）认为，马太增添希律王弑婴的桥段，主要有两个目的：其一是重申预言（《耶利米书》第 31 章第 15 节），描述耶稣的生活的确实现了预言，进而宣称耶稣就是大卫后裔的应许弥赛亚；其二是让耶稣与家人有理由逃往埃及（以便引述另一个支持耶稣为弥赛亚的预言，亦即《何西阿书》第 11 章第 1 节的预言），最终移居拿撒勒，让耶稣得以成为“拿撒勒人耶稣”。

她即将怀孕生子。除了提到玛利亚到犹大的一座城（第1章第39节）与施洗约翰的母亲伊莱沙伯（Elizabeth）同住三个月，路加在第一章后面的章节没有再提任何城市。

路加使用容易衍生问题的户口登记，借此说明耶稣出生于伯利恒。根据《路加福音》，耶稣家人住在拿撒勒。

> 那时，有谕旨从西泽奥古士督颁发下来，叫普天下的人登记户口。这是第一次户口登记，是在居里纽作叙利亚总督的时候举行的。众人各归各城去登记户口。约瑟本是大卫家族的人，也从加利利的拿撒勒上犹太去，到了大卫的城伯利恒，与所聘之妻玛利亚一同登记户口。那时玛利亚的身孕已经重了。（第2章1~5节）

路加记载的户口登记会衍生问题，原因如下：首先，登记户口的目的是要征税。确实有文献佐证当时罗马帝国实施过户口登记，[12]却没有证据显示人们必须长途跋涉，回到“先祖”故乡去报户口。103～107年的罗马帝国埃及行省长官盖埃斯·伟拔斯·马森密斯（Gaius Vibius Maximus）颁布过户口登记诏令，要求“所有离乡背井的百姓各归各城，一以利于报名上册，二使民勤奋于农功。”[13]

这份诏令没有提到户口登记的目的是要征税，但居民并未被要求回到“先祖”故乡，而是要回到“现居”住所，如此方能登记户口与记录资产来征税。其实，人民在政府进行户口登记与收税时不可“出城”。民众返回先祖本乡，并不能“勤奋于农功”。根据罗马帝国的规定，民众必须回到“现居”住所，让政府登记户口与财产以利征税。路加又宣称九月怀胎的玛利亚风尘仆仆，花了三天的时间从拿撒勒前往伯利恒。然而，碍于户口登记的要求，约瑟与家人又得返回“现居”住所，而他们的家在拿撒勒，不是伯利恒。

那么，为何《路加福音》第2章第4节记载：玛利亚与约瑟回到“先祖”本

12　请参阅：Josephus, *Antiquities* 17.13.5 (17:354); 18.1.1 (18:1–2)。

13　请参阅：Lewis, *Life in Egypt Under Roman Rule,* 156。这份盖埃斯·伟拔斯·马森密斯于公元104年从亚历山大颁布的户口登记诏令书写于莎草纸上，大英博物馆库存编号为P.London 904。也请参阅：Hunt and Edgar, *Select Papyri*。

圣母领报圣殿（Basilica of the Annunciation）位于拿撒勒，有高耸的绿色圆顶。根据传统说法，天使加百列在此告诉玛利亚她会生下耶稣。

根据传统说法，圣母领报圣殿的祭坛所处的洞穴乃是昔日童女玛利亚的家。

乡，没有因为户口登记而待在“自己的城拿撒勒”（第 2 章第 39 节）呢？因为路加认为耶稣与家人住在拿撒勒（并非如马太所言，住在伯利恒），他想利用户口登记的手段让玛利亚“暂时”前往伯利恒，以呼应耶稣诞生于伯利恒的传统说法，同时又能解释耶稣是“拿撒勒人”。

另外，根据《路加福音》的记载，居里纽（Quirinius）登记户口的时间引发了更大的争议。这位叙利亚总督确实在罗马帝国的叙利亚与犹大行省进行过户口普查，借此征收税款。然而，犹太历史学家约瑟夫斯指出，这项户口普查是在公元第 6 年或第 7 年举行的，[14] 那时希律王死后被封为犹大藩王的无能长子亚基老（Archelaus）“已经”被革职而流放外地。因此，这项户口登记的时间有问题，因为路加说它发生于犹太王希律在位时期（第 1 章第 5 节），而希律王死于公元前第 4 年，[15] 这让路加的说法在时间上兜不拢，差了将近十年，所以该户口登记不可

14　请参阅：Josephus, *Antiquities* 17.13.5 (17:354); 18.1.1 (18:1–2)。

15　请参阅：Bernegger, “Affirmation of Herod’s Death”。

能发生。[16]

当然，当玛利亚与约瑟抵达伯利恒，玛利亚就生产了：她生了头胎儿子，用布包着，放在马槽（希腊文：φάτνη/phatnē）里，因为客店里没有地方（第2章第7节）。[17] 等到婴儿耶稣被牧羊人拜见（《马太福音》却说是智者）、依照犹太律法行割礼，以及接受公义者西面（Simeon；第2章25～35节）与女先知亚拿（Anna；第2章36～38节）祝福之后，路加说耶稣与家人“回加利利，到自己的城拿撒勒去了”（第2章第39节）。

马太与路加对耶稣诞生的说法显然有落差。马太指出，耶稣出生于伯利恒的约瑟与玛利亚的家中；路加指出，耶稣出生后被放于马槽中，然后短暂停留于伯利恒。马太说智者前去拜见耶稣，但路加却说是牧羊人拜见耶稣。此外，路加没有提到希律王滥杀婴儿，或者天使警告过约瑟，要他带领玛利亚逃往埃及躲避追杀（《马太福音》第2章第13节）。路加说玛利亚与约瑟在伯利恒停留40天，然后直接返回拿撒勒，根本没有像马太一样，以长篇大论描述约瑟一家逃往埃及。[18]

我们该如何看待这两种不同的说法呢？首先，我们必须承认，耶稣如何诞生，其实是众说纷纭。[19] 虽然马太与路加的说法不吻合，但我们要知道为何福音书要将耶稣与伯利恒牵扯在一起。大卫后裔的以色列诸王皆出生于伯利恒，而耶稣若是弥赛亚与犹太人的王，“即使”是拿撒勒人，也必须诞生于伯利恒。

---

16 某些学者认为，路加搞混了户口登记时间，错误引用居里纽的户口登记，而没有引用盖埃斯·珊提亚斯·撒端黎纳（Gaius Sentius Saturninus）或普布利乌斯·昆克蒂利乌斯·瓦卢斯（Publius Quinctilius Varus）的户口登记。这两位罗马政治家都曾在希律王执政时期担任省长。请参阅：Fitzmyer, *Gospel According to Luke I–IX*, 401。早期的基督徒作家特土良（155～240年）指出，耶稣诞生时，撒端黎纳（不是居里纽）从公元前917年担任罗马帝国叙利亚行省省长（*Legatus Augusti pro praetore*），有可能监督当时的户口登记。此外，瓦卢斯在公元前614年担任叙利亚行省省长，也可能在耶稣诞生时监督户口登记。约瑟夫斯说道，希律王于公元前4年驾崩，随后朱迪亚地区造反，瓦卢斯将两千名犹太反叛者钉十字架处死（《犹太古史记》17.10.10 [17:295]）。居里纽不可能在希律王统治期间举行户口登记。

17 “在客店”这个传统译法有问题，因为这暗示玛利亚与约瑟碍于伯利恒当地的客店没有房间而被迫住在谷仓。希腊字 kataluma 其实指房子的客房，当时显然有人居住了，玛利亚与约瑟于是被迫跟动物住在较低的楼层，如此才能解释耶稣为何降生于马槽。请参阅：Carlson, “The Accommodations of Joseph and Mary in Bethlehem”。

18 请参阅《利未记》第12章1～5节讨论妇人生产后的洁净规定。妇女若怀孕生男孩，就要不洁净7天，然后又要居家33天让自己洁净（请注意，妇女若生女孩，洁净期要两倍）。马太与路加对耶稣降生的说法有落差，读者若想知道更多的相关信息，请参阅：Brown, *Birth of the Messiah*, 46。

19 如果你“真的”想要读点有趣的文献，不妨参阅《多马童年福音》（*Infancy Gospel of Thomas*）。这部书记载耶稣在孩童时期令人颤栗不安的轶事。

小结

伯利恒美丽迷人，充满浓厚的历史文化气息。虽然它没有像许多信仰虔诚的人认为的那样富含历史价值，仍然值得前往一探究竟。

耶稣如何降生于伯利恒，各人有各自的说法，目的是要吸引不同的读者。马太希望读者认为耶稣实现了犹太预言，成为应许的大卫子孙、新的国王与颁定律法者。他像摩西一样，出自于埃及，让智者远从东方前去朝拜。相较之下，路加希望读者将耶稣视为来自于拿撒勒的穷苦小孩，他诞生于临时居住的马槽，只吸引到低层的牧羊人拜见，因此日后才能替穷人宣扬希望的福音。

福音书的内容并非一致！光伯利恒便足以说明这点。福音书是不同作者从不同角度针对不同读者书写，从中反映耶稣生平的不同面向。路加描述底层的牧羊人拜见耶稣，能够让穷苦人与被边缘化的族群心有戚戚焉，而马太记载智者远从东方前去朝拜耶稣，将他视为以色列人的新王，则是让那些持守犹太传统的人感同身受。犹大的伯利恒将耶稣与大卫家谱紧密相连，借此落实许多人笃信的预言（或各种预言的组合）："受膏者"必定来自伯利恒。有鉴于此，即便没有考古证据足以证明伯利恒是耶稣的诞生地，这座小型的犹太农业古城在创造《圣经》时依旧扮演着重要的角色。

第十一章

罗马

罗马可谓历史上最重要的城市。罗马帝国征服地中海东岸之后，境内的巴勒斯坦便成为基督教的发源地，继而影响整个西方世界。我们不可低估罗马对《圣经》的贡献。罗马帝国曾四处征战，铺陈了基督教的重大事件，包括耶稣在希律王的统治下诞生，日后在提督彼拉多的统治时期受审与被钉十字架。罗马摧毁耶路撒冷圣殿之后，彻底改变了犹太教与基督教。

罗马可谓历史上最重要的城市。罗马帝国征服地中海东岸之后，境内的巴勒斯坦便成为基督教的发源地，继而影响整个西方世界。罗马的确是将耶稣钉上十字架的重要推手，然而，这个古城也让使徒保罗撰写了总结福音的重要典籍《罗马书》，甚至决定哪些书籍可纳入我们今日熟知的《圣经》。因此，在创造《圣经》的过程中，罗马或许比其他古城扮演了更为重要的角色。

条条大路通罗马

俗话说："条条大路通罗马。"这点在创造《圣经》上尤为真切，因此我每年夏天带学生去以色列考古时，必定要在罗马稍作停留。罗马不但曾摧毁耶路撒冷与圣殿，更将基督教定为国教，让基督教的《圣经》得以成形，罗马的历史更与犹太教、基督教与《圣经》密不可分，因此条条大路确实通向罗马。

我曾带着老婆萝丝琳在古罗马广场玩"觅物游戏"（scavenger hunt），以此证明"条条大路通罗马"。

当时罗马正值冬季，寒风刺骨，我对着她大喊："就在这里。"

萝丝琳回道："什么？这里的东西成千上万，全都破旧不堪……就跟你一样。"她穿着两件夹克，感到凉意刺骨，想不透我为何非得在新年前夕硬把她拖到古罗马广场，在泥地中寻找物品。我们本该准备一场派对，享受美酒珍馐，聆听"铁与酒乐团"的音乐，还要跟好友一起狂欢，结果我却拉着她穿越一群古建筑，看一堆年代久远的雕刻岩块。

我向她招手，示意她过来，说道："就在这里，但无法肯定确切的位置。"

古罗马广场曾是古罗马民众的生活中心，广场上矗立着许多罗马皇帝的纪念碑与供奉神祇的神庙。

这座碑位于耶路撒冷圣殿山的附近，其上篆刻着拉丁碑文，可追溯至72年～79年的罗马帝国时期。碑文提到罗马皇帝维斯帕先（Vespasian）与他摧毁圣殿的儿子提多（Titus）。本图片由以色列博物馆提供。

萝丝琳满脸好奇，问道："你在找什么？"

我答道："条条大路通罗马，但究竟通往罗马的何处？"

她回应："葛伦（Grom）冰淇淋店？"

我摇了摇头。

她面带微笑，又猜了一次："杜嘉班纳（Dolce & Gabbana）时装店？"

"都不是。"我回道："条条大路都通往'金色里程碑'（Miliarium Aureum/Golden Milestone），那是一座金色高柱，曾是罗马帝国所有里程碑的参考点。所有通往罗马的公路都在那里交会。'金色里程碑'可能位于农神庙（Temple of Saturn）的旁边，曾矗立于此处。"[1]

萝丝琳问道："它在哪里？这么大的金色柱子不会到现在还会在寒风中……倒在罗马的……空旷之地。"她语带俏皮，接着说道，"我倒觉得，有人早就把它搬走，拿去熔掉卖钱，买了美酒在新年前夕庆祝一番。"她话中带刺，我无法充耳不闻。

其实，萝丝琳说得很对（她说得通常都对，而她总是提醒我这点）。"金色里程碑"早已淹没于时间的洪流而不知去向。如同许多下落不明的罗马古物，这个里程碑象征提多凯旋门纪念之事：与罗马的历史与犹太教、基督教以及《圣经》密不可分。因此，为了完成本书的探索之旅，我们必须讨论罗马如何影响了《圣经》。

罗穆卢斯与瑞摩斯

犹如其他城市与国家，罗马的历史也有两种版本：信史与神话。罗马的早期历史可另写一本专书来讨论。然而，奠基罗马古城的神话却与《圣经》故事息息相关。

建立罗马城的神话故事围绕于罗穆卢斯与瑞摩斯这两位孪生兄弟。他们是天神玛尔斯（Mars；罗马神话的战神）之子，出生后被人放进摇篮，放在台伯河

---

1 请参阅：Pliny, *Natural History* 3.66。

（Tiber River）河畔顺流而下（读者是否觉得这种描述很耳熟）。等到泛滥的台伯河退潮时，一只刚丧子的母狼发现了这对被遗弃的双胞胎。这只母狼没有吃掉他们，而是将他们当成后代抚养，甚至有一只啄木鸟热心帮忙喂食这对双胞胎。其实，狼与啄木鸟都是天神马尔斯的圣兽。[2]

后来，一名牧羊人浮士德乐（Faustulus）发现了这对双胞胎，便把他们带回家，与妻子阿迦特·劳伦缇雅（Acca Larentia）把他们当成亲生儿子抚养。两兄弟长大后，发现自己曾被放在台伯河的摇篮中，后来被狼抚养。原来，他们的祖父努米特（Numitor）是阿尔巴·隆伽（Alba Longa）的国王，也是特洛伊战争英雄埃涅阿斯（Aeneas，古罗马诗人弗吉尔（Virgil）史诗《埃涅阿斯纪》的主角）的后裔。努米特之弟阿谬利斯（Amulius）篡位后，试图谋杀努米特的所有男性后裔，包括罗穆卢斯与瑞摩斯。

他们的母亲是雷亚·西尔维亚（Rhea Silvia），曾被阿谬利斯胁迫成为维斯塔贞女（Vestal Virgins，或称护火贞女），亦即古罗马炉灶与家庭女神维斯塔（Vesta）的女祭司。然而，必须守身如玉的西尔维亚却怀孕了，而罗马诗人利瓦伊（Livy）指出，她是被一位不知名男子强奸，[3] 但西尔维亚却说，某位神祇让她奇迹般怀孕（指战神玛尔斯，而读者是否又会觉得这种说法非常耳熟）。阿谬利斯得知此事之后，便要取这对双胞胎的性命，并下令将西尔维亚关起来。幸好，执行格杀令的仆人把他们放逐于台伯河，令其自生自灭。

罗穆卢斯与瑞摩斯得知阿谬利斯的所作所为之后，决定向这位篡夺祖父王位的仇人复仇。他们对抗阿谬利斯并杀了他，辅佐祖父努米特重新登基为王。两兄弟后来决定在台伯河畔，亦即母狼抚养他们之处，建造一座自己的城市。然而，他们却各执一端，无法决定筑城地点，便以占卜（观察鸟儿飞行，从中解读天启征兆的古老之术）决定地点。话虽如此，卜卦结果却有争议，罗穆卢斯便决定在帕拉蒂尼山（Palatine Hill，位于现今罗马，能俯瞰古罗马广场）建城，将其命名为罗马（Roma），而瑞摩斯则挑选易守难攻，较为南边的阿文提诺山（Aventine

---

2 啄木鸟意志顽强，强力的喙能够啄穿坚硬橡树，因此位列战神的圣兽。关于啄木鸟的信息，请参阅：Plutarch, *Roman Questions* 21；Plutarch, *Life of Romulus* 4.2；Ovid, *Fasti* 3.37。关于狼的信息，请参阅：Livy, *History of Rome* 10.27.9。

3 请参阅：Livy, *History of Rome* 1.4.1～2。

Hill）建城。瑞摩斯亟欲证明哥哥与其建城之处是较差的军事防御地点，于是翻越罗穆卢斯的城墙来嘲弄他。此举凸显了罗马城墙毫无用处，罗穆卢斯盛怒之下便杀了瑞摩斯，然后发誓："尔后凡越我城墙者，必杀之。"[4]

据说，罗马居民起初都是罗穆卢斯收留的逃犯与亡命之徒。然而，由于多数居民都是男性，缺乏女性来添丁增口，罗穆卢斯便决定在邻近的萨宾人（the Sabines）于马克西穆斯竞技场（the Circus Maximus）膜拜农神克洛诺斯（Cronus）而分身乏术时，趁机掳走他们的女人（读者是否又觉得这种说法耳熟能详。请参阅《士师记》第21章）。罗马人"掳走萨宾女子后并强奸她们"，引发了他们与萨宾人的战争。根据神话记载，这场战争之所以告终，竟是因为这群萨宾女子表示自己爱恋罗马丈夫，双方最后同意停战并和平共处。[5]据说罗穆卢斯未曾去逝，而是在一场暴风雨中被接上天堂。（读者是否又觉得这种说法很耳熟，请参阅《列王纪下》第2章1～11节描述的伊莱贾（Elijah））。

我的同事莎拉·庞德（Sarah Bond）曾经对照过《圣经》与罗穆卢斯和瑞摩斯。他将这对兄弟比喻为彼得与保罗，而我认为这比喻十分恰当。彼得与保罗是罗马的主保圣人（patron saint，亦称守护圣人），也被认为是"基督教"的奠基者，而罗穆卢斯与瑞摩斯则被认为是古罗马的建城者。[6]此外，如同罗穆卢斯最终取代了瑞摩斯而成为罗马的首要代表人物，使徒保罗最终也让彼得黯然失色（彼得原名西蒙，耶稣给他起名为彼得，意指"磐石"，暗指他将成为教会的基石），成为传扬福音的代表人物。《新约》有十三封书信出于保罗之手，而彼得只写了两封书信（学者甚至认为那是后人伪造）。

《使徒行传》支持这个论点。这部书开头只提到十一位使徒（扣掉出卖耶稣的犹大），着眼于彼得及其在耶路撒冷四周的传道。然而，等到保罗在第9章皈依基督之后，便逐渐取代彼得，成为宣扬福音的主要讲道者。其实，彼得与保罗传讲的信息互为冲突，譬如第15章第2节指出，弟兄们"大大地争执辩论起来"，于是在耶路撒冷召开大会来解决纷争，讨论该不该受割礼与禁戒祭偶像之

---

4 请参阅：Livy, *History of Rome* 1.7.2。

5 请参阅：Livy, *History of Rome* 1.13。

6 罗马每年的6月29日都会举办"圣徒彼得与保罗庆典"（Feast of the Most Holy Saints Peter and Paul）。请参阅：Eusebius, *Ecclesiastical History* 3.2。

物（《使徒行传》第 15 章；请比较《加拉太书》第 2 章）。从那段章节之后，《使徒行传》便开始记载保罗（而非彼得）的传教之旅，证明保罗最终超越彼得，也显示保罗传给外邦人的福音乃是标准的基督教宣道内容。

罗马帝国的建立

无论从神话或考古学来看，罗马共和国（Roman Republic）于公元前 509 年建立之后，终结了罗马王政时代（Roman Kingdom，亦称罗马王国）。罗马共和国的特点是设立元老院（Roman Senate），其成员代表罗马全体人民做决议。随着政治、经济与军事实力逐渐成长，罗马共和国借由战争与政治同盟，掌控了意大利半岛。

到了公元前第三世纪，罗马势力已沿着地中海海岸往西扩展到西班牙，同时也越过地中海到达北非。而到了公元前第一世纪，罗马已向西北方扩张而控制今日的法国，也沿着地中海海岸掌控希腊本土及希腊群岛，然后再往东扩展征服今日的土耳其西部地区，甚至沿着地中海东岸往南入侵今日的叙利亚与黎巴嫩。

从许多层面来看，罗马人之于希腊人犹如波斯人之于巴比伦人。罗马人占领了原本属于希腊人的领土，从而吸纳了希腊文化，包括希腊诸神，并将许多神祇的名字改为罗马名称。因此，宙斯（Zeus）改名为朱比特（Jupiter），阿芙萝黛蒂（Aphrodite）改成维纳斯（Venus），赫尔密斯（Hermes）变成墨丘利（Mercury），波赛顿（Poseidon）变成涅普顿（Neptune），以及阿瑞斯（Ares）变成马尔斯（Mars）（罗马人将希腊众神转变为行星）。罗马接纳了希腊文化，将其融入自身文化，形成今日学者所谓的"希腊罗马文化"（Greco-Roman culture）。

罗马共和国一直持续到盖乌斯·尤利乌斯·西泽（Gaius Julius Caesar；公元前 100 年～公元前44 年）在公元前 44 年 3 月 15 日遭到暗杀为止。后来，凯撒的养子屋大维（Octavian，公元前 63 年～公元前 14 年）于公元前 31 年的亚克兴角战役（Battle of Actium，亦即罗马共和国的最终战）中击败罗马共和国的马克·安东尼（Mark Antony，公元前 83～公元前30 年）与古埃及托勒密王朝法老克利奥帕特拉（Cleopatra，公元前 69～公元前30 年）。公元前 27 年，元老院经过投票，决议给屋大维至高无上的终身独裁军事权与民政权，同时将他封为“奥古斯都”（Augustus；译注：神圣、至尊之意），此举意味罗马共和国的终结，象征罗马帝国的建立。屋大维登基成为开国君主，开创一段从公元前 27 年到公元 180 年、长达两百年的治世，史称“罗马和平”（拉丁文：Pax Romana；英文：Roman Peace）。讽刺的是，耶稣传道与被钉十字架以及耶路撒冷（两度）遭毁，这两件事恰好发生于“罗马和平”期间。

庞贝与罗马帝国的巴勒斯坦

罗马将军格奈乌斯·庞贝（Gnaeus Pompeius Magnus，俗称“庞贝大帝”“Pompey the Great”，公元前 106 年～公元前48 年）于公元前 63 年并吞耶路撒冷、叙利亚、腓尼基与柯里叙利亚，深刻影响了圣地犹太人的生活。庞贝是出色的军事将领，而马库斯·李锡尼·克拉苏（Marcus Licinius Crassus）则堪称史上最富有的人，同时身为将军、政治家与不动产炒手（可谓经、政、军三把抓）。他们在公元前 60 年和凯撒组成著名的三巨头同盟（First Triumvirate），三人合为一体（读者是否又觉得这种说法很耳熟）共同治理国家，成为无懈可击、至高无上的掌权者。这个神圣的三位一体（Holy Trinity），呃，我是指克拉苏、凯撒与庞贝三人组，便一直掌控罗马政治，直到公元前 53 年为止。那年，罗马在卡莱战役（Battle of Carrhae）中被安息帝国击败，后来克拉苏前往议和途中不幸命丧于帕提亚人（the Parthians；译注：帕提亚是安息帝国的文化与政治中心）之手，前三头同盟随之瓦解。

庞贝将军征服耶路撒冷之后，走进圣殿，又踏入至圣所，然后平安无事地出来，并未被圣城的宗教与政治领袖报复，甚至也没遭到上帝的惩罚。庞贝践踏至圣所只有一个目的：他要向所有人宣扬，现在“他”才是掌权者。一个世纪多以前，塞琉古王安提亚古四世曾亵渎圣殿，结果引发马加比起义，[7] 而庞贝亵渎圣殿

7 请参阅：《但以理书》第 9 章第 27 节、第 11 章第 31 节与第 12 章第 11 节；《玛喀比传上卷》第 1 章第 54 节与第 6 章第 7 节。

的作为恰好与其隔空呼应。庞贝的举止被称为“施行毁坏可憎的”或“造成荒凉的亵渎”，《圣经》作者也将其视为混乱与毁灭即将将临到耶路撒冷。[8]

以色列前总理阿里埃勒·沙龙（Ariel Sharon）曾在公元2000年9月强行访问被伊斯兰教视为“尊贵禁地”的圣殿山，任谁都看得出来这是要呼应前述宣示权威的举动（为展现权威而踏进圣殿及其外围地区）。许多人认为，沙龙的政治举动激发了“第二次巴勒斯坦大起义”。（Second Palestinian Intifada，亦称阿克萨群众起义。译注：巴勒斯坦人将其视为反抗外族占领的解放战争，以色列则认为那是恐怖运动。）因为沙龙就是要宣称自己掌控“整个”耶路撒冷（不只西半部），想去哪里就去哪里。

公元前49年，西泽大帝跨过卢比肯河（Rubicon），在法萨卢斯战役（Battle of Pharsalus，公元前48年）中击败庞贝将军。治理耶路撒冷以南以土买（Idumea）且效忠于罗马的总督安提帕特（Antipater）便见风转舵，背弃庞贝，倒戈到西泽阵营，后来甚至从亚历山大围城（Siege of Alexandria）中解救凯撒。凯撒因此龙心大悦，在公元前47年赐与他罗马公民资格，免他缴纳税赋，甚至让他担任首任罗马犹太行省总督。此外，安提帕特的儿子们也被指派为地方首长，包括统治加利利（Galilee）的希律（Herod，公元前74～公元前4年）。

希律王

在公元前43年，安提帕特遭到暗杀，其子希律王成为了犹太（朱迪亚）地区最重要的人物。他从公元前47年到公元前40年担任加利利总督，随后在公元前39年被罗马元老院封为犹太王。希律班师返回耶路撒冷后，于公元前37年正式统治犹太地区。[9]

对犹太人而言，希律王是否为明君，一直颇受争议。从许多层面来看，他

8　请参阅：《马可福音》第13章第14节；《马太福音》24章第15～16节与《路加福音》第21章20～21节。

9　请参阅：Josephus, *Jewish War* 1.14.4 (1:282～85)。

积极建设，推行诸多政策与兴建计划，犹太人因而受惠。[10] 希律王是高傲狂妄、自我膨胀的暴君，不断建造巨大纪念碑来颂扬自己，但他推行的兴建计划却是政府资助的经济刺激方案，雇用了数百位（甚至数千位）犹太工人，让这些人非常感恩。

然而，不论希律王如何做，犹太人始终恨他。譬如，他生性多疑、行事冲动，曾杀了亲生儿子、嫔妃与政敌。《马太福音》记载希律王“屠杀婴孩”（第2章16～18节），但学者认为这可能是谎言，因为约瑟夫斯从未提过这点（约瑟夫斯提过其他“谣传为”希律王的所作所为）。话虽如此，学者却没有直接否定马太的指控，因为此事确实符合希律王晚年嗜杀的偏执作风。

我曾手握一枚希律王铸造的硬币。对考古学家而言，那是神圣无比的时刻。我能感受挖掘那枚硬币时，十字镐、刷子与镘刀敲打的感觉流遍周身。我当下彷佛与希律王有了连结，不是心灵触动，而是体会到自己正在“触碰”历史。我手里的铜币，或许是古代某位罗马士兵买晚餐的铜币，亦或是某位犹太老板卖出一双凉鞋的收入。

我盯着硬币边缘的希腊字 ΗΡΩΔΟΥ ΒΑΣΙΛΕΩΣ（‘Ērōdou Basileōs，意指“希律王所属”），以及硬币中心篆刻的象征性图案：上头放置大碗的献祭用三脚架，那是异教徒祭拜时混合祭物的容器。硬币象征犹太人是罗马子民，而当时统治犹太的希律王也臣服于罗马，因此象征异教徒信仰的图案会刻在钱币上。我当时在想，那位犹太老板收到硬币时作何感想。

我把硬币翻面，看到一个军盔图案，代表罗马在犹太行省的驻军。宣扬异教

10　例如，希律在耶路撒冷登基为王时，并没有效仿安提亚古四世与庞贝去亵渎圣殿。他曾整修圣殿并将其规模扩大为两倍，同时在圣殿周围兴建围墙与平台，成为我们如今所见的圣殿山。为此，他训练利未族人（担任祭司的支派），使其担任木匠与泥瓦匠，让唯有符合祭司身分的人可以在圣殿内部或周围活动，如此一来，便没有人会指控他亵渎圣殿。希律也允许犹太人的宗教领袖挑选自己的大祭司（当然，他得初步认可人选）。公元前25年爆发饥荒，希律大幅减税并分发粮食给难民。此外，他不在耶路撒冷城内与外围犹太人聚集之地兴建异教徒的神庙与雕像，却在犹太人较少的地区恣意建造那类建筑，包括在北部兴建了三座奥古斯都皇庙（Augusteum / Temple to Augustus）。约瑟夫斯曾在 *Jewish War* 1.21.2 (1:403) 提过撒玛利亚的奥古斯都皇庙。此外，*Jewish War* 1.21.3 (1:404) 也描述过潘尼安地区（Panion；亦即该撒利亚腓立比，当时该地祭祀希腊神祇潘“Pan”，故名）的奥古斯都皇庙。*Jewish War* 1.21.7 (1:414) 提到过该撒利亚（Caesarea Maritima）的奥古斯都皇庙与西泽雕像（Colossus of Caesar）。希律铸造硬币时，并没有将自己的肖像印在钱币上，以便遵守不铸造偶像的诫命（请参阅《利未记》第19章第4节与第26章第1节；《出埃及记》第20章第4节；《申命记》第5章第8节）。

可追溯至公元前40年的希律王钱币。正面：HPΩΔOY BAΣIΛEΩΣ（'Ērōdou Basileōs，意指“希律王所属”）包围着上头放置大碗的献祭用三脚架。反面：旁有成对部件的军盔，被花圈包围，顶部有一颗星星。照片由约翰·威尔逊（John F. Wilson）提供。

徒信仰还不够，希律王还想提醒人民谁是“真正的”掌权者，而在硬币上刻军盔最为简单，又最能渗透人心。我握紧硬币，遥想当年的耶路撒冷，进而深刻体会到无论希律王为犹太子民付出多少，犹太人只会认为这位所谓的“王”不过是罗马的弄臣。他不但没有成为犹太人的弥赛亚与君王，更没挺身对抗罗马，重新替犹太人建立以色列王国，反而效命于罗马，“镇压”犹太人独立建国的渴求。因此，犹太人才会痛恨希律王。

希律殁后的犹太地区

希律王死后，罗马分裂其王国，让他的三个儿子（没被希律杀掉的后代）与希律的妹妹分别掌管，如此便无人能继承大统。分裂希律王国深切影响了罗马统治下的犹太人日常生活。这段犹太与罗马历史是介于公元第一世纪到公元二世纪初期之间，《新约》便是在这段时期成书。福音书记载耶稣在希律王（《马太福音》1～2 章）与 / 或居里纽（Quirinius；《路加福音》1～2 章）统治时期诞生，并在提督本丢·彼拉多（Pontius Pilate；或译庞提乌斯·彼拉多）和“分封的王”（the Tetrarch）希律·安提帕斯（Herod Antipas）面前受审与受难。保罗书信是写给罗马帝国境内新成立的教会。署名起笔的教牧书信（Pastoral Letter）用来指导罗马各地的新兴教会。《马可福音》第 13 章是小启示录（Little Apocalypse），预示耶路撒冷圣殿将于公元 70 年倾倒。最后，（预言更多的）《启示录》则是鼓励基督徒在罗马帝国迫害下坚守信仰。上述书信都是罗马统治犹太地区时完成的。

换句话说，整本《新约》都是罗马时代下的产物，两者密不可分，因为耶稣的传道受死与早期教会的建立都发生于罗马时代。

公元第一世纪期间，罗马的长官被分派去犹太省，接替希律王子嗣统治该地，其称号随不同时期而有所不同，分别是提督（prefect）、巡抚（procurator）与使节（legate）。这些长官大多不顾及犹太人的宗教、政治与文化习俗，屡屡引爆罗马当局与犹太人的冲突，让双方蒙受重大损失。犹太人常因为反抗罗马而被监禁与处死，而罗马长官也时常因为没有办法维持和平而被召回。

在这些无能却有名的罗马提督当中，其中一位就是本丢·彼拉多。《圣经》记载，他是审判与将耶稣钉十字架的主导者。根据考古实证，彼拉多确实担任过犹太行省提督。这些证据包括他铸造的钱币以及名闻遐迩的彼拉多之石（Pilate Stone）。彼拉多之石被当作犹太省首府该撒利亚（Caesarea Maritima）罗马剧院的踏脚石，上头篆刻：[PO]NTIVS PILATVS...[PRAEF]ECTVS IVDA[EA]E（"本"丢·彼拉多……犹"太""提"督）。如今，彼拉多之石展示于耶路撒冷的以色列博物馆（Israel Museum）。（在该撒利亚的石碑出土处，有一个展示于户外的复制品。）

以色列博物馆展示的彼拉多之石。这块石碑出土于该撒利亚。其上篆刻拉丁文：[PO]NTIVS PILATVS...[PRAEF]ECTVS IVDA[EA]E（"本"丢·彼拉多……犹"太""提"督）。本图片由以色列博物馆提供。

罗马设立提督之职后，便将犹太行省的首府从耶路撒冷迁到该撒利亚，因此这块石碑才会出土于该地。彼拉多大概居住于能俯瞰地中海的该撒利亚，唯有发生非得他亲自处理的重大事件时，他才会前往耶路撒冷。[11] 在这些重大事件中，有一件让他遗臭万年：代表罗马政府，同意将拿撒勒人耶稣钉十字架。

犹太人、早期基督徒与无能的罗马统治者之间不断起冲突，使耶路撒冷成为随时可能爆炸的火药库。公元 66 年，好战的保守派犹太份子揭竿反抗罗马，史称犹太起义（Great Jewish Revolt）。这场战争改变了犹太教与基督教的命运，因为耶路撒冷圣殿于公元 70 年被毁，而犹太人（包含基督徒）也被驱逐出境，后来只好改变习俗，以便过没有圣殿的敬拜生活。圣殿被毁，成了犹太教与基督教的分水岭，犹太人与基督徒此后分道扬镳，各自著书立说，宣扬本身的信仰。因此，第一圣殿被毁，《希伯来圣经》便得以成书；第二圣殿被毁，则让《新约》与米书拿（Mishnah，犹太教口传妥拉的首部书面经典）得以面世。

《罗马书》

罗马之所以在创造《圣经》时扮演重要的角色，另一个例证是《罗马书》。这封信号称保罗的毕生杰作，不但记载他对基督的忏悔，也记录早期基督徒与罗马的关系。保罗是在圣殿被毁“之前”撰写他的诸多书信的，但这些书信却代表最初基督教的著作，其中最重要的，莫过于《罗马书》。

耶稣会神学院（Jesuit Theological College）的新约教授布伦丹·柏恩（Brendan Byrne）指出，使徒保罗撰写《罗马书》有几个原因。[12] 首先，保罗希望向罗马的教会介绍自己，因为罗马教会并非由他建立，不像其他经常收到保罗书信的教会。保罗当时要前往西班牙，途中会造访罗马，必须在那里找到落脚之地。因此，保罗以较为和蔼的口气，从较为广泛的角度向罗马人宣扬福音，不像他在写给加拉太教会（《加拉太书》第 1 章）与帖撒罗尼迦教会（《帖撒罗尼迦前

11　请前往下列网址参观彼拉多之石：http://www.english.imjnet.org.il/popup?c0=13142。

12　请参阅：Byrne, *Romans*。

书》第 4 章）时严厉谴责信徒。

其次，当时罗马教会的信众多数是从原本信仰改信基督，因此保罗想很有系统地从神学角度解释犹太人的弥赛亚，亦即拿撒勒人耶稣。换句话说，《罗马书》的厉害之处在于，它清楚解释本质上是犹太人的传统信仰与对救世主的盼望，让犹太人与“非”犹太人都能明了个中道理。这封书信勉励罗马的外邦人与改信基督的犹太人不要诋毁犹太人或犹太遗产，因为基督教乃是根植于犹太文化的产物。保罗在《罗马书》中引用《希伯来圣经》至少 57 次，不断提醒罗马基督徒耶稣是彻彻底底的犹太人。[13] 保罗从罗马基督徒能理解与接受的角度来解释犹太信仰，正如同犹太历史学家约瑟夫斯也在 50 年后替罗马人制作犹太编年史。

然而，《罗马书》与约瑟夫斯的著作有关键的差异：约瑟夫斯想藉由希腊化的哲思向罗马当局宣扬犹太信仰，替刚被罗马人镇压的犹太人提出辩解，然而，保罗撰写《罗马书》并非只想“传达”耶稣行事，更要让读者“归向”基督，鼓励他们去做耶稣指示门徒的事情。保罗并非要记录耶稣生平之事，而是期盼罗马人“相信”他的理念，一起与他传扬福音。总之，约瑟夫斯希望罗马人了解犹太人对社会的贡献，保罗则希望罗马人能承认耶稣是救世主，然后归入耶稣的门下。三个世纪过后，保罗的盼望竟然实现了。

最后，保罗是为了募款来支持宣教活动而撰写《罗马书》的。他在最后一章罗列对宣教做出奉献之人并公开称赞他们。[14]

从以上三点可知，罗马协助了《圣经》成书，不只因为它是《新约》撰写之地，从文化上影响这部圣典，还有《罗马书》是圣经中向外邦人概述福音的杰作。此外，《罗马书》总结保罗论讲耶稣恩典的内容，成为日后马丁·路德（Martin Luther）在宗教改革（Protestant Reformation）时发展神学观点的核心素材。

13　譬如，《罗马书》前三章都在强调这点。第 1 章第 17 节引述《哈巴谷书》第 2 章第 4 节；第 2 章第 24 节引述《以赛亚书》第 52 章第 5 节；第 3 章第 4 节引述《诗篇》第 51 篇第 4 节（《希伯来圣经》的第 51 篇第 6 节）；第 3 章 10～12 节引述《诗篇》第 14 篇 2～3 节。保罗从《希伯来圣经》引述多达 57 处的经文，大多出自于《以赛亚书》《创世纪》与《诗篇》。

14　请注意，保罗在《罗马书》中说，他要筹钱给“耶路撒冷的穷人”（第 15 章第 26 节），希望在前往西班牙的途中停留罗马，要受书者协助筹措旅费（第 15 章第 24 节）。

罗马在定典过程中扮演的角色

在《圣经》的成书过程中，罗马扮演了最后的关键角色，其中包含定典。所谓定典，亦即决定要将哪些书籍纳入《圣经》。Canon（正典）这个词源自于希腊文的 κανών（kanōn），表示“规则”（rule）或“量尺”（measuring stick）。因此，正典是评量其他事物的圭臬，乃是特定的基督教权威文献。纳入正典的书籍被视为“天启”“神的话语”“圣典”或“神的气息”，因而具备至高无上的权威。对犹太人与基督徒而言，圣经记载上帝要传达给世人的信息。

定典过程比多数人所想的（或所知的）还要混乱，《圣经》其实是政治角力下的成品。读者若想深入探索这点，不妨阅读麦克·巴伯（Michael Barber）教授的摘要，内容精彩万分，共分三段，概述了《旧约》与《新约》如何定典。[15]

《希伯来圣经》的诞生

首先，让我们看看《希伯来圣经》。学者曾经认为，《希伯来圣经》定典过程分三个阶段：大约公元前 400 年决定《妥拉》（Torah，又称《律法书》或《摩西五经》）的内容，公元前 200 年左右将《先知书》（Nevi'im/Prophets）的内容定案，以及在公元 100 年决定《圣卷》（Ketuvim/Writings）的内容。第二圣殿在公元 70 年被毁之后，所有犹太圣人与学者便四散各处，之后为了决定《希伯来圣经》该收编哪些书籍，便在现今以色列境内、位于地中海岸的都市亚夫内（Yavne）召开雅麦尼亚会议（Council of Jamnia）。许多学者认为，雅麦尼亚会议类似于米书拿《论手》（*Yadayim*）3 章 5 节记载的会议，都是要解决相同的争议。在《论手》记载的会议中，众犹太拉比争论哪些书籍会因为内容神圣而“让手不洁”，亦即相互争执要将哪些书籍纳入《希伯来圣经》正典。[16]

昆兰的《死海古卷》出土后（请参阅第九章），前述说法便被摒弃了。学者在昆兰外围洞穴发现了犹太教派的经卷，包括并未纳入《希伯来圣经》正典的书

15　请参阅：Barber, “Loose Canons (Part 1)”；“Loose Canons (Part 2)”；“Loose Canons (Part 3)”。

16　学者认为，亚夫内之所以被选为召开雅麦尼亚会议的地点，乃是因为犹太人的巴比伦塔木德（*Gittin* 56a–b）记载，拉比约哈南·本·扎凯（Yoḥanan ben Zakk'ai）在公元 70 年圣殿被毁之前搬迁到亚夫内，而且获得罗马许可，创立教授犹太口传律法（哈拉卡“halakha”）的学校。

卷，如《以诺书》(*Enoch*)、《禧年书》(*Jubilees*)，以及记载礼拜仪式的额外诗篇与《安息日献祭之歌》(*Songs for Sabbath Sacrifices*)。死海古卷也包含希腊典籍誊本与塔库姆（targum，亦即《希伯来圣经》的亚兰文译本），其中有些收录于《七十士译本》(请参阅第七章)，有些则是先前不知的文献。

此外，昆兰也出土了许多圣经版本，那些版本并未与我们熟知的版本一字不差。此外，相较于马索拉文本，某些书籍甚至比较雷同于《七十士译本》。因此，学者很快便了解，古代流传各种版本的经书，表示公元第一世纪的犹太人不知道哪些“书籍”是正典，也不知道哪些是“权威性”的“版本”。

《塔木德》也可证明当时《希伯来圣经》的正典还没定案。举例来说，《塔木德》将《便西拉智训》视为《圣经》典籍，同时保留引述的开头格式：“《便西拉智训》如此记载”(for so it is written in the Book of Ben Sira)。[17]《塔木德》引述过《便西拉智训》第 13 章第 15 节，将其归类于《圣卷》：凡生物都和他的同类相交往，人也必和他的同志相友善（物以类聚，人以群分）。[18]

学者体会到圣经正典并非如同他们原先所想，一直“固定不变”。不同的犹太族群会遵奉不同的犹太著作，而某些经书的不同版本又会略有差异。诚如第七章所述，《七十士译本》与马索拉文本有极大的出入，因为前者收录的书籍比后者的正典还要多十几本。《希伯来圣经》如今包含下列 24 部经书。

《妥拉》的五部经书：《创世纪》《出埃及记》《利未记》《民数记》与《申命记》。

《先知书》的八部经书：《乔舒亚记》《士师记》《塞缪尔记》《列王纪》[19]《以赛亚书》《耶利米书》与《以西结书》，以及《十二小先知书》：《何西阿书》《约珥书》《阿摩司书》《俄巴底亚书》《约拿书》《弥迦书》《那鸿书》《哈巴谷书》《西番雅书》《哈该书》《撒迦利亚书》与《玛拉基书》。

《圣卷》的十一部经书：《诗篇》《箴言》《约伯记》《雅歌》《路得记》《耶利米哀歌》《传道书》《以斯帖记》《但以理书》《以斯拉记—尼赫迈亚记》（犹太教

---

17 请参阅：*Hagigah* 13a；*Yebamoth* 63b；请比较：*Erubin* 54a。

18 请参阅：*Baba Kamma* 92b。

19 先知书包含《乔舒亚记》《士师记》《塞缪尔记上》《塞缪尔记下》《列王纪上》与《列王纪下》。这些书籍记载历史，与《妥拉》收录的经书更为密切相关，但是它们却记载众先知的名字与言行，譬如底波拉（《士师记》4～5 章）、塞缪尔（《塞缪尔记上》与《塞缪尔记下》）、拿单（《塞缪尔记下》第 7 章与《列王纪上》第 1 章）、伊莱贾（《列王纪上》与《列王纪下》）、伊莱沙（《列王纪上》与《列王纪下》）与其他先知，因此被归纳为先知书。

把这两部经书视为一体）与《历代志》。

许多基督徒被教导的观念是《旧约》共有 39 卷经书，但犹太人却认为只有 24 卷。我被教导的背法如下：《旧约》（Old Testament）的 Old 有三个英文字母，而 Testament 则有九个字母，因此《旧约》包含 39 卷经书。（然后 3 乘上 9 等于 27，刚好是《新约》经书的卷数。）基督教的《旧约》有 39 卷经书，犹太教的《希伯来圣经》有 24 卷经书，这是因为犹太人把《十二小先知书》视为一卷经书，而不是 12 卷，所以分开来算就可以从 24 卷加到 35 卷。《希伯来圣经》将《以斯拉记—尼赫迈亚记》视为一体，《旧约》则把它们分开来，所以又可以再加到 36 卷。此外，犹太教也都分别将《塞缪尔记》《列王记》《历代志》各自视为一部经书，但基督教则将它们都分为两部分（亦即《塞缪尔记上》《塞缪尔记下》《列王记上》《列王记下》《历代志上》与《历代志下》），如此便可将 36 卷再加到 39 卷。这就是为什么《希伯来圣经》有 24 卷经书，而基督教的《旧约》会有 39 卷经书。

因此，《希伯来圣经》的定典过程漫长且扑朔迷离，表示现今犹太教徒与基督徒所认知的《希伯来圣经》，并非某些作者在山顶领受默示或得到天启而立刻撰写成书。在这部作品的定典过程中，不同的团体经常各自“相信”哪些是真经而将其纳入正典。

如果你觉得《希伯来圣经》的定典过程非常复杂混乱，那你还没看到《新约》正典是如何拍板定案的。

《新约》的诞生

我们若检视《旧约》与《新约》的定典过程，会发现在公元第一世纪末，某些作者已经撰写完成几部基督教作品，如保罗书信、福音书与希伯来书等。然而，当时也有许多著名的作品，如今却无人知晓。[20] 因此，教会必须决定正典，确认哪些经书记载“上帝的话语”。

所谓“正典”，起初并不是要将权威性的经书纳入《圣经》，而是指教会神父与会议认同而发布的训诲教条与礼仪规范，许多基督徒若得知这点，将会感到

20 Bart Ehrman 写过一篇简介次经的文献，内容精彩万分，概述了许多没纳入正典的经书。请参阅：Ehrman, *Lost Scriptures*。如果读者想了解有哪些人曾冒充门徒或与耶稣亲近之人来撰写经书（包括假借使徒保罗之名撰写的书信），请参阅：Ehrman, *Forged*。

很惊讶。早在《圣经》被定典之前，教会会自行决定该相信什么以及该如何敬拜上帝。当然，早期教会神父会根据他们相信曾经亲眼见过耶稣传道的早期基督徒作者所撰述的“特定”著作，以此相互争论后取得共识，得出许多基督徒该秉持的信念。然而,《圣经》正典被定案“之前”，教会会决定自身的信仰。我们可以说，早期教会是“先”决定该信什么，然后“再”挑选对应的基督教经书来支持自己的教义。

我们从早期基督教作者与会议所收集的证据，无不支持上述论点。基督教在公元前几个世纪提出过数种正典书目，令人惊讶的是，这些目录的内容却不尽相同，甚至常常大相径庭。何谓正典，古代的基督徒看法不一，他们一直到公元第四世纪末都无法达成共识！

在130年～140年间，小亚细亚主教锡诺普的马吉安（Marcion of Sinope；85年～160年）曾编列正典书目，包括保罗的十封书信（“排除”教牧书信与《希伯来书》）以及自行删节的《路加福音》。然而，在这个《路加福音》版本中，马吉安删除关于耶稣诞生与童年的经文，也删掉连结耶稣与《旧约》的文字，因为他认为耶稣的许多教诲和《旧约》上帝的作为相互冲突。他还为此发展出了一套系统，声称有“两位”神：一位是《旧约》的上帝，创造世界的天父；另一位是《新约》的主，耶稣基督。马吉安提倡二神论，认为《旧约》与犹太信仰和基督教无法兼容，后来便被视为异端，惨遭开除教籍。

《穆拉多利残篇》（Muratorian Fragment；亦称穆拉多利正典或穆拉多利残典）是已知最古老的新约书卷目录。它是钉在一份于意大利博比奥（Bobbio）圣高隆邦修道院图书馆（Columban monastery library）被发现的公元第七世纪拉丁文手稿。学者认为，这份残篇可追溯至公元第二世纪末期到公元四世纪初期之间。

《穆拉多利残篇》的新约包括四福音书（《马太福音》《马可福音》《路加福音》与《约翰福音》)、《使徒行传》、保罗的十三封书信（不包含《希伯来书》)、《犹大书》《彼得前书》（不含《彼得后书》)、《约翰一书》和《约翰二书》（不含《约翰三书》）与《启示录》,“甚至包含”《所罗门智训》与《彼得启示录》（Apocalypse of Peter），不过它指出“有些人不赞成在教会中阅读《彼得启示录》”。这份残篇也提到《黑马牧人书》（The Shepherd of Hermas），认为这部书“值得一读”，但随后警告说“它不适合于教会公开宣读，因为先知人数已满，使徒时代已过”，[21] 这表示定典有个期限，使徒之后撰写的经书不能纳入正典。

公元 180 年左右，高卢（Gaul）境内的卢迪南（Lugdunum，现今法国里昂）主教爱任纽（Irenaeus，130～202 年）提出一份收录四福音书的正典目录。爱任纽著作《驳异端》（*Against Heresies*）中，从自己的《新约》正典引用了千余次经文。除了《腓利门书》《彼得三书》与《犹大书》，其余的正典都曾被他引述。[22]

公元第四世纪前叶，该撒利亚主教优西比乌（260年～340 年）在其著作《教会史》（*Ecclesiastical History*）中，详细解说自己心目中的正典，同时提到神学家俄利根（Origen，180 年～254 年）与其他学者认定的权威经书。[23] 俄利根的正典书目包括《旧约》《玛喀比传》系列次经以及四福音书，但这份书目却与他人认定的权威经书相左。优西比乌详细记载了广为基督徒接受的书卷（homologoumenoi，被认可的经书）、被多数人拒绝的书卷（heretical，异端邪说），以及介于正统与异端的书卷（antilegoumenoi，受争议的经书）。经书之所以受到争议，不是因为内容可议或作者身分不明（不确定书中宣称的作者是否为真），就是因为成书日期有疑问。

广为接受的书卷：在《教会史》第 3 部第 25 章，优西比乌认为正典绝对要包含四福音书（《马太福音》《马可福音》《路加福音》与《约翰福音》）、《使徒行传》、保罗书信、《约翰一书》《彼得前书》与《启示录》，但指出是否该纳入《启示录》，仍饱受争议。在《教会史》第 6 部第 25 章，优西比乌指出俄利根认为正典必须包括“希伯来人二十二部经书”（twenty-two books of the Hebrews）[24]、《玛喀比传》系列次经、四福音书、《使徒行传》《约翰一书》《彼得前书》，以及保

---

21 若想参阅《穆拉多利残篇》，请前往：http://www. homepage.villanova.edu/christopher. haas/muratorian_fragment.htm。

22 爱任纽是否曾引用《希伯来书》或《雅各布书》，学者仍争论不休。

23 请参阅：Eusebius, *Ecclesiastical History* 3.25; 6.25。读者可以前往下列网址阅读 *Ecclesiastical History* 6.25：http:// www.newadvent.org/fathers/250106. htm。

24 “希伯来人二十二部经书”是古代犹太人对于《希伯来圣经》的称呼，等同于基督徒有 39 卷经书的《旧约》。现代的犹太人认为《希伯来圣经》包含 24 部经书。约瑟夫斯最早提出《希伯来圣经》有固定数量（22 部）的经书：“因此，我认为我们没有许多内容不一致且互相抵触的经书。我们公认的经书只有 22 部，记载历代之事。”（《驳阿皮翁》“*Against Apion*” 1.8 [1:38]）。为何有 24 与 22 的落差呢？因为古代犹太人把《路得记》与《士师记》视为一体，也将《耶利米哀歌》纳入《耶利米书》，强行让《希伯来圣经》经书的数量等于希伯来文字母的字数。（请参阅：*The Philocalia of Origen* 3；Jerome, *Preface to the Books of Samuel and Kings*）。

罗的十四封书信（《罗马书》《哥林多前书》《哥林多后书》《加拉太书》《以弗所书》《腓立比书》《歌罗西书》《帖撒罗尼迦前书》《帖撒罗尼迦后书》《提摩太前书》《提摩太后书》《提多书》《腓利门书》与《希伯来书》；优西比乌以极大的篇幅讨论保罗是否撰写了《希伯来书》）。此外，俄利根还指出《苏撒拿传》为正典之一[25]，也将《便西拉智训》称为“圣典”。[26]

真实性与权威性受争议的书卷：在《教会史》中，优西比乌指出《雅各布书》《犹大书》《彼得后书》《约翰二书》和《约翰三书》都颇受争议（第3部第25章；他在第3部第3章明确说道：“现存的《彼得后书》不属正典之列。”）。再者，他在第6部第14章提到，《巴拿巴书》（Epistle of Barnabas）和《彼得启示录》也受到争议。优西比乌甚至说，基督教神学家亚历山大的克莱曼特（Clement of Alexandria；150～215年）曾使用《所罗门智训》《便西拉智训》《希伯来书》《巴拿巴书》《罗马的克莱曼特一书》（First Letter of Clement of Rome）与《犹大书》等“颇具争议的”书卷（第6部第13章）。他也称《彼得福音》（Gospel of Peter）和《彼得启示录》备受争议，只因为“从古至今，教会作家未曾引述它们”（第3部第3章）。此外，据他所述，某些人质疑《黑马牧人书》，有些人却认为它是“不可或缺的”经书。

异端邪说的书卷：在《教会史》中，优西比乌驳斥《保罗行传》（Acts of Paul）《黑马牧人书》《彼得启示录》（但是他在第3部3章说本书备受争议）《巴拿巴书》与《十二使徒遗训》（the Didache），然后在注记中说，许多人也认为《启示录》是异端邪说（第3部25章）。优西比乌也否认《希伯来福音》（并非《希伯来书》）《彼得福音》《多马福音》（Gospel of Thomas）与《马提亚福音》（Gospel of Matthias）等书为正典，而《安德烈行传》（Acts of Andrew）与《约翰行传》（Acts of John）也被他斥为异端邪说。

上面的长篇大论令人眼花撩乱，但重点在于：迟至公元第三世纪中叶（亦即耶稣被钉十字架后“二百年”），基督教会仍然在争论哪些书卷真正具有权威性。许多教会神父甚至还各自发表文章，从不同的观点诠释相同的经书！

---

25 请参阅：Origen, *Letter to Africanus* 9。

26 俄利根也在《驳克里索》第7章第12节指出《便西拉智训》是“圣典”。

我们必须知道，四福音书与某些保罗书信等书卷“从未”被人争论过，但其他的经书并非如此。这点很重要，因为这表示早期基督教的教义其实是出于“人”（亦即早期教会的神父）而“非”任何圣经正典。教会神父争论并决定基督徒应该相信什么之后，圣经正典才诞生。许多基督徒认为，《圣经》是“神的话语”，会指导他们信仰与举止，但这种观念与史实不符。其实，情况恰好相反，早期教会中举足轻重的人物决定了“神的话语”。他们根据公元第一世纪与公元第二世纪初期的“某些”书卷，将符合教义的书籍纳入正典。

耶稣去世200年之后，《圣经》正典仍然受到质疑，而我们从早期教会的文献得知，正典书目至少还要再等一个世纪才定案。印证《圣经》书目不断更迭的某项重要文物是可追溯至350年的《西奈抄本》（Codex Sinaiticus）。公元1844年，圣经学者康斯坦丁·冯·蒂申多夫（Constantin von Tischendorf）在现今埃及西奈半岛的圣凯瑟琳修道院（St. Catherine’s Monastery）发现这份古籍。《西奈抄本》是最早的整本《圣经》（包含《旧约》与《新约》）的抄录作品，它对于我们的讨论极为重要，原因有二：首先，《西奈抄本》的《新约》并没有收录许多被学者质疑是出于后人之手的经文，这让那些学者的论点更为可信。[27]但《西奈抄本》之所以重要，乃是因为第二点：它纳入如今不属《圣经》正典的两部经书：《黑马牧人书》以及《巴拿巴书》。各位想想看，目前发现最早的完整版《圣经》手抄本，里头居然有不属《圣经》正典的书籍！光凭这点便足以证明：在教会创立后的前四个世纪，人们不断诠释与争论《圣经》，最终深切影响了正典的内容。

各位想想看，如果某些影响力十足的教会神父各自挑选不同的书卷当作正典，你可能会引用《巴拿巴书》，然后问道：“《犹大书》与《启示录》是什么？我没听过这两部书。”

《新约》正典便是如此形成：在400年之间，举足轻重的各方人士各自挑选自己的《圣经》正典，然后为其辩护。然而，时至今日，还有许多人认为《圣经》是完完全全由“受启示的人”撰写的“神的话语”。

---

27 如果最早期的《新约》抄本没有包含受争议的经文，那些经文必定在经书完成“之后”由后人增补。譬如，《西奈抄本》“没有”收录的争议性经文包括《马可福音》冗长的结尾经文（第16章9～16节）、行淫妇人的故事（《约翰福音》第8章3～11节）、《路加福音》第24章第51节记载的耶稣升天，以及《马可福音》第1章第1节宣称耶稣为神的儿子的经文。读者可在网络上阅读《西奈抄本》：http://codexsinaiticus.org。

说了这么多，你可能会问：罗马与《圣经》正典到底有何关联？让我来回答这个疑问。

罗马在创造《圣经》时扮演的角色

君士坦丁大帝（272 年~337 年）在位期间，罗马开始影响《圣经》正典的形成。君士坦丁于 313 年颁布《米兰诏书》，赋予基督教合法地位，后来他皈依信教，开始插手基督教内部的政治运作。切确而言，他希望稳定罗马帝国的政局，而若能消弭宗教纷争，帝国就会更加稳定。因此，君士坦丁在基督教中提倡宗教正统的概念，推动不少基督教大公会议，例如，公元 325 年，他召集尼西亚公会议来讨论正统教义，会中通过《尼西亚信经》（Nicene Creed），“正式”归纳出基督徒该信什么。

君士坦丁曾将首都从罗马迁到新建好的“东都”君士坦丁堡（现今伊斯坦堡）。一年之后，亦即 331 年，他便下令抄写五十本希腊文《圣经》，供君士坦丁堡的主教亚历山大使用。这项任务便落在该撒利亚的优西比乌头上。[28] 之后到了 340 年左右，亚历山大的大主教亚他拿修（Athanasius）宣称自己在罗马替君士坦丁之子君士坦斯（Constans，323~350 年）抄写额外的《圣经》书卷。[29]

随着人们对《圣经》的需求越来越大，译者便要知道（或决定）该翻译哪些书卷。

当时教会领袖经常讨论神学议题，并且颁布命令，向基督徒宣告该信什么。若没有正式的正典书目，他们也会感到麻烦。这些教会领袖为了让自己的神学论点符合耶稣与使徒的训诲，借此让信众将他们视为权威人士，便会引用不同的基督教著作。然而，他们对于某些著作的看法迥异，因此教会需要一套正典。

公元 367 年的复活节，亚他拿修在其第 39 封复活节信（Festal Letter）中，正式认可一份包含 27 本书卷的《新约》正典书目，“其中纳入”《启示录》，而这是《启示录》首度被收录到正典。有趣的是，除了《以斯帖记》，这份正典收录《希伯来圣经》的所有经书，更纳入《巴录书》与《耶利米书信》

28 请参阅：Eusebius, *The Life of the Blessed Emperor Constantine (Vita Constantini)* 4:36。

29 请参阅：Athanasius, *Apologia ad Constantium* 4。

（在拉丁文的《武加大译本》中，《耶利米书信》是《巴录书》的第六章，亦即最后一章）。[30]

到了公元第四世纪末，罗马主教（教宗）达玛稣一世（Damasus，305年～384年）试图改革教会礼拜仪式。由于会众每周礼拜都要阅读《圣经》，而且在第三与第四世纪时，拉丁文已逐渐取代希腊文，成为东罗马帝国的通用语言。有鉴于此，教宗达玛稣一世在公元382年委任耶柔米（347年～420年，他后来被任命为教宗的秘书）替教会准备官方的《圣经》拉丁文译本，这个译本便是《武加大译本》。

当然，要筹备拉丁文版本，不仅要进行翻译，还要确认哪些书卷该收录于教会钦定的拉丁文《圣经》。《武加大译本》包含我们熟知的《新约》27部经书，从而奠定它们的正典地位。

然而，当时对于要依照哪种版本（《希伯来圣经》或《七十士译本》）来翻译成教会钦定的《旧约》拉丁文版本，依旧争论不休。《七十士译本》多收录了好几部经书，而且某些书卷的内容偶尔与《希伯来圣经》有巨大的落差。基督教神学家希波的奥古斯丁（354～430年）认为应该采用《七十士译本》，因为《新约》最常引用这个版本。然而，耶柔米想要采用《希伯来圣经》，因为他曾写一封信[31]向奥古斯丁解释，说他认为《七十士译本》比较低劣，主要因为（但这有点讽刺）他觉得这个译本已经变成"基督徒的希伯来圣经"。

耶柔米认为，许多《七十士译本》与《希伯来圣经》的差异之处是基督徒补添的。《希伯来圣经》"没有"译成希腊文，也"没有"像《七十士译本》一样收录额外的经书，因此是较为优良的版本。

这便足以说明，次经为何会独立于《旧约》之外而另行集册收录。耶柔米在《武加大译本》的前言指出，应该将《七十士译本》收录的次经独立出去，另

30 请参阅：Brakke, "Canon Formation and Social Conflict in Fourth Century Egypt: Athanasius of Alexandria's Thirty-Ninth Festal Letter"。至于日后正式的正典书目是否根据亚他拿修核定的书目而定案，或者他恰巧只是率先发布包含27部书卷的《新约》正典书目，学者对于这点依旧争论不休。请注意，昆兰出土的《希伯来圣经》没有包含《以斯帖记》，显然昆兰教派排斥这部经书，而亚他拿修也依样画葫芦，没有将它纳入正典。读者可以在在线阅读第39封复活节信：http://www.ccel.org/ccel/ schaff/npnf204.xxv.iii.iii.xxv.html。

31 请参阅：Jerome, *Letter to Augustine* 75.5 (19)。

行收录。[32]然而，麦可·巴伯（Michael Barber）指出，耶柔米后来竟然改变心意！[33]他在尼西亚公会议宣称《犹滴传》应该纳入正典，[34]而且在他的《致尤索贞》（*Letter to Eustochium*）的信件中引述了《犹滴传》第13章。[35]因此，即便负责翻译《圣经》的译者，对于哪些书卷该纳入正典都莫衷一是。

与此同时，教会会议也发表了意见。在343年～381年召开的老底嘉会议（Synod of Laodicea）发布了正典概述，其中包含最终的定典书目（Canon 60），列出“必须阅读”的《旧约》与《新约》经书。有趣的是，该书目不仅列出现代《圣经》的全部《旧约》经书，更收录《以斯拉续编上卷》《以斯拉续编下卷》《巴录书》与《耶利米书信》。这种情况并非出人意表，因为当时对于次经是否该纳入正典仍有意见纷歧。更有趣的是，该书目收录的《新约》正典竟然没有包含《启示录》！[36]

在公元第四世纪末期，《启示录》经常没有被纳入正典。于372年～376年担任尼撒（Nyssa）主教的圣贵格利（St. Gregory）在其《致勒托瓦书信》中提出一份正典书目（Canon 7），列出应该阅读的《圣经》书卷，因为“诸多邪门异说横行，该防止其他书籍蛊惑人心”。[37]贵格利将“《以斯拉续编上卷》与全部次经”以及《以斯帖记》从《旧约》正典删除，也没有将《启示录》纳入《新约》正

32 请参阅：Jerome, *Preface to Proverbs, Ecclesiastes, and the Song of Songs*。这个前言指出：让教众阅读《犹滴传》《多比传》与《玛喀比传》系列经书，但不要承认它们是正典。让信徒读《便西拉智训》与《所罗门智训》这两部经书，以便启迪会众的智慧，但不要让它们成为传授教义的权威经典。读者可以在在线阅读这个文本 *Nicene and Post-Nicene Fathers*, Second Series, vol. 6：http://www. tertullian.org/fathers2/NPNF2-06/ Npnf2-06-21.htm#P7993_2595461。

33 请参阅：Barber, “Loose Canons (Part 2)”。

34 请参阅：Jerome, *Preface to Judith*。

35 请参阅：Jerome, *Letter to Eustochium* 21。

36 或许最有趣的是，多数学者认为这份正典书目根本是捏造的。换句话说，某个人后来恣意添加这份文献，以便虚构一份“看似”发布于更早的正典书目。学者质疑这份书目作假，因为有好几位作者曾在这次会议结束不久便总结会议内容，他们“没有”列出 Canon 60，只列出 Canon 59。僧侣狄奥尼修斯·伊希格斯（Dionysius Exiguus）、安提阿主教约翰（John of Antioch）与布拉格主教马丁（Bishop Martin of Braga）等人所列出的总结没有包含 Canon 60。请参阅：“Council of Laodicea,” in Schaff and Wace, trans. and eds., *Nicene and Post-Nicene Fathers*, Second Series, vol. 14, 159。这些作者可能会因为 Canon 60 删除了《启示录》，或者当时还在使用其他正典书目而刻意遗漏它。然而，这两个理由都足以证明，直到第四世纪末期，正典书目都还未确立。老底嘉会议结束时，这份书目（Canon 60）极可能不存在，反而是后来添补的。

37 请参阅：“The Canonical Epistle of St. Gregory, Bishop of Nyssa, to St. Letoius, Bishop of Melitene,” in Schaff and Wace, trans. and eds., *Nicene and Post-Nicene Fathers*, Second Series, vol. 14, 612。

典，但是他还是提到《约翰福音》的作者已经“进入天堂”。

然而，根据某份收录公元第四与第五世纪各种教会会议发布的诫命的文献，[38] 迦太基会议（Council of Carthage，于公元 397 年举行）发布了 Canon 24，指出哪些经书应该被视为“圣典”，内容节录如下。

> 会议决定，除了正典，不能在教会称其他经书为圣典。(《旧约》) 正典包含：《创世纪》《出埃及记》《利未记》《民数记》《申命记》《“嫩的儿子”约书亚记》《士师记》《路得记》四部列王纪（亦即《塞缪尔记上》《塞缪尔记下》《列王纪上》与《列王纪下》)、两部补记（Paraleipomena，亦即《历代志上》与《历代志下》)《约伯记》、诗篇集（Psalter，亦即《诗篇》)、五部所罗门书（亦即《箴言》《传道书》《雅歌》《所罗门智训》与《便西拉智训》)、十二先知书（小先知书)、《以赛亚书》《耶利米书》《以西结书》《但以理书》《多比传》《犹滴传》《以斯帖记》、两部《以斯拉续编》以及两部《玛喀比传》。《新约》正典包括四部福音书、《使徒行传》、使徒保罗的十三封书信、同一位（作者）写给希伯来人的书信（译注：号称保罗撰写的《希伯来书》)、使徒彼得的两封书信、约翰的三封书信、《雅各布书》《犹大书》以及约翰撰写的《启示录》。[39] 除了罗列现今《新约》的正典，上述书目还纳入许多次经，包括《所罗门智训》《便西拉智训》《多比传》《犹滴传》《以斯拉续编上卷》《以斯拉续编下卷》《玛喀比传上卷》与《玛喀比传下卷》。因此，第三次迦太基会议在公元第四世纪“非常”晚期确认了《新约》的 27 部正典，但是它仍将好几部次经视为《旧约》正典。

以上章节说明现今的《圣经》如何成形。君士坦丁大帝需要 50 本《圣经》，因此优西比乌必须决定要将哪些书卷纳入《圣经》。君士坦斯皇帝需要《圣经》，

---

38 这份早期教会会议摘要的名称是非洲教会法典（Code of Canons of the African Church），简称“非洲法典”（African Code），因为迦太基位于北非（现今突尼西亚的首都突尼斯）。请参阅：“The Code of Canons of the African Church A.D. 419,” in Schaff and Wace, trans. and eds., *Nicene and Post-Nicene Fathers,* Second Series, vol. 14, 437–510。

39 英文翻译出处：Westcott, *General Survey of the History of the Canon*, 436。

所以亚他拿修便抄写更多《圣经》。而此时次经就从《旧约》与《新约》中独立出去。教宗达玛稣一世想要一部官方的《圣经》拉丁文译本，而偏好《希伯来圣经》的耶柔米便将次经独立收录，天主教徒接纳次经，将其视为"第二正典（又称旁经）"（deuterocanon），而新教教徒则排斥次经。与此同时，教会会议持续争论何谓正典，一直到公元第四世纪才尘埃落定。因此，罗马皇帝、罗马主教（教宗）与早期教会在定典与传扬《圣经》上都曾做出贡献。

小结

我们不可低估罗马对《圣经》的贡献。罗马帝国曾四处征战，铺陈了基督教的重大事件，包括耶稣在希律王的统治下诞生，日后在提督彼拉多的统治时期受审与被钉十字架。罗马摧毁耶路撒冷圣殿之后，彻底改变了犹太教与基督教。保罗写给罗马教会的《罗马书》是《圣经》篇幅最长的书信，以精要的方式概述福音，将其传扬至外邦，而讽刺的是，罗马起初迫害基督徒，后期又接纳基督教，因而从中协助传扬了福音。此外，罗马在定典过程中扮演着关键的角色，明确决定哪些经书记载了上帝的话语。

罗马替基督徒拍板定案《旧约》与《新约》正典，我们的探索之旅便要在这个古城划下句点。这样非常合时宜，因为条条大路确实通向罗马。

结　论

如我们先前所见，《圣经》的建构过程复杂且混乱。这部记载上帝话语的圣典并非完整地从天而降，同时内容立即准确可靠、毫无矛盾。《圣经》是由数十位作者与数百位无名的编辑与修订者耗费心血后才成书的，而正典并非古人只用数年功夫与一次表决便决定，乃是耗费数个世纪才拍板定案。此外，诸多影响深远的意见被接纳后才构成我们如今阅读的《圣经》。许多经文作者生于不同时期且抱持不同观点，他们付出长年心血后才共同完成《圣经》。因此，即便两千年以来，神学家有系统地调整经文，但《圣经》仍然常常出现彼此矛盾且难以调和的内容。然而，这一点也不碍事！

《圣经》的众多书籍不断调和角力之后才衍生出许多的犹太与基督教传统。譬如，人们想过：既然只有一位上帝，为何耶稣也是上帝呢？争论之后，结果产生三位一体（Trinity）的概念。巴比伦终结了大卫王朝，但犹太人宣称以色列的国王将永远出自于大卫后裔，因此仰望上苍赐予救世主，所以才会流传末世犹太弥赛亚的观念。

对我们而言，圣地内部与周围的城市在创造《圣经》时扮演至关重要的角色。有了比布鲁斯，我们才有《圣经》；有了推罗与西顿等腓尼基城市，我们才有撰写经文的字母。乌加里特的众神向南传扬，结果受到以色列与犹大人民敬拜（不顾希伯来先知的反对）。此外，诸如《约伯记》等圣经故事竟然类似于早期的乌加里特传说，着实令人难以置信。

尼尼微与亚述人毁灭了北国以色列，因此犹大人深信，以色列背叛犹大与“上帝之城”耶路撒冷而遭天谴，其首府撒玛利亚才会陷落。后来，巴比伦人毁灭了耶路撒冷的圣殿并强迫圣城居民流亡异地，彻底改变了犹太教的历史。在生存危机的催逼之下，犹太人开始替后代子孙撰写、收集与编撰《希伯来圣经》。

米吉多象征以色列的伟大战役，只要换人掌控这个独特的地理要冲，各国的命运都会为之风云变色。雅典的兴起以及古希腊哲学与文学深切影响了《圣经》。犹太人接受希腊化之后，以不同的观点去检视以色列的历史，而当时也必须重新翻译《圣经》，让只懂希腊文的犹太人可以阅读这部圣典。

古亚历山大图书馆藏书浩瀚，当时人们才想将《希伯来圣经》译成《七十士译本》。此外，我们讨论了基督徒可能不熟悉的次经，但它们曾纳入早期的正典。我们也知道为何《新约》是以希腊文撰写，因为在第一世纪的罗马帝国巴勒斯坦，希腊文是最常用的书写文字。

当然，犹太教与基督教的信仰中心是耶路撒冷，这个古城当然深刻影响了《圣经》。波斯帝国允许犹太人回到圣城重建圣殿，而我们也知道当时耶稣与耶路撒冷的犹太人说的是亚兰文。此外，耶稣在耶路撒冷被钉死在十字架上然后复活，这乃是早期基督教文献的焦点。

昆兰出土的《死海古卷》可谓 20 世纪最重要的考古发现。这些古卷的内容常与《希伯来圣经》和《七十士译本》的经文稍有出入，改变了人们对于早期《圣经》版本的看法。

年幼的大卫曾跟着父亲在伯利恒放牧羊群，于是后续的以色列君王都得诞生于伯利恒，让这个古城具备特殊的地位。我们也知道拿撒勒衍生了不少犹太弥赛亚（耶稣）将诞生于北方的故事，有人接受了这位救世主，有人却不承认他。

最后，罗马帝国的兴起改变了第一世纪的犹太教与基督教，因为罗马人把耶稣钉死在十字架上，甚至摧毁耶路撒冷的圣殿。罗马一直在政治与神学领域领导早期教会，最终决定哪些书籍记载了上帝的神圣话语。某些替罗马皇帝翻译《圣经》且影响深远的译者（优西比乌、艾斯纳席尔斯与耶柔米，虽然他们彼此抱持不同的观点）发表过自身对正典的看法，而后期的基督教会议（如 397 年的第三次迦太基会议）最终认可哪些书籍为正典（这些正典甚至纳入某些次经！），我们如今才有定案的正典。

敬拜迦南某位独一神祇的信徒不断尝试将当地的社会经济、地理地质与政治军事现况与自身的意识形态、身分与哲学相互调和。他们经过 3000 年的努力，最终创造出我们如今阅读的《圣经》。古人敢于和上帝搏斗，幸存之后写下感想，最终创造了《圣经》。由此观之,《圣经》不是一本律法书、属灵的刀剑,或者与上帝对谈的电话。它是记录虔诚信仰者对自身遭遇的观点。《圣经》是一部编年史,自古以来不断被人增补内容、编辑修改与重塑样貌,以便记录某个信仰上帝民族的历史,而这个民族相信上帝曾介入他们的历史,在尘世中引领着他们。

我们也必须牢记,《圣经》本身并不神圣,赋予神圣的是人。《圣经》只是一本书,但它是"因为"人而"被"人撰写的。《圣经》之所以神圣,并非因为它的文字神圣,而是信仰上帝的人"尊重"它。

《圣经》不是"活文献",它的文字是死的。《圣经》唯有被"翻译""诠释"(了解作者要传达的意义,不是2000年前的经文对现代人有何意义)"考虑""评估"(不仅要决定哪些说法是事实或历史,也要从现代的公民道德标准来判断哪些古代律法是不道德或过时的伦理观念)以及被信仰虔诚的人"经历"其中真理,它才能真正发挥力量。若没有前述的作为(翻译、诠释、考虑、评估与经历甚至落实),《圣经》便发挥不了效力。各位读者,唯有"你"才能赋予《圣经》权威与效力。对于不信者,《圣经》只是一本收集古代文献的书籍。

此外,《圣经》的价值在于我们如何落实书中的信息与律法。如果我们认为《圣经》的经文完美无瑕、毫无错误与没有抵触,也相信两千多年前的律法至今仍然无可辩驳与不容置疑,后代子孙便会排斥《圣经》,认为它是过时的产物而将它弃之如敝屣。

我们若能"适度"阅读与理解《圣经》,不将它视为引导现代社会的蓝图,而将它视为记录信奉上帝者经历的挣扎(那些古人相信上帝拯救他们脱离困境,而这便可激励现代信奉上帝的人,让他们得以度过每天的困境),《圣经》便可以永远流传下去,也更能与人们的生活结合,因为它不仅显示过去数个世纪以来人类的成长与发展,也提醒我们未来仍将面临的永恒哲学问题。我为何要关心同胞?贪婪、嫉妒、仇恨、淫欲与骄傲会带来何种灾祸?替人奉上一杯水,会带来多大的差别?那么,探访生病的朋友呢?给赤身裸体的人衣服穿呢?让饥民饱餐一顿呢?

信徒总是会分派别,为了永远无法证明的问题而争论、斗争与残杀。《圣经》是让我们了解人类历史,而不是让读经者彼此仇视。我们应该省思《圣经》人物做过的决定,不要重蹈他们的覆辙。我们要将《圣经》视为记录人类活动的编年史，而非引领未来言行举止的法律框架。《圣经》告诉我们古人如何自我调整来应对挑战，我们应该从中汲取教训，面对未来的相同挑战。

我希望很负责任地告诉读者《圣经》经文与考古记录如何相互影响。我刻意引述许多经文，借此指出本书介绍的古城如何影响《圣经》。如同前言所述，我并不期待读者都会同意我的看法。我是一位学者，早已习惯各方意见分歧，但我一直期待（也有幸具备这个能力）向读者介绍某些重要的古城，告诉大家它们如何影响《圣经》，以及如何影响敬畏《圣经》的人而改变他们的信仰。

希望各位读了本书之后会想参观《圣经》记载的城市。希望大家能够拜访我参观过的地方，跟随《圣经》作者的步履，亲身体验当地的氛围。希望各位读者也能遇到我所遇见的人，并且与学者、厨师、为人父母者、信徒与怀疑论者交换意见。最后，无论天主教徒、新教徒与东正教徒，或者犹太教改革派、保守派或正统派，甚至是自然神论者、世俗人道主义者、飞行面条怪物信奉者（Pastafarian）、不可知论者或无神论者，大家都会同意人该遵守基本的规范（追求正义、慈爱待人与行事虚心）以及应该善待别人（喂养饥饿者、让赤身裸体者有衣服穿、接待陌生人，以及探访病人与被监禁者），而这些经世济民的准则是曾住在创造《圣经》城市的古人通过自身经验所得出的一致观念。

缩写与中英对照经书书名

参考书目

古代希伯来铭文（大卫斯“Davies”）：Ancient Hebrew Inscriptions，缩写为 AHI。

牵涉《旧约》的古代近东文本（普里乍得“Pritchard”）：Ancient Near Eastern Texts Relating to the Old Testament，缩写为 ANET。

《圣经》语境（哈洛与杨格“Hallo and Younger”）：Context of Scripture，缩写为 COS。

碑文字母总汇（赫德诺“Herdner”）：Corpus tablettes alphabetiques，缩写为 CTA。

阿马尔奈遗址档案（阿马尔奈文书；莫兰“Moran”）：Tel el-Amarna Archive，缩写为 EA。

希腊历史学家文献片段（雅各布比“Jacoby”）：Die Fragmente der Griechischen Historiker，缩写为 FGrH。

古代希伯来铭文手册（伦兹与罗林“Renz and Röllig”）：Handbuch der althebräischen Epigraphik，缩写为 HAE。

乌加里特、叙利亚拉斯·伊本·哈尼（Ras Ibn Hani）与其他地区的楔形文字文本（迪特里希、罗拉兹与圣马丁“Dietrich, Loretz, and Sanmartin”）：Cuneiform Alphabetic Texts from Ugarit, Ras Ibn Hani, and Other Places，德文 Keilalphabetische Texte aus Ugarit，缩写为 KTU。

《旧约》经书中英文对照

《创世纪》（Genesis）

《出埃及记》（Exodus）

《利未记》（Leviticus）《民数记》（Numbers）《申命记》（Deuteronomy）

《乔舒亚记》（Joshua）

《士师记》（Judges）

《路得记》（Ruth）

《塞缪尔记上》（1 Samuel）

《塞缪尔记下》（2 Samuel）

《列王纪上》（1 Kings）

《列王纪下》（2 Kings）

《历代志上》（1 Chronicles）《历代志下》（2 Chronicles）

《以斯拉记》（Ezra）

《尼赫迈亚记》（Nehemiah）

《以斯帖记》（Esther）

《约伯记》（Job）

《诗篇》（Psalms）《箴言》（Proverbs）《传道书》（Ecclesiastes/Qohelet）《雅歌》（Song of Songs）

《以赛亚书》（Isaiah）

《耶利米书》（Jeremiah）《耶利米哀歌》（Lamentations）

《以西结书》（Ezekiel）

《但以理书》（Daniel）

《何西阿书》（Hosea）

《约珥书》（Joel）

《阿摩司书》（Amos）

《俄巴底亚书》（Obadiah）《约拿书》（Jonah）

《弥迦书》（Micah）

《那鸿书》（Nahum）

《哈巴谷书》（Habakkuk）《西番雅书》（Zephaniah）

《哈该书》（Haggai）

《撒迦利亚书》（Zechariah）

《玛拉基书》（Malachi）

次经中英文对照

《多比传》（Tobit）

《犹滴传》（Judith）

《以斯帖补篇》（Additions to Esther）《所罗门智训》（Wisdom of Solomon）《便西拉智训》（Sirach/Wisdom of Sirach/Ecclesiasticus）

《巴录书》（Baruch）

《耶利米书信》（Letter of Jeremiah）《亚萨利雅祷言与三童歌》（Prayer of Azariah and the Song of the Three Jews）

《苏撒拿传》（Susanna）

《比勒与大龙》（Bel and the Dragon）《玛喀比传上卷》（1 Maccabees）《玛喀比传下卷》（2 Maccabees）

《以斯拉续编上卷》（1 Esdras）

《以斯拉续编下卷》（2 Esdras）

《玛拿西祷言》（The Prayer of Manasseh）《玛喀比三书》（3 Maccabees）《玛喀比四书》（4 Maccabees）

《新约》经书中英文对照

《马太福音》（Matthew）

《马可福音》（Mark）

《路加福音》（Luke）

《约翰福音》(John)
《使徒行传》(Acts of the Apostles)
《罗马书》(Romans)
《哥林多前书》(1 Corinthians)《哥林多后书》(2 Corinthians)《加拉太书》(Galatians)《以弗所书》(Ephesians)《腓立比书》(Philippians)《歌罗西书》(Colossians)《帖撒罗尼迦前书》(1 Thessalonians)《帖撒罗尼迦后书》(2 Thessalonians)《提摩太前书》(1 Timothy)《提摩太后书》(2 Timothy)
《提多书》(Titus)
《腓利门书》(Philemon)
《希伯来书》(Hebrews)
《雅各布书》(James)
《彼得前书》(1 Peter)
《彼得后书》(2 Peter)
《约翰一书》(1 John)
《约翰二书》(2 John)
《约翰三书》(3 John)
《犹大书》(Jude)
《启示录》(Revelation)

附记：

本书经文的中译出自于《圣经新译本》。

致 谢

书不会凭空出现，得靠作者来撰写，但作者若缺少旁人协助，也难以著书立说。我要感谢爱荷华大学古典与宗教研究系的同仁，尤其是系主任戴安娜·卡特与约翰·费纳尔摩，以及去世的卡瑞·格林。卡瑞·格林聘请我到系上任教，并且在第一年指导过我。卡瑞，我怀念你！我也要感谢同仁保罗·戴利、莎拉·邦德、乔丹·史密斯与克里格·吉宾斯，谢谢他们提供回馈与建议，同时不时散发机智幽默。我还要感谢乔·维特与数字工作室（Digital Studio）的支持，更要感谢亚西加土墩遗址的同事、台拉维夫大学（Tel Aviv University）教授欧德·利普切斯与尤瓦尔·加多特，以及海德堡大学（University of Heidelberg）教授 Manfred Oeming，谢谢他们提供我与爱荷华学生研究与旅行的机会。

我用2015年春季研究员驻场奖学金（Spring 2015 Fellow-in-Residence fellowship）在爱荷华市奥伯曼高等研究院（Obermann Institute for Advanced Studies）进行研究时撰写本书。我要感谢奥伯曼研究院院长特瑞莎·曼格姆、爱荷华大学人文与自然科学学院（College of Liberal Arts and Sciences）的查顿·达拉里、劳尔·库托与乔·卡尼盖尔，以及爱荷华大学基金会的利奈特·马修、丹·里德与乔·卡呢盖尔，最后还要感谢巴里·巴特勒教务长一直支持我在爱荷华大学进行研究。

没有我的助教卡尔·斯蒂利的协助，我铁定无法完成本书，他几乎每天都会到我的办公室给我建议（顺道送上咖啡），让我得以想出许多写作构思。我也要谢谢我在加州大学洛杉矶分校的博士生导师比尔·施奈德温与同事杰瑞米·斯马克、马修·苏里诺、彼得·兰法、罗格·南、凯利·克米尔、艾瑞克·赛琳及马克·古德凯，他们曾抽空校阅本书草稿，并且提供了宝贵的意见。

我在Foundry公司的文学经纪人罗杰·弗里特很早便支持我撰写本书，而我的编辑凯特·汉密尔顿与她的助理安娜·帕斯滕巴赫和丽莎·祖尼加眼光敏锐且耐心十足，让我写作时轻松自在，本书才得以付梓。感谢里奇·克恩代我宣传本书，也要谢谢哈珀出版社的每位工作同仁，尤其是克劳迪亚·布考特、梅兰妮·穆林、艾达·克拉、金·黛曼与安·爱德华，这些人付出心血，本书才能顺利完成。我要特别感谢我的同事与朋友坎迪达·摩丝，她在本书撰写初期提供宝贵的建议。我也要诚挚感谢Amalyah Keshet、以色列博物馆、约翰·F. 韦尔森、克里斯朵夫·A. 罗斯顿与斯图尔特·M. 珀金斯，谢谢这些机构与人士协助提供与制作本书的相片与图表。

爱荷华市的拉比Jeff Portman与阿杜达斯·阿契姆（Agudas Achim）会众经常邀请我去演讲 与讨论本书观点，我在此致上深深的谢意，他们的回馈与鼓励对我帮助很大。我也要感谢Sam Massey牧师与爱荷华市第一长老教会（First Presbyterian Church），他们不断邀请我到芬恩纪念讲座（Finn Memorial Lecture）系列去演讲，鼓励犹太教与基督教相互交流信仰。如果爱荷华市的会众都像第一长老教会与阿杜达斯·阿契姆会众那么乐于敞开心胸，该有多棒啊！

我很感激我的父母，谢谢他们从我年幼时便教我要有好奇心与勇于冒险。我更要感谢我的另一半萝丝琳，每当我夜晚饱受著书压力时，她都会鼓励我，给我关爱与温柔的拥抱，同时把调皮的小孩管教得很好，也把家里管理得井井有条。我最后要告诉我的几位宝贝女儿和儿子（塔莉莎、麦克、昆西与罗莉·凯特）：爸爸在2015年夏天每天去办公室，就是要写这本书。我爱你们，也等不及看你们长大后去探索周遭的世界。

特别感谢

下列图片由 Robert R. Cargill 提供：第 1、2（下图）、3、4、5、6（上图）、7、8、9、10、11、12（上图）、13、15 与 16 页的彩色插图，以及第 37、111、118、145、147、158、180、185、221、224、246、249、259、263、226、267、281、295 与 301 页的内页黑白图片。授权使用。

第 2 页的彩色插图（上图）由 Benjamin Sitzmann 提供。授权使用。第六页的彩色插图（下图）由 Roslyn Cargill 提供。授权使用。

第 12 页的彩色插图（下图）由 Yuval Peleg（ז"ל）提供。授权使用。

第 45 页的图表由 Robert R. Cargill 制作。授权使用。

下列图片的版权归耶路撒冷的以色列博物馆：第 14 页的彩色插图，以及第 66、68、80、82、99、146、239、303 与 315 页的黑白图片。授权使用。

第 187 页的黑白图片由 Stewart M. Perkins 提供。授权使用。

第 224、256 与 257 页的黑白图片由 John Fothergill 提供。授权使用。第 312 页的希律王硬币正反面黑白图片由 John F. Wilson 提供。硬币由 John F. Wilson 收集，照片由 Robert R. Cargill 拍摄。授权使用。

主题中英文对照

Aaronic blessing（祭司亚伦祝福）
'Abd al-Malik（阿布杜拉 - 马里克）
'Abednego（埃布尔尼歌）
'Abinadab（亚比拿达）'Abino'am（亚比挪庵）
abomination of desolation（“desolating sacrilege”）（施行毁坏可憎的 / 造成荒凉的亵渎）
Abraham ('Abraham)（亚伯拉罕）
Abram ('Abram)（埃布尔兰）
Acca Larentia（阿迦特·劳伦缇雅）Achaemenid（阿契美尼德）Acropolis（卫城）: of Athens（雅典卫城）; Museum (Athens)（雅典卫城博物馆）; of Ugarit（乌加里特卫城）; acrostic（离合诗）
Actium, Battle of（亚克兴角战役）
Acts of Andrew（《安德烈行传》）
Acts of John（《约翰行传》）
Acts of Paul（《保罗行传》）
Adad-nirari II（阿达德尼拉里二世）
Adam ('Adam)（亚当）
Adapa（阿达帕）
Adasi（阿塔希）
'Adoni-bezeq (Adoni-bezek)（亚多尼比色）
'Adoni-ṣedeq (Adoni-zedek)（亚多尼·洗德）
Aegean Sea（爱琴海）
Aegisthus（埃癸斯托斯）
Aelia Capitolina（爱利亚加比多连）
Aeneas（埃涅阿斯）
Aeneid（《埃涅阿斯纪》）
Aeschylus（埃斯库罗斯）
Against Celsus（《驳克里索》）
Against Heresies（《驳异端》）
Agamemnon (play)（《阿伽门农》（剧作））
Agamemnon (king)（阿伽门农（国王））
Agrippa II (Herod)（希律亚基帕二世）
Aḥab ('Aḥ'ab) son of 'Omri（暗利的儿子亚哈）
'Aḥaz（亚哈斯）
Aḥaziah ('Aḥazyahu)（亚哈谢）
'Aḥiqam（亚希甘）
'Ain D ā ra（安达拉）
Akkad(ian)（阿迦特德（的））: kingdom（阿迦特德（帝国））; language（阿迦特德语）
Al-AqṣāMosque（阿克萨清真寺）
Alamo（阿拉摩）
Alawite（阿拉维派）
Alba Longa（阿尔巴·隆伽）
Alexander, bishop of Constantinople（君士坦丁堡的主教亚历山）Alexander the Great（亚历山大大帝）Alexandria（亚历山大）: archbishop of（亚历山大的大主教）; bishop of（亚历山大主教）; city（亚历山大（城））; Clement of（亚历山大的克莱曼特）; Library of（亚历山大图书馆）; Lighthouse of（法罗斯岛灯塔）; Musaeum of（亚历山大学院）;
Origen of（亚历山大的俄利根）; Philo of（亚历山大的斐洛）; Siege of（亚历山大围城）
All Along the Watchtower
Allegory of the Cave（洞穴寓言）
Allenby, Edmund Henry Hynman（埃德蒙·亨利·海因曼·艾伦比）
alphabet（字母）
'Amaleq(ite) (Amalek, Amalekite)（亚玛力人）
Amarna Letters（阿马尔奈文书）Ammon(ite) ('Ammon)（亚扪语）Amulius（阿谬利斯）Amun-Re（阿蒙拉）: deity（阿蒙拉神）; Temple of (Karnak)（阿蒙拉大神庙）
Amorites ('Amori)（亚摩利人）
'Anat（安奈）
'Anat-Yahu ('Anat-YHWH)（耶和华的安奈）
'Anatoth（亚拿突）